Studies for the Teacher Training ■■□

やさしく学ぶ 教職課程
教育心理学

児玉 佳一 [編著]

学文社

執 筆 者

＊児玉　佳一　　大東文化大学（第1, 7, 8, 9, 10, 12章）

小沢恵美子　　大東文化大学（非常勤講師）（第2章）

末松　加奈　　東京家政学院大学（第3章）

飯牟礼悦子　　大東文化大学（第4章）

児玉（渡邉）茉奈美　　株式会社イデアラボ（第5章）

三和　秀平　　信州大学（第6章）

杉田　明宏　　大東文化大学（第11章）

楠見　友輔　　信州大学（第8章8.3，第13章）

(執筆順，＊印は編者)

まえがき

　本書は，「やさしく学ぶ教職課程」シリーズの，教育心理学（発達と学習）の教科書である。本書は文部科学省により策定された「教職課程コアカリキュラム」も意識しつつ，「やさしく学ぶ」をコンセプトに，以下のような特徴を意識して執筆・編集した。

1. 教育心理学（発達と学習）の基礎的・基本的内容を押さえる

　扱った内容は，「教育心理学概論」などの講義で扱われやすい事項や，教員採用試験での出題傾向を意識した。教職を目指してこれから教育心理学を学ぶための「はじめの一冊」，あるいは教員採用試験のための「確認の一冊」のどちらにもなればと考えている。

2. 文章を読むのが苦手な方でも扱いやすく

　文章は「やさしい」表現を意識し，できる限り図や表を使うことを心掛けた。また，1トピックにつき見開き2ページでまとめており，トピックごとに独立しているので，自分の気になる（知りたい）トピックだけを掻い摘んで読むこともできる。さらに，書体には「見やすい」書体であるユニバーサルデザインフォント（UDフォント）を使用した。

3. イメージしながら理解する

　内容の説明は，用語集のような語句の解説だけにならないように，「たとえ話」や「事例」を混ぜることを意識した。イメージすることは理解を深めるために重要である。実際の教育場面に教育・発達心理学がどのように関わるか，イメージしながら考えてみてほしい。

　文部科学省が「学び続ける教員像」というキーワードを示して，すでに8年が経った。急変する社会に対して，教師として知識を更新し続けることは大切である。その一方で，教師に限らず多くの人にとっても学び続けることは重要である。学校は，さまざまな学習経験を通して「学び続ける」力を育てる場でもある。子どもたちが発達の様子に合わせて，「学ぶとはどういうことか」，「学ぶためにはどうすればいいか」について理解を深めながら，学び方を身に付けられるような指導・支援が教師には求められる。本書が「学び続ける」子どもたちを育てられる教師（のタマゴ）たちの成長につながれば，著者一同幸いである。

2020年2月

編者　児玉　佳一

目　次

まえがき　i

第1章　発達や学習を学ぶということ ——————————— 1
1.1　発達・学習とは何か　2
1.2　なぜ発達や学習について学ぶのか　4
1.3　発達・学習に対する研究法　6
　　コラム　心理学の知見は私たちに何をもたらすか　8

第2章　運動・言語の発達 ——————————————— 9
2.1　乳幼児の身体発達　10
2.2　子どもの身体発達　12
2.3　乳児期の言葉の発達　14
2.4　幼児期の言葉の発達　16
2.5　児童期の言葉の発達　18

第3章　認知の発達 ——————————————————— 21
3.1　認知とは　22
3.2　ピアジェの認知発達理論　24
3.3　ヴィゴツキーの発達理論　26
3.4　素朴理論　28
　　コラム　大人の当たり前は，子どもの当たり前ではない　30

第4章　自我の発達 ——————————————————— 31
4.1　エリクソンの生涯発達理論　32
4.2　身体発達と自己　34
4.3　反抗期　36
4.4　アイデンティティ　38

第5章　社会性の発達 —————————————————— 41
5.1　アタッチメント理論　42
5.2　心の理論　44
5.3　向社会的行動と攻撃性　46
5.4　遊びと仲間関係　48
5.5　道徳性　50

第6章 動機づけ ─────────────────────── 53
- 6.1 動機づけとは　54
- 6.2 自己決定理論　56
- 6.3 アンダーマイニング効果　58
- 6.4 期待・価値と動機づけ　60
- 6.5 原因帰属　62
  - コラム　教師の動機づけ　64

第7章 知識の獲得 ─────────────────────── 65
- 7.1 記憶とは何か　66
- 7.2 長期記憶と短期記憶の機能　68
- 7.3 記憶方略　70
- 7.4 忘　却　72
- 7.5 知識の構造化　74
  - コラム　教師にはどのような知識が必要か　76

第8章 学習の過程 ─────────────────────── 77
- 8.1 連合説による学習理論　78
- 8.2 認知説による学習理論　80
- 8.3 状況論的アプローチの学習理論　82
- 8.4 問題解決プロセス　84
- 8.5 学習の転移　86
  - コラム　体罰的指導はなぜ効果がないのか　88

第9章 学習指導の形態 ─────────────────────── 89
- 9.1 一斉授業による学習　90
- 9.2 協働学習　92
- 9.3 個別学習　94
- 9.4 探究型の学習　96
- 9.5 教室談話　98
  - コラム　アクティブ・ラーニングとは何か　100

第10章 学習活動を支える指導 ─────────────────────── 101
- 10.1 学力とは　102
- 10.2 学習観の形成　104
- 10.3 学習方略の指導　106
- 10.4 子どもの特性と指導の関係　108
- 10.5 各教科以外の指導　110
  - コラム　教師はどのように学ぶのか　112

第 11 章　学級集団づくり ——————————————— 113
- 11.1 集団とは　114
- 11.2 学級集団の特徴　116
- 11.3 学級集団のメリットとデメリット　118
- 11.4 これからの学級集団づくりの意義とあり方　120

第 12 章　学習に対する評価 ——————————————— 123
- 12.1 学習評価とは　124
- 12.2 評価の種類　126
- 12.3 評価活動　128
- 12.4 新しい評価方法　130
- 12.5 テストの作成と得点の解釈　132
  - コラム　大学入試改革で何が変わるのか　134

第 13 章　子どものニーズに応じた教育 ——————————————— 135
- 13.1 特別支援教育　136
- 13.2 子どものニーズと支援　138
- 13.3 知的障害　140
- 13.4 発達障害①：注意欠如／多動症　142
- 13.5 発達障害②：自閉スペクトラム症　144
- 13.6 発達障害③：限局性学習症　146
  - コラム　共生社会の実現と障害理解　148

引用・参考文献　149
索　引　157

発達や学習を学ぶということ

▶ キーワード
生涯発達，生態学的システム理論，獲得と参加，臨界期・敏感期，適応，自己実現，実験法，調査法，観察法，面接法，生態学的妥当性

　発達や学習に対する知識は，人を育てていくために必要不可欠である。本章では，教師になるために発達や学習について学ぶということがどういう意味をもつかを説明する。まず 1.1 では，そもそも発達や学習とは何かを確認する。そして 1.2 では，なぜ発達や学習について知る必要があるかを説明する。そして 1.3 では，発達や学習を研究する方法について紹介する。本章以降を読むにあたって，なぜこうした知識を学ぶ必要があるかを自分なりにも考えてみてほしい。

1.1 発達・学習とは何か

教師という職業は，人を育てる職業であることから，人間そのものへの理解が欠かせない。人の心を扱う学問である心理学は，「行動と心的過程についての科学的学問」と定義されている（Smith et al., 2003 内田監訳 2005）[*1]。教育心理学や発達心理学は，心理学の中でも特に教育や発達に関わる心の側面を明らかにしてきた学問である。本書では人間そのものへの理解のために，特に心の発達や学習に関する中心的な理論を取り扱う。各理論の解説に入る前に，まずは「発達」とは何か，「学習」とは何かについて押さえておこう。

*1 「et al.」はラテン語で「他の者」という意味で，他の共著者を省略する時に使う。この場合，Smith 以外にも共著者がいるということを表している。

1. 発達とは何か

日常的な言葉としても使われる「発達（development）」は，実はかなり複雑な概念である。ここでは「時間の経過による人間の心身の量的あるいは質的な変化」としておこう。量的な変化の例には，身長・体重の変化や記憶できる量の変化などが挙げられる。また，質的な変化の例には，移動の仕方の変化（ハイハイから歩行への変化）や他者の気持ちを読み解く力の変化（自己中心的な思考段階から他者の気持ちを推し量る思考段階への変化）などが挙げられる[*2]。

発達と似たような言葉に「成長」という言葉がある。意味する内容は近いが，発達が多層的で多様な変化を捉える概念である一方，成長は獲得や増大を示すことが多い概念である（秋田, 1999）。つまり，成長はプラスの変化を示すことが多いが，発達はマイナスの変化を示すものも含まれる。例えば，老化現象を成長とは呼ばないだろう。しかし，発達として考えるなら，老化現象は「負の発達」といえる。

*2 質的な変化といっても，朝起きたらいきなり変わっているということはない。自分でも自覚できないくらいのわずかな変化やその変化のための準備は常に起きている。その意味では，質的な変化もより細かく見ると量的な変化の1つである。

過去には発達心理学は児童心理学とほぼ同じ意味で捉えられてきた。しかし，現在では子ども時代だけでなく，**生涯発達**という立場で発達心理学は研究されている。こうした考え方から，学校に通う時期の発達だけを知るのでなく，人間としての生涯発達像を理解していく必要がある。

発達を考えるにあたっては，発達する個人だけでなく，その個人を取り巻く社会・文化的環境にも着目することが重要である。なぜなら，人間の発達は常に社会・文化的環境の影響を受けているからである。ユリー・ブロンフェンブレンナー*は，4つの環境システムが発達に影響すると考える**生態学的システム理論**を提唱した（図1.1）。マイクロシステムは，家族や学校，地域などの

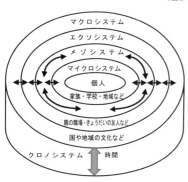

図1.1 生態学的システム理論
（出所）Bronfenbrenner, 1979 などを基に作成

子どもが直接的に関わる環境である。メゾシステムは，マイクロシステム同士の間に生まれる環境で，例えば学校と地域の間として，同じ学校に通う子どもたち同士の関係などである。エクソシステムは，子どもに直接は影響しないが間接的に影響を与える環境で，例えば親の職場やきょうだいの友人などである。マクロシステムは，例えば地域や国がもつ特有の文化などである。さらに，環境の時間軸としてのクロノシステムも提唱されている。発達を支えるこうした環境システム間の構造を捉えていくことも重要である[*3]。

> ユリー・ブロンフェンブレンナー (Urie Bronfenbrenner, 1917-2005)。ソビエト連邦出身のアメリカの発達心理学者。「生態学的システム理論」は発達の捉え方に大きな影響を及ぼした。

2. 学習とは何か

心理学における「学習 (learning)」の概念も，いわゆる「勉強」とは異なる。ここでは「経験を通して生じる比較的永続的な行動の変化や心的過程の獲得・変容」としておこう。

学習という概念には「**経験**」，「**比較的永続的**」，「**心的過程**」という3つの重要な要素が含まれている (中島，2014)。例えば，学習は何らかの経験がなければ起き得ない。「そんなことはない。いつの間にかできるようになったこともある」と思われるかもしれないが，私たちは直接自分が経験する以外にも他者の経験を見たり聞いたりしており，自分が意識していない経験からも学習をしている。また，一時的な変容も学習とはいわない。例として，ホラー映画を見ていると恐怖心から音に敏感になることがあるが，恐怖心がなくなると音への敏感性もなくなるので，この変容は学習とは呼ばない。さらに，行動変容だけでなく心的過程も含まれる。心的過程とは，知識や概念の取り扱い方である。例えば，公民の授業で「選挙のしくみ」を習った生徒が実際に大人になって選挙に行かなくても，「選挙がなぜ重要なのか」を説明できるのであれば，「選挙の大切さ」に関する知識や概念（心的過程）を獲得したと考えられ，学習したといえる[*4]。

近年では学習を捉える理論も，大きく2つに分けて考えられている。1つは学習者個人における知識や行動の「獲得」と捉える考え方と，もう1つは学習者を取り巻く環境や社会文化に対する学習者の「参加」と捉える考え方である (Sfard, 1998)。「獲得」の考え方では，知識や技能を得ていく認知的過程を検討しており，「参加」の考え方では，所属するコミュニティ（共同体）の活動に関わりながら，コミュニティで共有されている考え方や文化を取り込んだり，共同体の文化構築に携わったりする社会的過程を検討している。

この2つの考え方はどちらが正しいかというものではなく，個人に焦点を当てるか，社会環境や文化的共同体に焦点を当てるかの違いである。教師としては，両方の立場から学習を捉えられることが，多様な学習のあり方を見ていくうえでも大切だと考えられる。

> [*3] 生態学的システム理論を踏まえると，人間の発達は遺伝的要素だけでなく，環境的要素からも影響を受けていると考えることができる。発達は遺伝と環境の相互作用の中で起きるといえる。

> [*4] このように，心的過程の変容は行動変容の背景にあるが，必ずしも行動変容に結びつくわけではない。つまり，テストなどの成果として上手く行動変容の結果が示されなくても，心的過程において学習が成立している可能性は十分ある。

1.2 なぜ発達や学習について学ぶのか

1.1では，発達や学習とは何かについて紹介した。もちろん，発達と学習はお互いに密接に関連し合っている。ここからは，なぜ教師になるために発達や学習について学ぶ必要があるのかについても考えていこう。

1. 発達について学ぶ理由

発達を知ることは，長期的な視点で，目の前の子どもの育つ様子を確認したり，適切な関わり方や環境を考えたりするために重要である。

発達にはさまざまな特徴がある。例えば，発達には**臨界期・敏感期**[*5]と呼ばれる，発達に影響を与える刺激を特に受け取りやすい時期がある。この時期に発達に関わる刺激を受け取ることができているかどうかによって，発達の様相が大きく異なる。発達を促すためには，臨界期・敏感期にどのような関わり方や環境が重要であるかを知る必要があるだろう。

また発達は，**順序性**や**方向性**という特徴もある。例えば，昨日まで寝返りもできなかった子どもがいきなり立ち上がって走り出すようなことはない。まず寝返りから始まり，ハイハイ，つかまり立ち，歩く，そして走るといったように必ず一定の順序を守って発達する。また，まず移動を開始する前に首が据わる必要がある。首が据わってから腰が安定し座った姿勢を保てるようになる。そこからやっとつかまり立ちなどの脚部の発達が始まる。このように，頭部から尾部の方向に沿って発達が進んでいく。こうした順序性や方向性に沿っていない場合，何らかの異常事態が起きていると考えられる。

さらに，発達には**個人差**があり，その変化のスピードは個人によっても，時期によっても異なるという**異速性**という特徴もある。例えば生殖器官の発達は，第二次性徴期（いわゆる思春期）に急速に進む。さらに発達には**連続性**という特徴もあり，目に見えないものも含めて絶えず連続的に発達的変化が起きている。生殖器官の発達も，目に見えないレベルでは赤ちゃんの時から連続的に生じているのである。

この個人差や異速性と関連して，発達障害についても知る必要がある。通常学級で発達障害の可能性がある児童・生徒の割合は6.5%と報告されており（文部科学省，2012），これは25人学級でも1〜2名は在籍している可能性を示している[*6]。発達障害の多くは先天性の脳機能障害であるが，その原因が「親の愛情不足」，「本人の努力不足」と誤解されていることも多い。発達障害を含めた，発達の個人差を，本人やその周囲へのサポートや適切な知識提供のために知ることが必要である。

[*5] 近年では臨界期よりも敏感期と表現されることが多い。これは，元々はこの時期に特定の刺激を受けなければ，その後に刺激を受けたとしても発達しにくいという「境界的な時期（臨界期）」と考えられてきたが，近年では，この時期は特定の刺激を受け取りやすい時期に過ぎず，「刺激に敏感になる時期（敏感期）」という見方が主流となってきたためである。そのため現在では，臨界期・敏感期以降でも刺激を受け続ければ，能力獲得はある程度可能であるとされている。

[*6] この調査報告は，実際に発達障害の診断を受けた児童・生徒の割合ではなく，担任教師の判断によるものである。そのため，6.5%以上の発達障害をもつ児童・生徒が潜在的に在籍している可能性も考えられる。

2. 学習について学ぶ理由

　学習について知ることは，短期的な視点で子どもたちの育ちをサポートするために重要である。特に学校は，さまざまな経験を子どもたちに提供する場である。どういう経験が学習を促すのに望ましいかを考えるためには，学習に関わる知識が欠かせない。

　例えば，同じ授業を受けているのに「わかった」となる子と「よくわからない」となる子がいるように，同じ経験をすれば誰しも同じように学習が成立するわけではない。また，一度「わかった」となっても記憶に残りやすい授業と記憶に残りにくい授業もある。さらに，授業の内容をどのように頭の中で情報処理[*7]しているかによっても記憶への残り方が異なるし，そもそも，授業の内容を記憶に残そうとする意欲（やる気）があるかにも左右される。つまり，「どういう学習経験の仕方が重要か」，「どういう情報処理の仕方が重要か」，さらには「どうすれば学習するやる気が生まれるか」を知ることが，学習を促していくためには必要となる。

　また，学校内の経験は授業だけではない。例えば，学級集団での日々の生活も学習の場になる。さらに，学習の定着度を測るテストも日々の学習のあり方に影響を与えているし，テストからは教師が学習のあり方を考えるための有力な情報が得られる。こうした授業以外の場面でも学習を支えられる要素があり，これらに関わる知識も必要であるといえる。

*7 「情報処理」というと，コンピューターをイメージするかもしれない。実際に初期の認知心理学の研究では，コンピューターでの情報処理の構図を人間の心の過程に当てはめたモデルも多い。

3. 発達や学習の先に

　そもそも，人間はなぜ発達・学習するのだろうか。それは，環境へ「**適応**」し，そして「**自己実現**」するためである。適応とは，「個人が物理的・社会的環境に適した行動を取れたり，心的欲求が満たされたりする過程や状態」を指す。例えば，友達と仲良く遊んだり，その関係性に満足していたりすれば，それは友人関係の環境に適応できているといえる。

　人間は，まだ見ぬ未来の環境も含めて，環境に適応するために発達や学習を行う。例えば，知らない土地でも生きていけるように運動能力や知的能力を発達させたり学習したりする。また，知らない人とも協力して生きていけるように，社会的能力も発達させたり学習したりする。さらに，そうした適応の先として，今の環境や未来の中で「自分は今何者であって，今後何者になりたいのか」を考え，その「自分」を形づくる自己実現のために発達や学習を行う。自己実現は未来の環境に対する適応ともいえる。

　教師は発達や学習のサポートを通して，子どもたちの適応や自己実現を支える存在であるといえる。つまり，適応や自己実現に向けた発達・学習を支えるプロフェッショナルとして，発達や学習について知る必要がある。これらの知識を用いて，子どもたちの「今」，そして「未来」を支えていくのである。

1.3 発達・学習に対する研究法

心理学は、さまざまな研究法を用いて人間の心のはたらきを明らかにしてきた。これ以降では、理論の解説だけでなく、その理論が立証された背景にある研究内容や研究方法も紹介される。こうした解説をより深く理解できるように、ここでは、発達や学習に関する研究で用いられる研究法について簡単に押さえておこう[*8]。

*8 表1.1 は各研究法のメリット・デメリットをまとめているので、そちらも参照してほしい

それぞれの方法は、1つの研究の中で組み合わせて使われることも多い。また、教師として子どもたちの様子を把握したり、自分の授業の効果を検討したりするためにもこれらの方法は利用できる。

1. 実験法

実験法は、心に何らかの影響を与えると考えられる特定の要因[*9]を調査者（実験者）が意図的に操作して、操作された後の心の状態や対象者の行動[*10]との**因果関係**[*11]を検討する方法である。例えば、「緊張状態（＝独立変数）が音読ミス（＝従属変数）を増やす」という仮説を考えた場合、実験者は意図的に対象者が緊張するように状況を操作してこの仮説を検証する。

*9 この要因のことを**独立変数**という。

*10 この心の状態や行動のことを**従属変数**という。

*11 因果関係とは、2つの変数の間に「原因」と「結果」の関係があることをいう。因果関係が成立する条件は①共変関係（原因となる変数の変化と結果となる変数の変化が共に生じる関係）、②原因の時間的先行（原因となる変数が先に出現・変化して、その後に結果となる変数が出現・変化する関係）、③他の要因の同一性（原因以外の要因が結果に影響を与えていないという関係）の3つが挙げられる。

実験法では主に、独立変数を操作する実験群と独立変数を操作しない対照群（統制群）の2つの群を比べる形が取られる（独立変数の操作以外は2群間で同じにする）。こうすることで、独立変数の操作の有無によって従属変数が変化したのかが確認できる。また、どちらの群に対象者を割り振るかはランダムに決める。こうすることで、独立変数以外の要因による影響を受けないようにする。

2. 調査法

調査法は、調査対象者に対して問いたいことを直接尋ねて回答を得る方法である。後述する面接法も調査法の一種である。ここでは特に**質問紙**による方法を紹介しよう。例えば「学校でポジティブな感情を経験している子は、学校適応感が高い」という仮説を考えた場合、最近ポジティブな感情をどれくらい感じたかについて尋ねる質問項目、学校適応感を尋ねる質問項目を載せた質問紙への回答を求める。

調査法では主に、評定法と自由記述法が用いられる。**評定法**とは、特定の質問項目についての回答選択肢を数値化して、最も当てはまる数値を選択させる方法である。例えば「最近、嬉しいという気持ちになりましたか」という質問に対して「ほとんどなっていない」を1点、「とてもなった」を5点のように点数をつけ、点数が高いほど、嬉しいという感情を経験して

いると判断する*12。**自由記述法**とは，質問に対して感じたことや考えたことを自由に記述させる方法である。自由記述法は，調査者が定めた評定法の項目よりも回答者独自の観点からの回答を得られる可能性がある。

*12 実際には，類似している複数の質問項目（例えば，「最近，嬉しいという気持ちになりましたか」，「最近，楽しいという気持ちになりましたか」）の平均値によって判断することが多い（この場合だと，平均値は「ポジティブな感情の経験の程度」を意味する）。

3．観察法

観察法は，特定の環境にいる調査対象者の行動（言動）を観察する方法である。例えば，「乳児が母親とはぐれた時，どのような行動を取るか」という問いに対して，実際に母親が乳児の元を離れた場面で乳児がどういう行動を取るかを観察する*13。

観察法では主に，実験観察と自然観察の2つの方法がある。**実験観察**は，調査者が意図的に環境を変化させる観察法である。例えば上記の場合だと，母親に乳児から意図的に離れてもらって様子を観察する。**自然観察**は，こうした意図的な環境操作を行わない観察法であり，上記の場合，公園に観察者が長期間滞在して，遊んでいる母子の中で母親が偶然に乳児から離れた時の様子の事例をいくつも収集する（時間や労力は実験観察よりかかるが，より自然な状況でのデータが得られる）。自然観察はさらに，幼稚園や学校などの観察の場に調査者自身が参加する**参与観察**と，マジックミラーなどを使って，対象者に観察されていることを感じさせない（調査者が観察の場に参加しない）**非参与観察**がある。

*13 観察法は，調査対象者の日常的な状況の中での自然な様子を捉えられることから，**生態学的妥当性**が高い方法とされている。他の方法は，実験的に不自然な場面を作ったり，架空の状況を想定させたりしていることから，相対的に生態学的妥当性が低いこともある。

表1.1 各研究法のメリット・デメリット

	メリット	デメリット
実験法	・原因と結果の関係（因果関係）を検討できる	・要因統制のために現実離れした状況になる可能性もある
調査法	・実験法では設定できないような状況も架空想定させて問うことができる	・言葉を用いて尋ねるため，乳幼児や異言語圏の対象者には実施が難しい
観察法	・現実場面に即したデータを得ることができる	・他の方法に比べて実施のコストが大きい
面接法	・調査法では見られない，対象者が語りの中で見せる，生の，具体的な情感まで捉えることができる	・調査法と同じ言語的な問題に加えて，対象者が真意を語るとは限らない

（出所）三浦，2017を参考に作成

4．面接法

面接法は，調査対象者の経験や価値観，考え方などについて聞き取り調査（面接）を行う方法である。例えば，「中学生は友人関係にどのような不安を感じているか」という問いに対して，実際に中学生に友人関係の不安を面接で尋ねる。

面接法には主に，構造化面接，半構造化面接，非構造化面接の3つの方法がある。**構造化面接**は自由度が最も低く，調査者が質問項目やその順序，問いかけ方などを決めて，全ての対象者に同じように質問する方法である。**非構造化面接**はその逆で，会話のきっかけとなる質問項目だけ用意し，対象者の自由な語りに任せる方法である。**半構造化面接**はこれらの中間の自由度であり，大まかな質問項目やその順序は決めているが，対象者の語りの中で柔軟な変更も行う。

［児玉佳一］

【発展問題】
・自分にとっての発達と学習のイメージはどんなものでしょうか。自分でイメージを書き出したり，他の人とイメージを共有したりしてみましょう。
・「先生，なんで勉強しなきゃいけないの？」と尋ねられた時，あなたならどのような説明を子どもたちにしますか。考えてみましょう。

【推薦文献】
・大久保智生・牧郁子（編）『教師として考えつづけるための教育心理学－多角的な視点から学校の現実を考える』ナカニシヤ出版，2018年
　　学校現場に出た後も「考え続ける」教師になることを主眼としている。他の理論解説的な教科書と違い，教育の今日的課題や疑問をトピックにして，学校現場の現実を多面的に考えることを促す，実践的な1冊である。

・藤澤伸介（編）『探究！教育心理学の世界』新曜社，2017年
　　「入門書こそ，第一線で活躍している専門家が書くべきだ」という方針の基，国内の教育心理学研究者49名で執筆されている概論書である。習得編で基礎理論を，探究・活用編で応用的内容を扱っている。

コラム　心理学の知見は私たちに何をもたらすか

　心理学は1879年に，ヴィルヘルム・ヴント（Wilhelm M. Wundt）がドイツのライプツィヒ大学に心理学実験室を設置したことを始まりとしています（諸説あり）。これ以降約140年にわたって，心理学はさまざまな人の心にまつわる知見を積み重ねてきました。
　心理学の知見は，社会にも大きな影響を与えてきました。多くは心理学の知見を活用するものですが，その一方で，心理学の知見が悪用（誤用）されている例も見られます。例えば，詐欺の手口は，社会心理学における説得や交渉に関する理論が応用されていることも多いです。
　その他にも，心理学は「男性・女性」や「子ども・大人」といった個人の特徴を示すカテゴリーごとの違いを調べる研究も多いですが，こうした知見を基に「女性は数学が苦手」とか「男性は攻撃的」のような，カテゴリーの違いをそのまま個人の違いに当てはめて解釈されてしまうこともあります。もちろん，女性でも数学が得意な人は多くいますし，男性でも攻撃的でない人も多くいます。カテゴリーとしての傾向を捉えると同時に，そこには個人差が存在することを忘れてはなりません。
　2018年には，医学部（あるいは医科大学）の入試において，女性が不利になるような得点調整を行っていたということが社会的な問題となりました。その中である大学は，得点調整をする根拠として，大学入学時期の年齢では，相対的に女性の方が高いコミュニケーション能力をもつとする心理学の研究知見を提示しました。しかし，入試が個人の能力を判断するための制度であることを考えると，このような個人差を踏まえない，カテゴリーの傾向を当てはめただけの得点調整は適切ではないといえます（なお，知見を示した論文の著者自身からも「『コミュニケーション』や言語能力の性差を調べたものではない」と指摘されています）。
　心理学の知見は，教師自身が自分の実践を考えていくための大きな情報源になります。その一方で，心理学の知見はあくまで一般的な傾向であり，個人差の存在を無視することはできません。個人差を無視して心理学の理論をそのまますべての子どもたちに当てはめたとしても，心理学から十分な恩恵は受けられません。心理学の理論と個人差の間を上手く調整して立ち振る舞うことが，教師が心理学の知見の恩恵を受けるうえで重要になるでしょう。

［児玉佳一］

第2章 運動・言語の発達

▶キーワード
新生児反射，粗大運動，微細運動，スキャモンの発育曲線，生理的早産，クーイング，喃語，三項関係，共同注意，自己中心語，内言，外言，リテラシー

　私たちは身体や言葉を使って外界にはたらきかけ，コミュニケーションを取っている。身体や言葉の発達についての知識は子どもを理解し，適切に関わるために重要なものである。2.1，2.2 では，子どもの身体や運動の発達について説明する。2.3 では赤ちゃんの言葉の発達について説明する。そして 2.4 では幼児の言葉の発達と，大人の役割についてみていく。2.5 では小学校で経験する教科書を読む，作文を書くことを説明する。本章を読みながら，自分がどのように発達してきたのかも振り返ってみよう。

2.1 乳幼児の身体発達

私たちは悩みや不安なことがあると食欲が低下したり、心配事が解決するとゆっくり眠れたりなど、日常生活の中で心と身体が相互に関連していることを感じる機会がある。これは大人だけのことではない。子どもにとっても心理的な変化は身体的な側面に影響を及ぼす。例えば、読者の皆さんも寝ている姿勢と座っている姿勢では、視界に入ってくる情報が異なることは同意してもらえるだろう。同様に、乳児もお座りができる以前と以後では目にする情報も異なり、それに伴い行動や認知活動も変化していくだろう。

子どもの身体的発達、変化を理解することは、教師にとって必要な知識である。まずは乳幼児の身体発達についてみていこう。

1. 新生児の身体的特徴

新生児[*1]の平均身長は約 50 センチ、平均体重は約 3000 グラムである。それが生後 1 年で身長は約 1.5 倍の約 75 センチ、体重は約 3 倍の 9 キロくらいまで成長する。さらに 2 歳になる頃までには、身長は約 1.7 倍、体重は約 4 倍までに成長する。これだけ身体が成長するということは、心理的な側面も大きく変化、発達しているだろう。

*1 生後 28 日未満(0〜27 日)を新生児期という。新生児は子宮内の生活とは異なる子宮外の生活への適応を行う必要がある。そのため十分な観察と養護が必要な時期である。

2. 新生児反射

生まれてすぐの赤ちゃんに接したことのある読者なら「赤ちゃんって寝てばかり、できることはない」という印象をもったかもしれない。しかし実は、新生児は生まれながらに**新生児反射**(**原始反射**)と呼ばれる反射行動を行っている。新生児反射は外界に適応的に行動するための反射だと考えられている[*2]。また、新生児反射はいつでも行うものではなく、月齢とともに大脳皮質が発達すると抑制され、次第に消失(行わなくなる)してしまう。原始反射が出現するべき時期に見られない、もしくは消失すべき時

*2 例えば、新生児反射が見られる時期は視覚発達の途中であるが、乳首に似た刺激に対して吸い付くという吸啜反射があることで、母乳を飲むタイミングを逃さずに済む。

表 2.1 新生児反射の例

反射名	説明
口唇探索反射	赤ちゃんの口や頬を指で触ると、顔をその方向に向けて唇を突き出す。
吸啜反射	赤ちゃんの口の中に指を入れると、おっぱいを飲んでいるかのように吸いついてくる。
モロー反射	赤ちゃんを仰向け(仰臥位)にして頭を持ち上げたあと、頭を支えている手を放して頭を数センチ落下させると、手足を伸ばした後に抱きつくように曲げる。
把握反射	赤ちゃんの手のひらを触ると指を曲げて握りしめる反射を手掌反射、足の裏に触れたものを握ろうとするのは足底把握反射という。
バビンスキー反射	足の側方をこすると、足の親指が反り返り、足の指全体が広がる。

時期になっても持続してみられる場合は神経系の異常事態が疑われる。
新生児反射には**表 2.1** のようなものがある。

3．発達には個人差がある

それぞれの赤ちゃんの発達に個人差があることは想像してもらえるだろう。では，実際にどれくらいの差があるのだろうか。

例えば，平成 22 年乳幼児身体発育調査（厚生労働省，2012：**表 2.2**）[*3]の「ひとり歩き」を見ると，発達の早い赤ちゃんでは生後 8～9 か月で，後からできるようになった赤ちゃんでは生後 1 年 4～5 か月という結果となった。「はいはい」では，早い赤ちゃんは生後 4～5 か月で，後からできるようになった赤ちゃんは生後 1 年 4～5 か月と，おおよそ 1 年近く間がある。また，言語機能の発達を表す「単語を言う」では，発達が早い場合で 7～8 か月，後からできるようになった場合で 1 年 6～7 か月とこちらもおおよそ 1 年近くの間がある。

このような調査結果は，子どもの発達を考える時の目安になる。その一方で，絶対に「○歳でこれができなければならない」というものではない。人間の発達には個人差があり，発達のペースは一人ひとり異なる。平均的な発達のペースよりゆっくりであっても，着実に発達してきている場合，もう少しすると次の発達の様子がみられるかもしれない。また「個人差があるのが子ども」と考えて，一般的な発達の移り変わりと異なる子どもに何の対応もしないのは適切とはいえない。平均的，一般的な発達の様子を知っていることで，目の前にいる子どもを理解する手助けとなる。

[*3] 厚生労働省が 10 年ごとに実施。全国的に乳幼児の身体発育の状態を調査し，乳幼児の保健指導の改善に資することを目的としたもの。身長，体重，運動・言語機能，栄養法などを調査する。

表 2.2　一般調査による乳幼児の運動機能・言語機能の通過率（%）

年月齢	運動機能						言語機能
	首のすわり	ねがえり	ひとりすわり	はいはい	つかまり立ち	ひとり歩き	単語を言う
2～3 か月未満	11.7	1.1					
3～4 か月	63.0	14.4					
4～5 か月	93.8	52.7	0.5	0.9			
5～6 か月	98.7	86.6	7.7	5.5	0.5		
6～7 か月	99.5	95.8	33.6	22.6	9.0		
7～8 か月		99.2	68.1	51.1	33.6		2.2
8～9 か月		98.0	86.3	75.4	57.4	1.0	6.5
9～10 か月			96.1	90.3	80.5	4.9	9.0
10～11 か月			97.5	93.5	89.6	11.2	21.3
11～12 か月			98.1	95.8	91.6	35.8	40.9
1 年 0～1 か月未満			99.6	96.9	97.3	49.3	57.6
1～2 か月				97.2	96.7	71.4	69.9
2～3 か月				98.9	99.5	81.1	79.1
3～4 か月					99.4	92.6	86.1
4～5 か月					99.5	100.0	88.8
5～6 か月							89.1
6～7 か月							94.7

（出所）厚生労働省，2012 を基に作成

2.2 子どもの身体発達

前節では乳児期の身体発達についてみてきた。本節では幼児期以降の身体発達と運動機能の発達についてみていこう。運動機能は**粗大運動**と**微細運動**に分けることができる。粗大運動は、歩く、走る、跳ぶなど、身体全体のバランスを要する大きな運動のことである。乳児期はこれらの運動の土台となる姿勢制御（首がすわる、一人座り、つかまり立ちなど）と移動運動（一人歩き）が発達する。一方の微細運動は、両手合わせ、持ち替え、母指（親指）と他の四指でつかむ、母指と人差し指でつかむ、などの手先の細かい運動のことである。

1. スキャモンの発育曲線

人間の発達には個人差があるが、それは個人間の差だけではなく個人内でも差がある。リチャード・**スキャモン**（Richard E. Scammon）は身体のさまざまな器官の発育状況を4つに分けて、**スキャモンの発育曲線**（図2.1）として整理した。これは20歳の時の発達を100として、各年齢における身体各部の発達の割合を表している。

一般型は、頭部と頸部（首）を除いた体全体の大きさ、呼吸器、消化器、筋肉、骨格などの身体組織の発育状況を示している。4歳児の曲線を見ると約40％であり、これは成人の約4割程度の発育状況となる。一般型は、幼児期までは急激に発達し、その後一旦発達量が落ち着いた後、思春期にかけてまた急激に発達する、S字状の曲線を描くのが特徴である。

神経系型は、脳や脊髄、中枢神経系、末梢神経系などの発育を示している。頭部は出生後に急激に発育し、5歳くらいで成人の約80％となる。脳や神経は生命維持のために必要不可欠であり、他の器官よりも早く発育する必要がある。

リンパ系型は胸腺、扁桃腺、リンパ節などが属している。幼少期に急速に増加し、11～12歳頃には200％近くと成人の倍程度となる。曲線が上昇している時期は抵抗力が弱いため、免疫力を高めるために発達すると考えられている。

生殖系型は睾丸、子宮や卵巣などである。思春期まではゆるやかに発達するが、第二次性徴が始まると急激に曲線が上昇する。

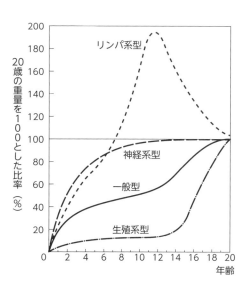

図2.1 スキャモンの発達曲線
（出所）Scammon, 1930より作成

2. 幼児期の運動機能の発達

幼児の運動にはどのような特徴があるのだろうか。幼児期運動指針（文部科学省，2012）では以下のように捉えている。

3歳から4歳頃は，基本的な動きが未熟な初期の段階から，日常生活や体を使った遊びの経験を基に，次第に動き方が上手にできるようになる時期である。この時期は立つ，座る，回る，転がる，ぶら下がるなどの「体のバランスをとる動き」や，歩く，跳ねる，跳ぶ，這う，避けるなどの「体を移動する動き」の経験が大切となる。

4歳から5歳頃は，それまでに経験した基本的な動きが定着しはじめる。特に全身のバランスをとる能力が発達し，身近にある用具を使って操作する動きも上手になっていく。例えば，なわ跳びやボール遊びなどの中で，持つ，運ぶ，投げる，蹴る，押す，引くなどの「用具などを操作する動き」を経験しておきたい時期である。

5歳から6歳頃は，無駄な動きや力みなどの過剰な動きが少なくなり，動き方が上手になっていく。この時期は全身運動が滑らかで巧みになる。ボールをつきながら走るなど基本的な動きを組み合わせた動きに取り組みながら，「体のバランスをとる動き」，「体を移動する動き」，「用具などを操作する動き」をより滑らかに行えることが期待される時期である[*4]。

幼児期は運動全般の基本的な動きを身につけていく時期である。また，意欲をもって周囲の環境に関わることで社会性や認知的な発達が促され，総合的に発達していく。それぞれの時期の特徴を踏まえた環境作りや対応が求められる。

3. 小学生以降の身体と運動機能の発達

平成30年度学校保健統計調査（文部科学省，2018）の各年齢の身長，体重は以下の通りである（**表2.3**）。また，身体発達は以前の世代に比べて現在の方が発達している[*5]。では，運動機能についてはどうだろうか。平成30年度全国体力・運動能力，運動習慣等調査（スポーツ庁，2018）によると，子どもの体力・運動能力は1985（昭和60）年頃をピークに低水準となっている（ただし，近年は女子が向上傾向にある）。また，一週間の運動時間が420分以上（1日60分以上）の児童生徒は，そうでない児童生徒に比べて体力・運動能力が高いことが示されている。運動の促進に向けて，小学校では「楽しく，運動への充実感を理解してもらうこと」，中学校では「自主的に，主体的に運動へ取り組める環境づくり」が提案されている。

*4 ヒトはかなり未熟なまま生まれてくる。未熟な状態で出生することは，本来捕食されるなどのリスクのある状態である。しかし，成熟するまで母親の胎内にいることもまた，母体の捕食されやすさや分娩の負担が大きくなる。アドルフ・**ポルトマン**（Adolf Portmann）はヒトが未熟な状態で出生する様子を**生理的早産**と呼び，学習による変容の基礎となることを主張した。

*5 こうした傾向は**発達加速現象**と呼ばれている。4.2も参照。

表2.3 各年齢での身長・体重

各年齢の身長（cm）				
	5歳	11歳	14歳	17歳
男児	110.3	145.2	165.3	170.6
女児	109.4	146.8	156.6	157.8

各年齢の体重（kg）				
	5歳	11歳	14歳	17歳
男児	18.9	38.4	54.0	62.4
女児	18.5	39.1	49.9	52.9

（出所）文部科学省，2018を基に作成

2.3 乳児期の言葉の発達

生後間もない赤ちゃんは発声器官が未熟であるため，言語音を出すことができない。それが生後1年頃には初語が登場し，周囲の大人と言葉によるコミュニケーションも増えていく。この節では，初語が登場する前後の様子を中心に言葉の発達をみていこう。

1. 初語以前の様子

生後1年半の間には以下のようなプロセスがみられる。
第1段階は**反射の叫喚と自律的な音の生成**である（誕生～2か月頃）。この段階は不快な時に泣く，授乳，呼吸に関係するゲップなどの自律的な音を出す。第2段階は**クーイングと笑い声**の発生である（生後2～5か月頃）。快適な状況の時に，「あー」，「くー」のような**クーイング**と呼ばれる音を出す[*6]。また，持続した笑い声も現れる。第3段階は**声遊び**と呼ばれる（生後5～7・8か月頃）。母音だけでなく子音の声も現れ，さまざまな高さの声を比較的持続した長さで出し，それを聞く音の遊びを行う。第4の段階は**規準喃語**[*7]の出現である（生後6～12か月頃）。「ママ マ」や「ババ バ」などの子音＋母音のリズミカルな発声である**喃語**が出現する。人間の発する音声言語は，複数の子音＋母音構造の組合せであることから，この規準喃語の出現は特に重要である。第5段階は**ジャーゴン**の発声である（生後9か月以降）。ジャーゴンとは，子どもが養育者に話しかけるような発声やひとり言のように聞こえる発声のことである。ジャーゴンで発声している内容に意味はないが，母語にアクセントやイントネーションが似ているため，説明や質問などの文を話しているように聞こえる。

2. 一語文から二語文へ

赤ちゃんは約1歳になると**初語**がみられる。初語とは子どもの初めての言語的発語であり，ある発語が特定の対象や事象を表すために自発的に使われるものである。例えば，初語以前は母親や父親，ご飯などのさまざまな対象に「マンマ」と発語していたのが，初語になるとご飯と「マンマ」を結びつけて発声される。また，この時期の発話は**一語文**と呼ばれる。話している単語は一語であるが，大人が会話で文を話すのと同様の言葉の使い方をする。例えば，犬を表す言葉として「ワンワン」を獲得すると，犬が子どものそばに来たら「ワンワン（あ，犬が来たよ）」，その犬の姿が見えない時に保護者に「ワンワン（犬がいないよ，どこにいるの？）」のような発語である。その後「ワンワン，イタ（犬がいたよ）」「ワンワン，コッ

[*6] クーイングは，喉の奥から発される音声であるため，実際には「くー」と子音＋母音のように表現するのは適切でない。YouTubeで「クーイング」と入れて検索すると，クーイングの様子が動画で見られるので確認してみてほしい。

[*7] 基準喃語ともいう。「ババ バ」のように子音＋母音の連続である**重複喃語**と，「バブ バブ」や「ガビ ダブ」のように，いろいろな子音＋母音の音節パターンの連続の**多様喃語**に分類される。喃語についても，YouTubeで検索するとその様子が動画で見られるので確認してみてほしい。

チ（犬さん，こっちにおいで）」のように2つの言葉を組み合わせた発語である**二語文**が出現する（1歳半頃）。二語文は，これまでの発声の段階，そして語彙獲得の段階から，文法理解の段階の訪れを示す。

この一語文と二語文の移行の間に**語彙爆発**が見られる。語彙の獲得は，最初の頃は月に3〜5語程度とゆっくりと進む。そして個人差もあるが1歳半を過ぎ，50語を獲得した頃から急激に語彙を増加させていく。そのスピードは月に30〜50語ともいわれており，この急激な増加を語彙爆発という。この時期に子どもは物に名前があることを理解して，「これなに？」と尋ねるようになる（**命名の洞察**）。尋ねられた大人は物の名前などを答え，子どもがそれを覚えることを通して語彙を増加させていく。

3．二項関係から三項関係へ

言葉の獲得，発達には大人の言葉がけ以外にどのようなことが関係しているのだろうか。

赤ちゃんは最初，物―自分，もしくは他者―自分の**二項関係**のやり取りをしている。例えば，赤ちゃんのそばに保護者とおもちゃがある。この時期は，赤ちゃんはおもちゃで遊んでいる時は「自分とおもちゃ」のやり取りをし，そばに保護者がいても保護者とのやり取りはない。保護者が赤ちゃんに声がけなどして「保護者と自分」のやり取りをすると，おもちゃとのやり取りはしない（図2.2上）。やがて，生後9か月頃に，物―他者―自分の三項が同時に関わる**三項関係**のやり取りとなる。これは赤ちゃんがおもちゃで遊んでいる時に保護者にそのおもちゃを見せるなど「自分とおもちゃと保護者」のそれぞれが関わりのあるやり取りである（図2.2下）。

この三項関係の成立には**共同注意**が関係している。共同注意とは，同じ対象に注意を向けることである。赤ちゃんは生後6か月頃になると，大人が見ている方向を見ることができるようになる（**視線追従**）。生後12か月頃になると，赤ちゃんの視野内にあるものを大人が見ていると，それを見ることができる。さらに生後18か月頃になると，赤ちゃんの背後にあるおもちゃなど，赤ちゃんの視野内に無い物を大人が見つめると，振り返ってそれを見ることができる[*8]。

三項関係の成立背景には，生後9か月頃に他者が意図をもった存在だと認識し始めることが考えられている。マイケル・**トマセロ**（Michael Tomasello）はこの時期を社会的認知能力[*9]の発達における重要な時期として「**9か月革命**」と呼んだ。共同注意が成立すると，例えば，散歩の途中で保護者が犬を指さしながら「ワンワンだね」と話した時，子どもは保護者が犬に注意を向けていることが理解でき（三項関係），そこにいる犬と「ワンワン」が結びついていることを知り，「ワンワン」が犬を表すと知っていく。こうしたコミュニケーションへの参加が言葉の発達には重要である。

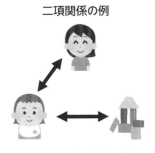

図2.2 二項関係と三項関係

[*8] 赤ちゃんは言葉を話しはじめる前から，自分の周囲に対して**指さし**をする。この時一緒にいる大人は，子どもが指さしている対象に視線を向けることも共同注意である。

[*9] 意図の理解などの社会性の発達については第5章を参照。

2.4 幼児期の言葉の発達

前節では乳児期の言葉の発達について見てきた。本節では幼児期の様子についてみていこう。

1．子どもの独り言

子ども（特に4〜6歳頃）は1人で遊びながら独り言をつぶやく。例えば，人形やぬいぐるみでお店屋さんごっこをしていると，「これ，ください。はい，50円です。ありがとうございました」とお客さんと店員のやり取りを言いながら遊んでいる。また，両手にミニカーを持ち，「よーい，ドン。赤い車が速いです。青いのも追いついてきた」などと言いながら，ミニカー遊びをする。これらの独り言は周囲にいる人に実況中継のように伝えているわけでもなく，他の人に返事をしてほしくて言っているわけでもない。

*10 ピアジェについては 3.2 を参照。

このような子どもの独り言を，ジャン・ピアジェ[*10] は**自己中心語**と呼んだ。ピアジェは，この時期の子どもの認知発達段階の特徴（**自己中心性**）が反映されていると考えた。一方で，7〜8歳以降では自己中心語は見られなくなり，その背景には，社会化による言語活動の発展があると考えた。そのため，子どもの独り言はあまり意味のあるものではないと考えた。

*11 ヴィゴツキーについては，3.3 を参照。

それに対して，レフ・**ヴィゴツキー**[*11] は異なる考えをもっていた。ヴィゴツキーは，言葉は最初すべて**外言**で現れ，その後，内言も使うようになるとした。外言とは音声を伴う発話であり，他者とのコミュニケーションに用いている言葉である。**内言**は内面化され，音声を伴わずに頭の中で展開される，思考の手段として用いられる言葉である。ヴィゴツキーは，初めは大人が使用する言葉を子どもが外言（話し言葉）として使用し，次第にそれを内面化することで内言（思考の道具）となっていくと考えた。ヴィゴツキーは独り言が問題解決場面に出現しやすいという特徴から，子どもの独り言は，内言の使用が不完全なために外言として表出されたものだと考えた。この独り言の時期を超えて，外言はより洗練されたコミュニケーションの手段として，内言は思考の手段として分化していく[*12]。

*12 この独り言の機能を巡って，ピアジェとヴィゴツキー間で論争となった。最終的にはピアジェがヴィゴツキーの考え方を受け入れる形で終結した。しかし，ピアジェとヴィゴツキーのどちらかが正解で，どちらかが間違っているとはならない。人間の発達を捉える視点や考え方は複数あることを踏まえて，目の前にいる子どもをより理解できるように考えていくことが大切である。

2．一次的ことばと二次的ことば

話し始めてしばらくの子どもは，誰が聞いてもわかるはっきりとした発音で話せるわけではない。ジュースを「ジュジュ」，ヨーグルトを「グルト」などと言ったりする。そのような言葉を使いながら，保護者や周囲の大人，兄弟姉妹，友達とのやりとりを通して言葉を習得していく。

例えば，友人や親戚の家に遊びに行った時に2歳くらいの子どもがいたとする。その子と会うのは初めてである。その子がおもちゃ箱を指さして，何か言っている。さて，皆さんはどうするだろうか？ おもちゃを取ってほしいのかなと推測して，おもちゃ箱の上の方にあるおもちゃを手渡してあげるだろう。でも子どもは「違う」と言って指差しを続ける。皆さんは次のおもちゃを渡す，しかし「違う，違う」。さらに次に渡したおもちゃも「違う！」。思っていたおもちゃが出てこないので子どもは泣き出しそうになり，皆さんは困ってしまう。そんな時に保護者が来て子どもの様子を見ると，おもちゃ箱の下の方からぬいぐるみを取り出す。それを子どもに渡すと，子どもがにっこり笑った。このように，その子どもをよく知っている人と具体的状況とが深く結びついたやり取りや会話に使っている言葉を**一次的ことば**[*13]という（岡本，1985）。

その後，小学校に入り，学習を通して**二次的ことば**[*14]を獲得していく（岡本，1985）。二次的ことばは不特定多数の他者に向けて伝える時に使う。例えば，話し言葉として学習発表会などの場面で自分の調べたことやまとめたことをクラスメイトやその保護者に伝えたり，書き言葉（2.5も参照）として，目の前にいない人にお知らせの紙を書いたりするような時に使う言葉である。一次的ことばと二次的ことばは質的に異なるものである。乳幼児期から発達してきた一次的ことばの上に，学校教育を通して習得していく二次的ことばが重なっていく。二次的ことばの習得には一次的ことばが土台となるので，一次的ことばは重要である。

*13 一次的ことばは，1対1の対面対話のやり取りに使っている言葉であり，話の内容は対話の現実場面と結びついたものである。相手と共有している場面を支えとして，言葉は不完全でも伝達は成立していく。

*14 二次的ことばは，話し手と受け手の役割が固定され，一方的に発話が展開していく。不特定多数の一般者を受け手とし，話し手は場面の支えなしに言葉だけで伝達していく。

3．大人の役割

言語発達において，獲得した言葉の数やマッチング（例えば，犬に対してワンワンと言っている）も重要である。だがそれ以上に「言葉を使うのが楽しい」，「このことを伝えたい」という気持ちが育っていることが大事になる。例えば，皆さんは母国語以外の言語（例えば英語）を勉強中である。海外旅行に行き，不完全な文法や一番適切な単語ではないものを使ったとしても，相手に伝わりコミュニケーションが成立したとしたらどうだろうか。「伝わって嬉しい」，「もっとたくさんの言葉を身につけたい」と思うのではないだろうか。子どもも同じである。自分が発した言葉が相手に伝わる経験をすると，言葉を使ってのやりとりの楽しさを感じ，もっと言葉を知りたい，使ってみたいと思うだろう。

一次的ことばは正確に発音されているわけではないので，その子のことをよく知らない他者が聞いても理解は難しい。その子どものことをよく知っている大人がいてこそ成立するものである。子どもの発達において，大人はただそこに存在していればよいということではない。子どもの行為や言葉を受けとめ，適切なタイミングで適切な応答をすることが求められる。

2.5 児童期の言葉の発達

1. 就学前の読み書き能力

小学校に入学する前の幼児はどのような読み書き能力をもっているのだろうか。**図 2.3** 上は 3 ～ 5 歳時の読字数の分布，**図 2.3** 下は 3 ～ 5 歳児の書字数の分布である（島村・三神，1994）。1967 年に実施された国立国語研究所の調査では，「はひふへほ」などのひらがな清音 46 文字，「ば」や「ぱ」などの濁音・半濁音 25 文字の 71 文字の読み書きについて調べた。5 歳児で平均読字数は 53.0 文字，平均書字数は 26.0 文字だった。さらに 1988 年の同様の調査（島村・三神，1994）では，5 歳児の平均読字数は 65.9 字，平均書字数は 44.6 字となり，以前よりも読み書き能力の獲得が早まっていることが示された。また，**図 2.3** の 5 歳児の読字数と書字数を見ると，多くの 5 歳児はほぼ全てのひらがなを読める一方で，書くことまではまだ獲得できていない様子が読み取れる。

これらの結果は，学校教育で文字を学ぶ前の子どもでも**リテラシー**[*15]をもっているということを示すものである。

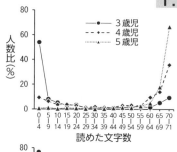
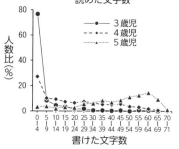

図 2.3　幼児期の読みと書きの成績分布
（出所）島村・三神，1994 を基に作成

[*15] 狭義には読み書き能力のこと。広義には読み書きの知識や能力があり，社会生活にそれらを活用できることを指す。

2. 読むこと

小学校で授業が始まると，子どもは教科書やプリントなどを読み，内容を理解していく。では，どのようにして私たちは文章を読解しているのだろうか。

まずは目のはたらきを通して文章が入ってくる。ここでは単語を見る（凝視）ことや，単語から単語へ視線をジャンプさせる（サッケード）ことをしている。次にその単語の文字列を心的辞書（長期記憶[*16]に蓄えられた単語の意味や情報）と照らし合わせて，その単語が自分の知っているものと一致するかをチェックする。さらに，その単語のいくつかの意味の中から最もその文章に適した意味を選び，個々の文の意味を理解していく。そして，個々の文の意味を統合，関連づけをして，その文章の主題を理解する。最後に「文章を正しく読んでいるか」，「わからない部分はないか」など，自分の読解過程に関する振り返り（**メタ認知的モニタリング**[*17]）をして，もう一度文章を読み返すか，終了するかを決める。

読解はこのような複雑は過程によって成り立っている。「本当にこんなことをしているの？」と思った読者は，日本語ではなく外国語（例えば英語）の文章読解で考えてみよう。英語を学び始めの頃は，文章を読む時に単語を 1 つずつ確認しながら読んでいたのではないだろうか。そして，

[*16] 長期記憶については 7.1 や 7.2 を参照。

[*17] メタ認知の機能については 3.1 や，10.3 を参照。

その単語の意味は何だろうか？　英和辞書の最初に出てくる意味でいいのかな？　などと考えただろう。それらの単語をつなげて一文の意味を考え，さらにパラグラフ全体ではどういう主張なのかを読み取ろうとしただろう。1回読んでもわからない場合はもう1度読んだり，念のために再確認したりしたのではないだろうか。これらは前述した読解プロセスと同じである。

　また，文章の読み方には明確な音声を伴った読み方の**音読**と，つぶやきのように多少の口の動きを伴うものや，まったく音声を伴わない読み方の**黙読**がある。音読は発話に伴う運動的手がかりや，声による耳からのフィードバックが得られるので，文章の記憶を促進するといわれる[*18]。黙読は文章を音声として表現しない分，文章の意味内容を理解するのに適しているとの見解もある。読者の皆さんも小学校の頃を振り返ると，同じ文章でも読み方による違いを思い出すのではないだろうか。また，この2つの読みの速さは，小学校4年生頃に黙読の方が速くなり，それ以降は情報を得たり考えたりする読み方は黙読になっていく。

[*18] 例えば，単語の復唱(リハーサル)も音読に該当する。7.1や7.3も参照。

3. 書くこと

　学校での授業が始まると，子どもは文章を読むだけでなく書くことも求められる。作文時の心理的メカニズムはどのようなものなのだろうか。

　作文を書く時は，書くという**課題状況**の認識，書き手のもつ**知識**，実際に文章を産出する**情報処理過程**の3つが関係している (Hayes & Flower, 1980)。まず書き手は，どのようなテーマか，読み手は誰なのか，などの課題状況の認識を行う。例えば「この前の遠足についての作文で，先生が読む」などである。同時に「遠足で一番楽しかったのはお弁当を食べた時」などと，その課題内容に沿った長期記憶内の知識を活性化させる。そして，課題状況や知識に基づいて文章の構想を立て（プランニング），書こうとした内容を言葉に置き換え，その文章を読み返して修正や評価を行う。

　これらの3つは何か1つだけがはたらいているのではなく，相互に関わりあっている。皆さんも作文を書いた時のことを思い出してみよう。スラスラと書けず，最初の一言がなかなか出てこなかったことがあるだろう。頭の中には書きたいことはある（長期記憶の知識）のだが，それを言葉にできない。どうしようか？　と考えていると時間ばかりが過ぎてしまい，提出期限が近づいてきている（課題状況認識），などの経験があるのではないだろうか。

　読解と同じく作文の過程もかなり複雑なプロセスが関係している。読解や作文でつまずいている児童・生徒がいた場合，どこに難しさを感じているのかを把握することが必要である。

[小沢恵美子]

【発展問題】
・自分が小学生だった時，1日の運動時間はどれくらいでしたか。その時の経験は現在にどのように関係しているか振り返ったり，同年代や異なる年代の人と話してみたりしましょう。
・文章を読むことや書くことが苦手な児童・生徒に対して，あなたはどのように指導していきたいですか。教師の立場になって，具体的な指導方法を考えてみましょう。

【推薦文献】
・岡本依子・菅野幸恵・塚田－城みちる『エピソードで学ぶ乳幼児の発達心理学―関係のなかでそだつ子どもたち』新曜社，2004年
　タイトル通り，子どもの実際のエピソード（行動やその状況について）があり，その後に心理学的な解説がつづく。エピソードは読者の皆さんも経験したであろう内容が多く，「子どもっておもしろいな」と思える1冊である。

・岩立志津夫・小椋たみ子（編）『よくわかる言語発達　改定新版』ミネルヴァ書房，2017年
　言語発達に関するトピックや内容を，多岐にわたりまとめてある入門書である。言語発達の概要だけでなく，自閉スペクトラム症などの言語の障害についても扱っている。

認知の発達

> ▶キーワード
> 感覚，知覚，認知，メタ認知，ピアジェ，発生的認識論，シェマ，同化，調節，感覚運動期，前操作期，具体的操作期，形式的操作期，ヴィゴツキー，発達の最近接領域，生活的概念，科学的概念，素朴理論，素朴概念，誤概念

　私たちは生まれてから少しずつ自分の周りの世界を知っていく。本章では，私たちが世界を知るプロセスや知る方法に関する代表的な考え方を説明する。まず 3.1 では，認知とは何か，私たちが対象を知る方法を確認する。そして 3.2 と 3.3 では，認知発達の代表的な考えであるピアジェの認知発達理論とヴィゴツキーの発達理論について説明する。そして 3.4 では，私たちが日常生活を通して世界をどう理解しているのか説明する。

3.1 認知とは

私たちは，どのように自分の周りの世界を理解しているのだろうか。私たちは母親の胎内にいる時からすでに，周りの情報を受け取って生きている。そう，私たちは常に目に見えるもの，聞こえる音，触った感触などから情報を受け取り，それを認識し，その情報を基にさまざまな行動をとっているのである。また，成長するに伴い，頭の中で想像する，予想することも可能となる。自分の行動を振り返り，反省し，改善案を新たに創造することを通して，私たちは自分のもつ力を伸ばすことができるのである。

1. 感覚と知覚と認知

私たちは目や耳などの感覚器官を通して身の回りの情報を取り入れている。このような感覚器官を通して情報を受け取ることを**感覚**という。人は視覚であれば眼，聴覚であれば耳といった感覚器で明るい・暗い，高い音・低い音などの入力情報を受け取り，感覚器の中の入力情報に対して反応する部分（受容器）で感覚情報として処理する。その後，感覚情報を「見えた」，「聞こえた」というように意識することを**知覚**という。私たちは知覚によって，形や色，熱さ，重さなどを捉えることができる。さらに，元々もっている情報に基づいて知覚した情報に対し解釈や推論を行うことを**認知**という（図3.1）。

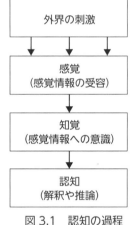

図 3.1　認知の過程

それでは，青いボウリング球を例にその認知過程を考えてみよう。青いボウリング球を見た時，私たちの眼は青い光とそうでない部分を捉える。視覚の受容器である視細胞がこの光を受けて感覚情報として処理する。次に，感覚情報を基に，青い部分が円形の形をしていることや，穴が3か所空いていることなどの対象の特性を知覚する。そして，対象に対して知覚されたさまざまな情報を総合し，記憶情報と照合したうえで，対象が青いボウリング球であると認知するのである。

2. メタ認知

皆さんは，買い物に行く際に何を買うか忘れるかもしれないからメモをした経験はないだろうか。このような，"忘れるかもしれない"という自分の認知状態を認知すること，つまり「認知に対する認知」のことを**メタ認知**という[*1]。より具体的には，自分の能力や限界を理解できる，記憶の仕方をわかっている，問題解決に対する知識をもっているなどの認知に関する知識，そして計画を立てることやその計画を修正するといった課題解決に必要な知識のことをいう。メタ認知が育つことによって，自分の認知

*1　メタ認知については10.3も参照。

活動を見直す，調整することが可能となり，それが学習や問題解決の能力の向上につながると考えられている。

　メタ認知は，メタ認知的知識とメタ認知的活動に分けることができる（図3.2）。**メタ認知的知識**とは，自分自身の認知に関わる知識や認知に関する全般的な知識のことであり，人間に関する知識（得意・不得意といった個人内の認知的な傾向に関する知識，他者との比較に基づく個人間の認知的な傾向に関する知識，一般的な人間の認知傾向に関する知識），課題に関する知識（課題解決に必要な情報や課題自体の背景，文脈といった課題の性質が認知活動に及ぼす影響に関する知識），方略に関する知識（課題を解決するための方法についての知識）が含まれる。**メタ認知的活動**には，認知プロセス，状態のモニタリングやコントロールが含まれる。モニタリングとは，自分の認知プロセスの進捗状況や現在の状態に関する認知のことであり，今の状態に気づくことや点検・評価すること，状況を予想することが含まれる。コントロールとは，メタ認知的知識やモニタリングの結果に基づいて，目標を設定したり，修正したりするといった認知的制御のことを指す。

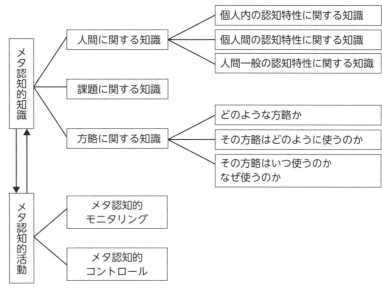

図 3.2　メタ認知の分類
（出所）三宮，2008を基に一部改変

　メタ認知能力の発達は，幼児期後半の5，6歳頃から見られるといわれている。この時期の子どもには，周囲の状況と自分や他者の能力を考慮しながら物事に対処する姿が見られるようになる。例えば，ごっこ遊びに途中で新たに参加しようとする子どもがいた場合，遊びの途中であっても当初はなかった設定を新たに加えるといった状況の変化が度々発生する。その変化に合わせて，子どもたちは自分の役割やごっこ遊びの環境を変化させていくのである（例えば，おままごとで父役，母役に加え，子どもの役を増やすことや，お店屋さんごっこでお店の種類を増やすことなど）。このような子どもの姿から，メタ認知能力の発達は，他者の信念，欲望や意図を推測といった「心の理論」[*2]の発達と関係があるといわれている。

*2　詳しくは5.2を参照。

3.2 ピアジェの認知発達理論

ジャン・ピアジェ
(Jean Piaget, 1896-1980)。スイスの発達心理学者。教育に大きな影響を与えた20世紀を代表する心理学者である。言語、数量概念、因果関係の認識、道徳性などの発達について多くの研究成果を残した。

本節では、ジャン・ピアジェ*の提唱した認知発達理論について説明する。彼の提唱した**発生的認識論**の特徴は段階的であるという点であり、その考えは自然発生的な発達で獲得していないような概念を仮に子どもに教えたとしても、子どもは適応力をもたないため、その概念を獲得することはできない、つまり発達的な制約を受けるというものである[*3]。

*3 ピアジェの発達的制約に対しては、多くの反証的実験研究が行われた。その結果、現在ではその制約は強固なものではなく、学習に影響を与えるような発達的制約はほとんど見られないと考えられている。だからといって、全く制約がないというわけではない。例えば、人によって発達のスピードには差があるため、皆が同じ時期に同じような制約を受けるとは限らないだけで、発達的制約の順序性は認められるのである。

1. ピアジェの基本的な認知発達の概念

ピアジェは自身の認知発達理論を説明するために、いくつかの基本的な概念を生み出した。特に、同化と調節は、ピアジェが考える認識の基本的な枠組みを説明するための重要な概念である。

私たちは、自分の周りの世界を認識するにあたり、さまざまな認識の枠組みをもっている。例えば、「ウサギはどんな生き物ですか？」と聞かれた場合、耳が長いといった特徴を思い描くだろう。このように、私たちは対象に対して何らかの認識の枠組みをもっており、この認識の枠組みのことをピアジェは**シェマ**と呼んだ。

ピアジェは、認識は主体（認識を行う人）と対象との相互作用によって構築されると考えた[*4]。主体が何か（対象）を認識しようとする時に、もし自分がその時点でもっている認識の枠組み（シェマ）が適用できる場合には、その枠組みを使いながら対象を認識する。例えば、子どもは犬も猫も「ワンワン」と呼ぶことがある。その子どもは「ワンワンとは四足歩行をしている動物である」というシェマをもっているため、猫も「ワンワン」と呼ぶのかもしれない。このような対象の認識方法を**同化**という。その一方で、もし自分がもつシェマが適用できない場合、その枠組みを変化させて対象を認識しようとする。例えば先ほどの例で、「ワンワン」とは犬のことのみを指し、猫はそう呼ばないということを知れば、その子どもは「ワンワンとは犬である」というように認識の枠組みを変化させる。このはたらきを**調節**という。

*4 こうした考え方を（認知的）**構成主義**と呼ぶ。

2. ピアジェの発達段階論

ピアジェは、子どもが可能となる操作[*5]の水準を基に、思春期頃までの子どもの発達を4つの段階に分けた。

子どもが誕生してから2歳頃までを**感覚運動期**という。この時期の子どもは、聴覚や視覚といった感覚を通して物事を捉えている。生後間もなくの外界からの刺激に対する生得的な反射から始まり、指しゃぶりなどの

*5 ピアジェは「行為が内化されたもの」を操作と定義した。例えば、暗算という操作は、指を折って物を数えるといった動作的な計算の行為が表象として内化されたものと捉えることができる。

自分自身に向けられた習慣的な行為，そして物を触る，叩くなどしながら対象操作を繰り返す行為というように，行為を通して外界を認識する枠組みを作っているのである。また，この時期の子どもが獲得する認識の代表的な例として**対象の永続性**がある。もし，自分の目の前にある物が布などで隠されたとしよう。私たちは隠された物が布の下にあることは当然のことと思うだろう。しかし，1歳頃までの子どもは，隠された物を探し出すことができないことが明らかとなっている。このような対象が見えない，触れられない状態になったとしても，対象はそこに存在していることを対象の永続性と呼ぶ。

　2歳頃から7歳頃までを**前操作期**という。この時期になると子どもは，目の前にない事柄を思い浮かべることが可能となる。この心の中で思い浮かべることを**表象**という。この表象が可能になると，ある事物を他の事物に置き換えて表現する**象徴機能**が成立する。この象徴機能は，ごっこ遊びなどの日常の遊びの中で見られる（例えば，おままごとの中で砂を食べ物に見立ててお皿によそうなど）。また，この時期の子どもの特徴として，他者の視点から物事を捉えることができない**自己中心性**があると言われている。この自己中心性をもつことにより，この時期の子どもたちには**保存の概念**の獲得が難しいことが知られている。保存の概念とは，物の形や配置が変わっても数量は一定であるという概念である。例えば，同じ重さの粘土を同じ形にして子どもに見せ，同じ重さか違うかを尋ねる。その時に同じと答えた子どもであっても，片方の粘土の形を長細い形に変えると長さという点に注意が向けられ，細長い方が重いと答える場合がある。このような子どもの判断は，知覚できる見た目の変化に惑わされているという点で自己中心性によるものと言われている[*6]。

　7歳頃から11歳頃までを**具体的操作期**という。ちょうど学童期に入るこの時期の子どもは，具体的な場面に対してであれば，見かけに惑わされない論理的思考が可能となる。ピアジェは，この時期になると前述の保存の概念が獲得できると考えた。また，事物を何らかの性質によって並べる系列化が可能となる。例えば，長さの差が一定な10本の棒を長さ順に並べる課題を行った時，前操作期までは数本での大小比較を行うことはできるが，長さ順に並べることができない。一方で，具体的操作期には10本を長さ順に並べることができるようになる。

　11歳頃から15歳頃までを**形式的操作期**という。この時期になると，事実として起こっていないような可能性の問題に対して議論を行うことや，仮説に基づいて推論する仮説演繹的思考といった形式的操作が可能となる。形式的操作は15歳頃に完成すると考えられており，組み合わせ的思考や比例概念の理解が可能となるのもこの時期である。

*6　保存の概念に関するさまざまな実験の様子についての動画も公開されている（YouTube）。以下のQRコードで見ていただきたい。

A typical child on Piaget's conservation tasks
（2020.3.10 最終閲覧）

3.3 ヴィゴツキーの発達理論

レフ・ヴィゴツキー
(Lev S. Vygotsky, 1896-1934)。ロシアの心理学者である。彼は，社会的，文化的背景や他者との相互作用といった社会的相互作用の枠組みで学習を捉えた。このような学習もしくは発達の捉え方を，**社会的構成主義**という。

本節では，レフ・ヴィゴツキー*の提唱した発達理論について説明する。ヴィゴツキーはロシアの心理学者であり38年という短い生涯であったが，その間に彼が提唱した理論は今日の心理学，教育学に大きな影響を与えるものである。

1. 発達の最近接領域

それまでの子どもの発達に関する評価（発達検査）では，すでに成熟している（できるようになっている）機能に目が向けられてきたが[*7]，ヴィゴツキーは成熟しつつある（できるようになりつつある）機能に目を向けることを主張した。そこで彼が生み出した概念が**発達の最近接領域**である。

*7 例えば，ビネー式知能検査も，年齢というものさしで「できる水準」を測定する形になっている。詳しくは12.1を参照。

私たちには，一人で解決できることと，他者の力を借りれば解決できることが存在する。例えば，一桁同士の掛け算は独力で解答でき，二桁の数が含まれる掛け算は教師の少しの手助けがあれば解答できる子どもがいるとしよう。このような場合，従来の考え方では「一桁まではできるが，二桁の掛け算はできない」と判断されていた。しかし，ヴィゴツキーは独力で解決できない場合も，手助けがあればできる場合と，手助けがあっても解決できない場合があると考えた。先ほどの掛け算の例でいえば，他者の手助けがあれば二桁の掛け算は解決可能であり，それは近いうちに独力で解決できる可能性を示しているのである。そこでヴィゴツキーは，一人で解決できる水準と，他者の力を借りれば解決できる水準との間を発達の最近接領域と呼び，発達しつつある機能に注目した教育を考えた（図3.3）。

図 3.3 発達の最近接領域のイメージ

子どもの発達に応じた教育を行う必要があることは，学習指導要領でも述べられている。しかし，現在の発達水準，つまり子どもの成熟した機能にあわせて教育を行ったとしても，子どもが新しいことを学ぶことはできない。子どもが新しいことを学ぶためには，子どもの成熟しつつある領域に着目しなければならないのである。そこでヴィゴツキーは，教育は発達の最近接領域に対してはたらきかけるものであったり，そのような領域を作り出したりするものでなければならないと主張したのである。

2. 生活的概念と科学的概念

*8 概念については，7.5も参照。

生活の中で自然と身につける概念は**生活的概念**と呼ばれる[*8]。その一方で，学校教育の教授過程により形成される概念は**科学的概念**と呼ばれる。ヴィゴツキーは生活的概念と科学的概念の関係性について，独自の考えを提唱した。

生活的概念は，学校教育という一定の体系をもった学びの中ではなく，生活の中で子どもがいろいろなものに触れたり探索したりすることによって形成される概念である。生活的概念の特徴の1つに，概念をもっていても自覚できないということがある。例えば，子どもに「兄弟とは何か？」と尋ねた時に，子どもは兄弟について知っているはずであるし，兄弟という言葉を日常的に正しく使っているが，上手く説明できない場合がある。つまり，子どもは正しく使用できる概念を自覚できないという特徴をもっているのである。また，経験を通した生活的概念では，無自覚的であるために概念間の共通性が未発達であり，また，対象との間には経験的に形成された関係が存在するだけである。したがって，非体系的である生活的概念では，子どもは関連のないもの同士を紐づけてしまう場合がある。

　科学的概念は学校教育の中で科学的知識を体系的に学ぶことによって形成される概念である。科学的概念は体系的であるがゆえに概念間の関係性をもち，その概念間の関係性を経由して，対象に対する概念を間接的に形成することができる。この特徴により，科学的概念は概念間の関係から自覚的・随意的に概念を形成することが可能になると考えられている。

　生活的概念がモノとの直接的なふれあいによって形成されるのに対して，科学的概念はモノとの間接的な関係から始まる。このような違いがあるからといって，生活的概念と科学的概念に関係性がないということにはならない。生活的概念がモノから概念へという方向性をもつ一方で，科学的概念はそれとは逆の，概念からモノへという方向性をもつ。ヴィゴツキーは科学的概念を習得するためには，生活的概念が一定の水準まで形成されていること，つまり，モノから概念への道筋がつけられている必要があるとした。さらに，この水準は発達の最近接領域にあるとした。

3．ヴィゴツキーの発達段階論

　ヴィゴツキーの発達段階論の特徴は，誕生から青年期までを「危機的年齢の時期」と「安定的時期」を交互に表した点にある。危機的年齢の時期には，多くの子どもが教育的に困難性を示すとされる。例えば，学童期から思春期（12歳〜13歳頃）では，学業への興味の低下や行動の消極的・反抗的性格が表れるなどの特徴がある。このような危機的年齢の時期の子どもたちには，内面的葛藤や病的な苦しみが生まれることがあるため，周囲との対立が生じる場合もある。そして，この時期の子どもたちは，数か月から1，2年程度の短い期間で人格が大きく変化する。一方，安定的時期の発達は緩やかであり，その変化は周囲が気づかないほどのものであり，しばらくの期間を経て突発的に目に見える形で変化が表出される。青年期までの多くは，この「安定的時期」であるとされる。

3.4 素朴理論

学校教育の中で体系的に教わる以前に，日常生活を通して獲得される知識のまとまりのことを**素朴理論**という。子どもは身の回りの現象を説明したり予測したりするが，それは世の中のあらゆる側面に対してはたらくものではなく，その範囲は限定されている。その範囲は，人間が生き延びるために重要な役割を果たしてきた領域であるとされ，生物に関する**素朴生物学**，物体の運動に関する**素朴物理学**，心理学的な状態や経験に関する**素朴心理学**[*9]の3つの領域があるといわれている。

[*9] 素朴心理学は，心の理論とも呼ばれている。詳しくは 5.2 を参照。

1. 素朴生物学

幼児が生物と無生物の区別，生物学的な現象と心理的な現象を区別するようになるのは5歳から6歳頃といわれている。これまでの研究からは，生物，無生物の区別だけでなく，擬人化（人間との類推ともいわれ，人間をモデルとして考えること）などの一貫した予測を可能とする推論形式をもつこと，生命現象は物理や化学の法則とは別の原理がはたらいているという生気論的[*10]な因果的説明の枠組みをもつことが明らかとなっている。このような素朴生物学の特徴は，幼児の生物学的な知識の乏しさを示す一方で，自身の知識を活用してより洗練された推論を可能にするという側面も映し出している。例えば，4歳から小学4年生と大学生に対し「Xは心臓を持っていますか？」（Xには生物，無生物の具体的名称が入る）と聞いたところ，4歳児は人間との類似性から心臓のあるなしを判断する傾向があるが，年齢が上がるにつれて生物学的カテゴリ（例えば，バッタは昆虫の仲間）を基に判断するようになることが明らかになっている（Inagaki & Sugiyama, 1988）。

[*10] 活力論ともいわれ，活力といったような生命を維持・増進させるための何らかの力を生物に認めるという考え。

2. 素朴物理学

素朴物理学は主に物体の運動に関する分野で取り上げられている。例えば，ジョン・クレメント（John J. Clement）はコインを投げ上げた時の運動について，上に上がっている状態のコインには重力のみかかっているのか（図3.4の(a)），もしくは運動方向にも力がかかっているのか（図3.4の(b)）（ただし，空気抵抗はないものとする）という問題を作成した。この問題の正答は(a)であり，重力のみコインにかかっているのだが，大学生であっても(b)と回答して，「運動は力を含意する」という概念をもっていることが確認されている。その他にも，「静止している物体には力ははたらかない」（実際は静止している物体にも力ははたらいている），「摩擦は力

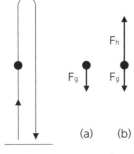

図3.4 コインの投げ上げ運動問題
（出所）Clement, 1982を基に作成

ではない」(実際，摩擦は摩擦力として物体の動きや外力とは反対の向きに作用する)といった概念がある。

3．素朴概念と誤概念

素朴理論としばしば同義として扱われる**素朴概念**は，科学的概念と対比されて論じられることが多い。素朴概念は日常生活を通して獲得される概念であり，科学的概念と一致するわけではない。

例えば，ステラ・**ボスニアドゥ**(Stella Vosniadou)らは地球に関する科学的概念(地球は丸く，自転によって昼夜のサイクルが生じる)を子どもが理解することの難しさを指摘している。彼女らは，小学生に地球の絵を描かせる実験を行い，その結果，多くの子どもたちが「地球はどんな形ですか」という質問に対し「地球は丸い」と答えたにもかかわらず，地球と人や月などの形やイメージを描かせる問題には，**図 3.5** の (2) から (6) に示すような誤った回答を行った。ボスニアドゥらは，特に平らであったり，空洞であったりするモデルを子どもが作った理由を「地球は丸い」という科学的概念と，「地面は平らである」という素朴概念との間で生じた矛盾を統合しようとしたためとしている。

このように，素朴概念が直接的に科学的概念に転移[*11]することは難しい場合が多く，その困難さが強調され，素朴概念は**誤概念**と呼ばれる場合もある[*12]。教育現場では，特に学習もしくは指導上の課題として取り扱われる場合がある。しかし，子どもなりの現象の捉えに目を向けず，単に誤りであるとすることは子どもの深い理解につながるとは考えにくい。なぜなら，単に科学的概念を教えるだけでは，**図 3.5** の (4) に示した 2 つの地球に見られるような，素朴概念と科学的概念が別個に存在した状態に留まってしまい，根本的な概念変化が生じない可能性があると考えられるからである。

[末松加奈]

[*11] 転移については 8.5 を参照。

[*12] 誤概念については 8.4 も参照。

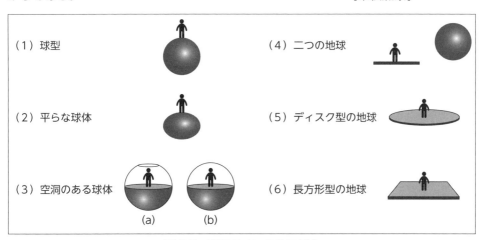

図 3.5　地球のメンタルモデル

(出所) Vosniadou & Brewer, 1992 より作成

【発展問題】
・発達の最近接領域，生活的概念と科学的概念を踏まえて授業を行う場合，授業を進めるうえで，どんな工夫が可能でしょうか。
・皆さん自身も素朴概念をもっているはずです。本章で例示した地球のメンタルモデルのように，自分の体感から判断すると科学的に正しい理論を理解しにくいと思うことがあるのではないでしょうか。そのような例を考えてみましょう。

【推薦文献】
・子安増生（編）『よくわかる認知発達とその支援』ミネルヴァ書房，2005年
　本書と同様に，見開き2ページで認知発達に関する内容を網羅的にまとめた入門書。内容のレベルも本書とほぼ同じくらいなので，本書と同時並行的に読みながら学習するとよいだろう（第2版も2016年に出版されている）。

・バリー・J・ジマーマン，デイル・H・シャンク（編），塚野州一（訳）『教育心理学者たちの世紀－ジェームズ，ヴィゴツキー，ブルーナー，バンデューラら16人の偉大な業績とその影響』福村出版，2018年
　19世紀後半から21世紀の現在までの教育・発達心理学の発展過程を，16人の影響力のある人物の伝記とともに論述した書籍である。本章で紹介したピアジェとヴィゴツキーの伝記も記載されている。

コラム　大人の当たり前は，子どもの当たり前ではない

　大人が自明の理だとすることも，子どもにとっては新しい発見であったり，理解しがたいことであることは，何も珍しいことではありません。本コラムではそのような事例を本吉圓子著(1979)『私の生活保育論』という数多くの保育事例とともに，保育者にとって大切なこととは何かを述べた書籍から紹介しようと思います。

【事例1】
　ある日，子どもたちがヤギの赤ちゃんがおっぱいを飲んでいるスライドを見ていた時，保育者が「人間の赤ちゃんもおっぱいを飲むのよ」と言ったところ，「嘘だよ，人間の赤ちゃんはミルクを飲むんだよ」と答えた子どもがいました。ここで子どもたちに「人間の赤ちゃんもお母さんのおっぱいを飲むのよ」と教えることは簡単ですが，なんとか本物を見せて納得させたいと思い，赤ちゃんがいる母親に頼んで，実際に授乳する様子を子どもたちに見せてもらいました。子どもたちの驚きと好奇の目は，やがて羨望のまなざしへと変わったのです。

【事例2】
　園で飼っていたウサギが子ウサギを産んだのを見て，「チャボはどうして子どもを産まないのか」という疑問が子どもたちからでました。それまでにもチャボは卵を産んでいましたが，飼っていた三羽とも雌だったので無精卵だったのです。子どもたちはその後，鳥屋さんでひながかえるためには雄のチャボが必要であることを聞き，その後，雄のチャボをもらい受け，それまでの雌のチャボ三羽とともに飼育することにするのです。

[末松加奈]

自我の発達

> ▶キーワード
> エリクソン，ライフサイクル，心理社会的危機，第二次性徴，発達加速現象，ジェンダー，性役割意識，第一反抗期，自我，第二反抗期，ホリングワース，心理的離乳，アイデンティティ，パーソナリティ，モラトリアム，役割実験

「自分とは何か」という問題は，教師として，また一人の人間として生きていくうえで，常に向き合う重要な問題である。本章では，自我の発達について，特に青年期の様相を中心に概観し，具体的な事例などを取り上げながら説明していく。まず，4.1では，エリクソンの生涯発達理論を紹介し，生涯にわたって自我がどのように発達変化していくのかを説明する。次に，4.2では，特に青年期の身体発達がどのように自己の発達に影響していくのかを紹介する。また，4.3では，自我の主張の姿である反抗期を取り上げ，その発達変化を見ていく。最後に，4.4ではエリクソンが提唱した「アイデンティティ」という概念を取り上げ，青年期において自我を獲得していく姿を紹介していく。ぜひ，本章の内容と，これまでとこれからの自分自身の姿を重ね合わせながら，考えていってほしい。

4.1 エリクソンの生涯発達理論

教師として子どもたちと出会う学校という現場は，教育の対象となる生徒自身だけではなく，同僚の教師や保護者，地域住民といったさまざまな年齢層にわたる人々が関わっている。このため私たちは，より生徒を深く理解するためには，その周囲にいる人々についても，また，生徒自身の将来やこれまでたどってきた道筋など，人間の心の生涯発達の道筋についても知る必要がある。本節では，著名な生涯発達心理学者の一人であるエリクソンの生涯発達理論を紹介し，特に青年期の発達を中心に具体的にみていこう。

1．エリクソンの生涯発達理論とは

平均寿命が80歳以上となり，4人に1人が高齢者となった長寿高齢化の進む日本では，長い人生をどのように生きるかという問題に直面する機会が増えてきている。

このような長い人間の一生涯における自我の発達を捉える代表的な理論として，ここではまず，エリク・**エリクソン***が提唱した「自我の漸成理論 (epigenesis of identity)」を紹介しよう (Erikson, 1959　西平・中島訳 2011)。彼の理論は，ジークムント・**フロイト***の精神分析的発達理論を元に，個人の心理的な発達（自我の発達）を，個人が生活する「社会」との関係でその理論を展開していった点が特徴的である。次項で紹介するが，エリクソンの理論は，身体的に成熟した「大人」になる青年期以降の自我の発達までを追っている点も，長寿高齢化の進む現代における発達を捉える視点として重要であるといえる。また，エリクソンは，人間の一生涯をひとつの**ライフサイクル**と捉えている。これは，個人が生まれ，成長し，やがて死を迎えるという個人内のプロセスだけではなく，そのサイクルが親子や祖父母，孫など，世代を超えてつながる世代の循環という全体の大きなサイクルになっていくと考えた点も特徴的である。このようなライフサイクルのつながりは，人間が社会の中で生活していくうえでは，欠かせないものである。

このようにエリクソンは，人間が生涯の中で自分の中にある要求と，集団や社会からの要求の間で葛藤しながらも，自我を発達させていくものとして捉えている。次項では，具体例を挙げながらみていこう。

2．心理社会的危機

皆さんは赤ちゃんの様子をじっくり見たことがあるだろうか。生まれて間もない頃から，赤ちゃんは鳴き声を上げたり，微笑んだり，接触を求め

エリク・エリクソン
(Erik H. Erikson, 1902-1994)。アメリカの発達心理学者。ドイツ・フランクフルトにて出生。青年期に自らの進むべき道に迷い，放浪の旅を続けた後，友人の紹介でウィーンにてフロイト（後述）の精神分析学に出会い，訓練を受ける。アメリカへ移住した後は，幼児を始めさまざまな臨床経験を積み，ハーバード大学等で教鞭をとり，一生涯にわたる自我発達に関する理論を提唱した。

ジークムント・フロイト
(Sigmund Freud, 1856-1939)。オーストリアの精神科医。精神分析学の創始者として知られている。フロイトは，人間の行動の基盤にある無意識の存在に注目し，リビドーと呼ばれる性的エネルギーによって発達が進むと考えた。

たりすることで，周囲のおとなからの関わりを引き出し，自分のさまざまな欲求を満たしていく。このような相互のやり取りを通して，人と人との間に「**愛着**」*1 のような情緒的な絆が形成されていくが，もし何らかの問題が発生し，そのような関係性を築くことが難しい状況が起こった場合，赤ちゃんはその後の人間関係をどのように築き上げていったらよいのだろうか。

　私たちが生きていくうえでは，このように人生のさまざまな段階（**発達段階**）でその時期特有の課題に向き合うことがある。エリクソンは，人間の一生涯の自我の発達について，**図 4.1** にあるような**漸成図式**（epigenetic chart）と呼ばれるものを設定している*2。この図には，一生涯を 8 つの発達段階に区分し，それぞれの段階において固有かつその時期に直面する可能性が高く，適切に解決すべき「**発達課題**」が「**心理社会的危機**」として設定されている。彼は，これを命の危機などの緊急事態というよりはむしろ，ライフサイクルの中で次のプロセスに進むか，後戻りするか，横道に外れてしまうかという「分岐点」になるようなものとして捉えた。この図式に示されているそれぞれの心理社会的危機は，例えば先の赤ちゃんの例にあたる乳児期においては，「基本的信頼 対 不信」といったように肯定的な側面と否定的な側面が対になって示されている。何か不安や恐怖があるような状況であっても，「基本的信頼感」と呼ばれる一貫した信頼を寄せられる人物がいれば，この両側面間の葛藤をプラスに解決し，生きていくための活力が得られると考えられる。ただし，解決できなかった場合はそこから次に続いていく「自律性 対 恥・疑惑」といった段階に進みにくくなるなどの影響を及ぼしていくとされている。つまり，各段階でこれらの「心理社会的危機」がどのように解決されたかということが，次の時期の危機への取り組みのベースとなっていくのである。

　エリクソンは，これらの心理社会的危機を適切に解決することで，社会と個人とのバランスがよくなり，社会の中で適応的に自我を発達させていくことができると考えた。このような各時期の心理社会的危機を知ることで，発達の見通しをもち，そこに至るまでのプロセスを深く理解することができるだろう。

*1　愛着（アタッチメント）とは，人間（動物）が特定の個体に対してもつ情緒的な絆を指す。一生涯続く対人関係の基盤となるものである。5.1 でより詳しく解説している。

*2　エピジェネティック（epigenetic）という言葉は，個体が生まれてゆっくりと成長していく（岡本，2013）ということである。この図式はエリクソンの発達観を示す根幹となるものである。

		1	2	3	4	5	6	7	8
Ⅷ	老年期								自我の統合 対 絶望
Ⅶ	中年期							世代継承性 対 自己陶酔	
Ⅵ	成人初期						親密性 対 孤立		
Ⅴ	思春期 青年期					アイデンティティ達成 対 アイデンティティ拡散			
Ⅳ	児童期				勤勉性 対 劣等感				
Ⅲ	幼児期後期			自発性 対 罪悪感					
Ⅱ	幼児期前期		自律性 対 恥・疑惑						
Ⅰ	乳児期	基本的信頼感 対 不信感							

図 4.1　エリクソンによる個体発達分化の図式
（出所）岡本，2013 を基に作成

4.2 身体発達と自己

4.1では，エリクソンの生涯発達理論について紹介した。自我の発達を考えるうえで，私たちが学校生活における自己や周囲の仲間の姿を捉える際，外見上意識されやすい**身体**は，私たちの自己意識や他者意識に影響を与えていく。本節では，自我の発達にも影響を与える「身体発達」と，それに伴い意識化されていく性別・ジェンダーの問題などを取り上げる。

1．青年期の身体発達

児童期の後半にもなると，誰もが「これまでの自分とは違う」感覚をもつことがある。そして多くの場合，自分自身の身体の変化への気づきとして起こってくる。児童期後期から，青年期にかけて見られる急激な身体発達は，**思春期スパート**という形で大きな変化を見せる。その中でも特に変化が著しいのは，女性の身体がより女性らしい体型になるなど性的成熟の姿として**第二次性徴**と呼ばれる現象である。その発現時期には個人差はあるものの，女性の場合は初潮を迎えたり，胸の膨らみなど身体に丸みが出てきたり，男性の場合は精通が起きたり，ひげが生えたり，声変わりが起きたりするといった現象が見られる。

このように急激な性的成熟が始まると，ホルモンに変調をきたし，心理的にも不安定になりやすい。例えば，異性の親やおとなに対して急に嫌悪感を抱くようになったり，身体的には一見おとなに近づいていても，内面がそれに伴わないジレンマを抱えたりすることがある。学級集団の中でも男女間の意識のズレが生じて，異性での関わりが一定の距離を置いたものになることも少なくない。運動能力など，男女差が生じやすくなることからも他者との違いを意識しやすくなる。また，第二次性徴のような身体発達には食習慣や生活習慣など社会文化的な要因による個人差もあり，周囲の友達はどんどん身体的におとなになっていくが，自分は遅れていると感じるなど，自己意識に影響を及ぼすこともある。

近年は，**発達加速現象**と呼ばれる，通常青年期にほぼ完成するとされる身体の成長の完成までの速さが，世代を新たにするにつれ速くなる現象が起きていることが報告されている。発達加速現象は，身長や体重など身体の成長が増していく**成長加速現象**と，初潮や精通などを迎える時期が早くなるといった性的成熟などに現れる**成熟前傾現象**に分類される。例えば前者は[*3]，ここ40年あまりで，身長は30代前半の男性で約8cm，女性で約6cm，体重は30代前半の男性で約10kg，女性で約2kgの増加がみられる。文部科学省（現・スポーツ庁）の「体力・運動能力調査」等では，現代の子

*3　詳しい統計情報は，厚生労働省の「国民健康・栄養調査」，および文部科学省（2015年以降はスポーツ庁）の「体力・運動能力調査」で公開されている。

どもの体力・運動能力としては低下傾向にあり，精神的な未熟さ，身体のコントロールが上手にできない等の傾向が指摘されている。このような現象が起こる原因として，食生活の変化や，体を使って遊ぶことができる遊び場が減ってきているなど生活環境の変化などが挙げられる。

このように，青年期になると自分自身のボディイメージや自己像が大きく変化し，心理的な混乱が生じたりすることに留意したい。

2．ジェンダー

前項で挙げたような，生物学的な性の発達が著しいこの時期には，自分の性別が何であるかということが自我のあり方に大きな影響を及ぼす。

心理社会的に特徴づけられた性は**ジェンダー**と呼ばれており，現代はジェンダーとして男性・女性のどちらに属しているかを尊重する風潮もみられている。その一方で，「男性は力強く，女性は優しく」といった伝統的性役割観である生物学的な性に基づいた社会規範やステレオタイプに沿って形成された性役割意識は，現在も根強く残り続けている。

図 4.2 にあるように，性役割意識は，外見上の違いや性的な成熟といった生物学的基礎と，子どもの頃に親や社会からの期待やはたらきかけ（性別しつけなど）を受けたり，子ども同士の仲間関係，テレビ番組や本などの中で描かれる男性像，女性像に影響を受けたりすること（社会的要因）によって形成され，自己概念に一致した性役割の取り込みを行って**性役割同一性**を獲得する（認知発達）としている（伊藤，2000）。

近年は，男女の性役割自体が，女性の社会進出や価値観の変化，家族の形の変化などに伴って多様化してきている。学校現場でも，ランドセルの色の多様化や出席簿も男女混合になるなど，生物学的な性や伝統的な性割に捉われない自己表現も認められてきている。

このように**ジェンダーフリー**な考え方が日常生活の中にも浸透してきていることから，いかに自分の求める**ジェンダー・アイデンティティ**を獲得していくかが，青年期の課題となる。特に最近は，自分の生物学的性とジェンダー・アイデンティティが合致しない GID（Gender Identity Disorder）も注目を集めており，多様な性のあり方とそれに伴う自己の葛藤に対する理解や支援が必要となってくるだろう[*4]。

*4 近年は，性の多様性について社会的な理解が広まりつつある。例えば，レズビアン，ゲイ，バイセクシュアル，トランスジェンダーなど性的マイノリティを意味するLGBTという言葉が学校現場でも浸透しつつある。さらに，LGBTという枠に収まらない性自認（心の性）や性的指向（好きになる性）を定めない人々をクエスチョニング（Q）として加え，LGBTQと呼ぶこともある他，性的指向と性自認の特徴や属性を表すSOGIにも関心が向けられている。性の多様性について，教育現場で幅広い理解と対応が求められている。

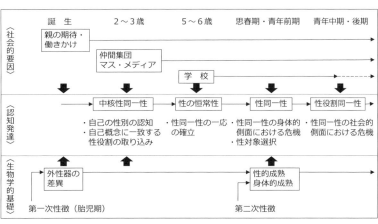

図 4.2　性役割の発達／性同一性の形成過程
（出所）伊藤，2000 を基に作成

4.3 反抗期

　誰しも一度は,「おとなの言うことはムカつく」と思った経験があるのではないだろうか。そのような感覚は,裏返すと他の誰でもない「自分」というものが私たちの中に芽生え始めている証拠でもある。私たちはいったいいつ頃からそのような「自分」というものを意識し始めるのだろうか。本節では,具体的な事例を交えながらそのプロセスをみていこう。

1．自我の芽生え—第一反抗期

　子育て中の親の悩みとして,「子どもが自分の言うことに対して,何でも『イヤ』と言ったり,『こうしたい』と反抗するようになった」という声を聴くことがある。実はこのような子どもの姿の背景には自我の発達がある。

　2～3歳頃になると,多くの子どもは排泄や食事などの基本的生活習慣が身についてきて,生活面において自立するようになる。

　これらの変化に伴って,子どもは自分の感情や思考,欲求を,具体的に行動やことばによる主張として示すようになってくる。例えば,「トイレに行きたくない」といった基本的生活習慣への拒否的態度や,「欲しいおもちゃを買ってもらえない」など,自分の意思や欲求が満たされない場合には,大声で泣き叫ぶといった激しい感情表出が見られることもある。

　このような,2～3歳頃に見られる自分でこうしたいという欲求に基づいた意思や主張,反抗的,否定的な態度を総称して**第一反抗期**と呼ばれている。このような形での反抗がこの時期に起こる背景にある発達として,**自我の芽生え**が挙げられる。それまでは,愛着関係で結ばれた親と自分が別個の存在であるという明確な認識が薄かったが,運動能力の発達によって行動範囲が広がったり,認知能力の発達によって次第に「自分と親は別の存在だ」という自他の区別がついたりするようになるためである。

　この他にも,自分の意思や欲求をことばで表現する力が乏しいことや,自分の感情を制御することが難しいといった自己表現手段の未熟さもその理由として挙げられる。

　しかしながら,同年代の仲間との遊びや公共の場などで,場面や状況によっては必ずしも自分の主張が受け入れられないことを体験することを通して,次第に自己を制御することができるようになってくるのである。

2．自我の成長と葛藤—第二反抗期

　青年期になると,親やおとなの庇護から離れ,同年代の仲間との関わり

が増えてくるため，**自立**ということが重要なテーマになってくる。

　この精神的な自立を求めていく時期に見られる，親や教師など周囲のおとなに対する反抗は**第二反抗期**と呼ばれている。青年前期には単純に親に対する嫌悪感などの感情的な意味合いでの反発が目立つ。それが青年後期になると，親を始めとした周りのおとなに対して，自分の生き方や考え方に対する価値観の違いから，批判したり反抗したりするようになる。例えば，親は子どものためと思って，「大学に進学すれば良い会社に就職することができる」などのアドバイスをする。しかし，子どもにとってみればそれが世間体を気にした発言のように思えたり，自分が大学に進学する以外の進路を考えていた場合，それを侵害されたような気持ちになったりする。このような親とは違う自分を発見し，自らの意思や価値観を形成していくことが反抗という形で表れるのである。つまり，第一反抗期が自我の芽生えの現れだとすれば，第二反抗期は自我の目覚めの現れといえるだろう。

　では，第二反抗期のような親や周りの大人に対する反抗がこの時期起きる理由について考えてみよう。この時期の精神的な意味で親の監督下から離れていく心理的な「親離れ」にあたる現象をリタ・**ホリングワース**(Hollingworth, 1928) は**心理的離乳**と呼んでいる。つまり，心理的離乳とは，それまでは親の言うことに従うといった権威服従的な関係だったのが，それぞれが独立した存在として対等に向き合えるような関係に変化する第一歩と考えられる。これらのプロセスを図式に示したのが**図 4.3** である。

　この研究では（落合・佐藤，1996），心理的離乳のプロセスを，成長していくにつれ，親に守られていると思っている状態から，次第に親に信頼され頼りにされていると思う状態に変化することを示している。つまり，一人の人間として自我が発達していくことで，冷静に親を見つめ，理解を示すようになるのだと考えられる。

　しかしながら，この心理的離乳のプロセスも現実的には，親と離れることに不安を感じ，親に頼りたい・甘えたいといった自立と依存を行きつ戻りつしながら進むと思われる。一人の人間が社会で自立して，自分らしい自我を発揮していくための重要なプロセスとして，第二反抗期は，広く社会的な支援や理解が必要な問題であるといえる。

リタ・ホリングワース
(Leta H. Hollingworth, 1886-1939)。アメリカの心理学者。知能の研究者として知られており，知能の高い子どもに関する研究などを行っている。1928 年に出版された「青年期」という著書において，青年期は，子どもが家族の監督から離れて自立しようとする心理的離乳の時期と述べている。

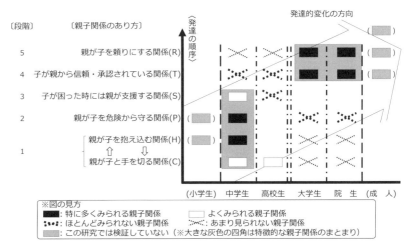

図 4.3　親子関係のあり方の変化から見た心理的離乳への過程
（出所）落合・佐藤，1996 を基に一部加筆

4.4 アイデンティティ

私たちは，学校に入学するなど新しい場に行くと，「自己紹介」を最初にすることが多い。そこでは，「自分の特徴」や「趣味・特技」などを交えて「自分とは何か」について話すだろう。本節ではこのような「自分とは何か」という問題について，4.1 で紹介したエリク・エリクソンが提唱した**アイデンティティ（自我同一性）**[*5] という概念を取り上げて考えていく。

[*5] アイデンティティと混同しやすい概念として，個人の内的特徴を示す「パーソナリティ」がある。パーソナリティとは，その語源（ラテン語で「ペルソナ (persona)」＝「仮面」の意）から，文脈や発達に沿って変化しうる個人の全体的な「その人らしさ」を示す概念とされている。

1. アイデンティティとは

アイデンティティとは，「自分が自分であるという」自覚された感覚である。このような感覚と社会の中での「地位」や「役割」，「職業」，「身分」などで示される自分の姿が，自信をもって同じであるといえる状態を指す。

このような感覚は，自分は時間的に続いているという「**連続性**」と，自分が他の誰でもない自分であるという「**斉一性**」という感覚を併せ持つものとされている。さらに，自分がそう感じているだけではなく，周囲の他者からもそのように認められていることで成り立つ感覚でもある。つまり，自分で自分を取り巻く社会との関係性の中で，「こういうものだ」と定義していく自己定義のプロセスであるといえる。4.1 で取り上げたエリクソンの漸成図式では，青年期（思春期）の心理社会的危機に，「アイデンティティ達成 対 アイデンティティ拡散」という対立図式が挙げられている。つまり，エリクソンは「アイデンティティ」を獲得することが，青年期における危機として取り組む発達課題と位置づけている。

2. アイデンティティ・ステイタス（自我同一性地位）

このアイデンティティがどのように青年期の若者に経験されているかを実証的に調べたのがジェームズ・**マーシャ**（James E. Marcia）である（Marcia, 1966）。マーシャは，人生において重要な価値観や職業意識などについて，どのように自ら関わっていくことができるか，という観点から青年にインタビューを行った。その際，個人のアイデンティティの状態を，「危機」と「積極的関与」という2つの基準から検討し，4つの地位（状態）に分類した（**表 4.1**）。ここでいう**積極的関与**とは，自分なりの目標や信念に対して積極的に関わろう（打ち込もう）とすることを指している。何かに積極的関与をするという経験を通して，社会的な役割や価値を自分のアイデンティティの中に取り入れることができるとしている。また，**危機**とは，積極的関与をすることについて悩み，いくつかの可能性の中で迷うといった葛藤を感じながらも探し求めようとする経験のことである。つま

表 4.1　アイデンティティ・ステイタスの分類

	危機	積極的関与	ステイタスの特徴	
アイデンティティ達成（Achievement）	あり	あり	生き方，職業，価値観などを自分の意志で選択しており，その選択について自ら責任をもっている。青年ではごく少数。	
モラトリアム（Moratorium）	最中	あいまい	積極的に関与する対象を模索中でまだ不明確だが，関与の対象を選択・決定することに積極的に関与している。	
フォークロージャー（Foreclosure）	なし	あり	親や年長者などの価値観を，吟味せず無批判に受け入れている。自分の価値観を揺さぶられている状況では，防衛的になったり混乱したりする。融通が利かない，権威主義的，自分がフォークロージャーであることに無自覚という特徴をもつ。	
拡散（Diffusion）	危機前	なし	人生という選択に関する悩みを考える前。積極的に関与することを放棄。	自分の人生について責任をもった主体的な選択ができず途方にくれている。
	危機後	なし	人生の選択について悩み考えた後，積極的な関与ができなくなった。	

（出所）Marcia, 1966；大野，2010；茂垣，2013より一部改変

り，危機を経験しているかどうかは，例えば，自分にはどのような職業が相応しいかなど，自分にとって大事な決定や選択を真剣に迷ったり考えたり試してみる時期があったのかどうかということを意味している。

マーシャは，アイデンティティの状態を，表4.1にあげた4つに分類している。「**アイデンティティ達成**」は，社会的には環境に適応し，安定した人間関係を築いており，現在から将来に向けて自分の生き方を自分なりに自信をもって固めている状態だといえる。「**モラトリアム**」は，例えば，安定した収入が得られるサラリーマンか，それとも収入は不安定ながらも自分の好きな音楽に没頭することができるミュージシャンかなど，社会状況や自分の能力などを見極めながら自分がどの道に進むべきかを悩み，アイデンティティを決定すること自体を延期している状態だといえる。「**フォークロージャー**（早期完了）」は，これまで信じて受け入れてきた価値観が揺さぶられるような状況に弱く，権威主義的になるといった特徴をもつとされている。「**アイデンティティ拡散**」は，例えば，周りが就職活動をするから自分も就職活動をするというように，自分に自信や責任がもてないため，孤立感や不信感，自意識過剰，焦燥感などを感じやすくなる。この状態になるのは，これまでの自立のプロセスに何らかのつまずきや親子関係の問題，インターネットの普及によって世の中に溢れる情報を取捨選択できないといった社会的要因が背景にあると考えられる。

特に大学生という立場は，社会的には能力や社会的な責任の遂行を免除される**モラトリアム**の期間にあたる。この期間にさまざまな社会的役割や価値観などに触れ，自分のアイデンティティを有意義に発揮できる場を求めて，青年たちは企業などに「インターンシップ」や，学校教育現場では「実習」といった形で一定期間現場に身を置いて探索をする。このような実際の体験を通した豊かな「**役割実験**」の経験が，長い一生涯を支えるアイデンティティを確かなものにしていく試金石となるだろう。　［飯牟礼悦子］

【発展問題】
- 現代の若者は,「個性を発揮する」ことが学校や社会の中で求められる機会が多いようです。その一方で,「個性がない」ことに悩み,苦しむ若者も少なからず存在します。「個性とはそもそも何なのか」,「個性重視の教育は,本当によいことなのか」など,周りの友人と話し合ってみましょう。
- 自分が生まれた世代と親の生まれた世代での,身体発達のデータを調べて,どのような変化や違いが見られるか比較してみましょう。
- 親や教師などの「おとな」に対して,子どもの頃に感じていた印象と,現在青年期にある自分が感じている印象に変化はあるでしょうか? 変化がある場合は,なぜそのように感じるようになったのか,考えてみましょう。

【推薦文献】
- エリク・H・エリクソン&ジョン・M・エリクソン (著),村瀬孝雄・近藤邦夫 (訳)『ライフサイクル,その完結 (増補版)』みすず書房,2001年

    エリクソンの生涯発達理論に関する入門書であるが,用語や言い回しなどはやや難解である。増補版では,共著者のエリクソンの妻によるライフサイクルの第9段階目に関する章が加えられており,現在の超高齢化社会における生涯発達に示唆を与えるものとなっている。

- 鈴木忠・飯牟礼悦子・滝口のぞみ『生涯発達心理学―認知・対人関係・自己から読み解く』有斐閣,2016年

    人間の生涯発達の姿を,認知・対人関係・自己の3つの視点から描いた入門書である。本書で中心的に触れた青年期以外の自己の発達の姿や,社会の中でどのように発達していくのかなど,さらに視野を広げることができる。

第5章 社会性の発達

▶ キーワード
アタッチメント，ボウルビィ，エインズワース，ストレンジ・シチュエーション法，心の理論，誤信念課題，嘘，向社会的行動，共感性，攻撃性，第一反抗期，第二反抗期，遊び，パーテン，仲間関係，道徳性，ピアジェ，コールバーグ，ハインツのジレンマ

　社会性とは，生涯にわたって他者と社会的・情緒的に関わりながら生きていくために必要な特質や能力である。社会性の発達は，アタッチメント（5.1）をはじめとして，他者と友好な関係を築くための心の理論の獲得（5.2）や向社会的行動（5.3），社会的ルールを学ぶための遊びや仲間関係（5.4），社会的ルールを守る道徳性（5.5）もその基盤にある。社会性は学業成績といった認知能力よりも強くその後の幸福感を予測する可能性も示されている。本章を通して，これらの発達を理解し，教師として子どもの社会性の発達にどんな足場かけができるのか，考えてみてほしい。

5.1 アタッチメント理論

社会性の発達的基盤には、アタッチメント（愛着）がある。例えば、小学校低学年を対象とした研究からは、乳児期のアタッチメントと児童期の社会的能力との間に強い関連が示されている（Cohn, 1990）。そこで本節では、アタッチメントについて紹介する。

1. アタッチメントとは何か

アタッチメントとは、ネガティブな情動状態（不安や恐れなど）を、他者にくっつくことによって低減・調節しようとする行動制御システムであり、養育者と子どもの間に形成される情緒的な絆ともいわれる。子どもが安定したアタッチメントを養育者との間に形成することによって、養育者を**安全基地**とした**探索活動**を行う。また、不安や恐れが生じた時には養育者の元へ避難し、安心感を取り戻して再び探索活動を行う（図5.1）。

当初、アタッチメントは、食事や排せつといった基本的な世話を通して養育者との間に形成されると考えられていたが（動因低減説：6.1も参照）、**ハリー・ハーロウ**（Harry F. Harlow）の実験[*1]により否定された。つまり、基本的な世話をしてくれる対象が愛着の対象にはならず、柔らかく暖かい身体接触が愛着形成に重要な役割を果たし、恐怖を鎮め安心感を生じさせて探索活動を生起させることが明らかとなった。

ジョン・ボウルビィ[*]は、アタッチメントの形成過程を次の4段階に分けた。①無差別な社会的反応の段階（生後1〜2か月）：まだ人を識別する能力がなく、近くにいる人へ愛着行動を示す。②特定の人への社会的反応の段階（〜生後6か月）：日常的に関わる人に愛着行動を示すようになり、微笑んだり声を出したりする。③特定の人への接近維持の段階（〜2歳）：相手によって反応を変え、場合によっては、人見知りや後追い、歓迎行動を示す。養育者を安全基地とした探索活動も見られるようになる。④目標修正的パートナーシップの段階（2歳以降）：養育者の意図などを推測できるようになり、自分の要求や主張を修正しながら関係性を築くことを知る。

---

*1 アカゲザルの子どもを対象とした実験である。ミルクの出る針金製のサルの模型と、ミルクの出ない布製のサルの模型を並べて、子どものサルがどちらを好みくっつこうとするのか、また、そこに恐怖刺激を近づけると、どちらの模型に安心感を求めて避難するのかということを観察した。その結果、子どものサルは、いずれの状況でも空腹時以外は布製の模型を好んでくっついた。実験の様子（YouTube）を以下のQRコードでリンクしている。

Horlow's Studies on Dependency in Monkeys
（2020.3.10 最終閲覧）

ジョン・ボウルビィ
（John M. Bowlby, 1907-1990）。イギリスの児童精神分析学者、精神医学者。戦災孤児への調査を通して、子どもの発達における養育の重要性を見出し、アタッチメント理論を提唱した。

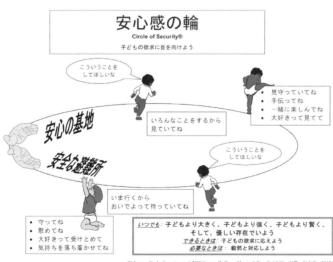

図5.1 安心感の輪
（出所）Cooper et al., 2000 北川他訳 2013

2. アタッチメントの分類

アタッチメントは，発達早期の養育者との関係性によって4種類に分けられる。メアリー・**エインズワース***は乳幼児のアタッチメントタイプを測定する方法として，**ストレンジ・シチュエーション法**（SSP）を提案した。SSPとは，①実験室など馴染みのない部屋で養育者と過ごす様子，②途中で養育者が退室し見知らぬ人が入室した時の反応，③養育者が戻った時の反応，を観察する方法である。これらの子どもの反応によって，アタッチメントタイプを4種類に分けた（**表5.1**）[*2]。

これらの反応を示す背景には，それまでの養育者との関係性の経験があると考えられている。例えば，回避型の背景には養育者による子どもの要求への拒否的な応答などがある。この場合，子どもは自分が要求を伝えるための信号（泣きなど）を発しても養育者が応えてくれないという経験を積み重ねて，養育者の利用可能性を大きく損ねているために養育者がいなくなっても悲しまず，戻っても近づかないといった反応を示すようになる。

ただし，アタッチメントタイプが安定型でないことが決して「悪い」ことではなく，それぞれの生育環境では最適な反応であるともいえる。よって，それぞれのアタッチメントタイプの背景を理解することが重要である。

メアリー・エインズワース
(Mary Ainsworth, 1913-1999)。アメリカの発達心理学者。イギリス滞在中にジョン・ボウルビィ（前述）の研究チームに所属することでアタッチメント研究を中心に行うようになり，後にストレンジ・シチュエーション法を考案した。

*2 ストレンジ・シチュエーション法考案当初は，安定型，回避型，抵抗型の3種類だったが，後に無秩序・無方向型が加えられた。

表5.1 アタッチメントタイプの分類

分類	SSPにおける子どもの反応
回避型（Aタイプ）	養育者が退室してもほとんど悲嘆せず，戻っても接触を避ける。
安定型（Bタイプ）	養育者が退室すると悲嘆するが戻ると接触を求めて安心し，再び探索活動を行う。
抵抗型（Cタイプ）	養育者がいても不安定な行動を示し，養育者が退室すると強く悲嘆し，戻ると養育者との接触を求める一方で自分を置いて去ったことへの怒りなどを示す。
無秩序・無方向型（Dタイプ）	顔をそむけて養育者に近づくなど，接近と回避という本来両立しない行動を同時に示す。

（出所）遠藤・田中，2005を参考に作成

3. 内的作業モデル：「揺りかごから墓場まで」

ボウルビィは，**内的作業モデル**という，発達早期の養育者との関係を鋳型とする認知的枠組みがあることを示し，「ゆりかごから墓場まで」と表現した。例えば，子どもが泣いている時に母親が応答的に接するという経験の積み重ねにより，「自分が助けを求めれば他者は守ってくれる」といった自己や他者に関するポジティブな認知的枠組みを形成する。そして，このような枠組みは，養育者との関係を越えてその後の対人関係に応用される。

一方，発達の過程における他者（友人や教師，恋人など）との関係性の経験によって，その枠組みが変化することも示されている。特に，安定型への変化（「獲得安定型」と呼ぶ）は，一定の関心を集めている。獲得安定型には，養育者に代わるアタッチメント対象の存在や，その存在から，物質的支援ではなく，情緒的支援を受けることが重要だとされている。

以上より，「代理のアタッチメント対象」となりうる教師には，子どものアタッチメントタイプやその背景の理解，適切な対応が求められるだろう。

5.2 心の理論

5.1 では,社会性の発達的基盤と考えられているアタッチメントについて説明した。ここからは,社会性を構成するさまざまな側面の発達について説明しよう。

本節で扱う「心の理論」は,他者とやり取りをするうえで重要なはたらきをする。人がどのような発達過程を経て他者の意図や心の状態を理解するようになるのかについて押さえておこう。

1. 心の理論とは何か

心の理論とは,他者の心の状態や性質を理解するための知識や能力を意味する。具体的には,自分は知っているが他者は知らない状況で,他者のもつ誤信念(自分と異なる信念[*3])を推測する能力である。心の理解の発達を測定するためには,しばしば**誤信念課題**が用いられる(表 5.2)。この課題では,特定の人物(表 5.2 の場合,サリーちゃん)の思っていること(ビー玉はかごの中にある)と現実(ビー玉は別の箱の中にある)とが一致しない状況で,サリーちゃんの思っていることを推測する。このような誤信念課題には,56 か月時点で 75% の子どもが通過する[*4](Wellman et al., 2001)。また,Baron-Cohen et al. (1985) によると,自閉スペクトラム症児にはこの課題の達成が難しく,定型発達児やダウン症児の通過率がそれぞれ 85%,86% だったのに対し,自閉スペクトラム症児では 20% だった[*5]。

ただし,心の理解はそれ以前にも始まっているといえる。例えば,生後 9 か月ごろから,**共同注意**が成立する[*6]。共同注意には,他者に見てほしいものを指さして注意を促す**指さし行動**や,他者が見たものを乳児も見る**視線追従**,乳児があるものに対する評価を他者の表情などを見て参考にする**社会的参照**などが含まれる。そして生後 18 か月ごろになると,自己と他者の意図を区別し,推測することが可能になってくる。ここで,18 か月児を対象にしたある実験を紹介しよう(Meltzoff, 1995)。この実験では,大人がおもちゃを容器に入れる場面を見せる成功条件と,大人がおもちゃを容器に入れようとするが外に落とす失敗条件に 18 か月児を分ける。そ

[*3] ここでの信念とは,信奉する価値認識(例えば,"神様は絶対いる!")のことではなく,状況に対する知識のことである。

[*4] つまり 75% の子どもが,サリーちゃんはかごの中を探すと答えられる。

[*5] 自閉スペクトラム症については 13.5 を参照。

[*6] 共同注意については 2.3 も参照。

表 5.2 サリー・アン課題

1	サリーちゃんとアンちゃんが部屋で一緒に遊んでいます。
2	サリーちゃんは,ビー玉をかごの中に入れて,部屋を出ていきました。
3	サリーちゃんがいない間に,アンちゃんがビー玉を別の箱の中に移しました。
4	サリーちゃんが部屋に戻ってきました。
課題	サリーちゃんは,ビー玉を取り出すために,最初はどこを探すでしょうか

(出所) Baron-Cohen et al., 1985 を参考に作成

の結果，成功条件の幼児は行動を模倣し，おもちゃを容器に入れた。一方，失敗条件の幼児は，観察した行動とは異なり，成功条件と同様におもちゃを容器に入れた。このことから，18か月児は，単に大人の行動を模倣するのではなく，大人の意図を推測して行動していると考えられる。

児童期に入ると，さらに複雑な**二次の心の理論**を獲得する。二次の心の理論とは，「Aは『Bが〇〇と思っている』と思っている」というような入れ子構造の複雑な心的状態の推測や理解を意味する。これらの心の理論の発達には，養育者の発話頻度やスタイルなどといった環境的要因や，言語の発達など認知的要因の影響が考えられている。

一方，4歳以降での誤信念課題の成績の悪さは，自閉スペクトラム症の特徴の1つとも考えられている。これは「心の理論」障害仮説とも呼ばれ，注目を集めている。自閉スペクトラム症には，共同注意の獲得に制約があり，結果的に心の理論の発達に障害がもたらされる可能性がある。よって，誤信念課題の成績が，自閉スペクトラム症を検出する1つの指標となるといえる。

2．嘘の発達

嘘とは，発話が真実と異なり，発話が真実と異なることを話し手は知っているが，聞き手は知らないと思っており，聞き手に「発話は事実だ」と信じさせたい意図があることを意味する。よって，嘘であることを理解するには，①発話内容が真実と異なること，および②発話者の信念や意図の2つを理解する必要がある。つまり，発話内容に関する知識や記憶の発達や，他者の心の状態の理解（心の理論の獲得）が必要であるため，エピソード記憶[*7]が未発達で，心の理論も獲得していないとされる乳児期には，嘘を理解することが困難である。

嘘をつくことにおいても同様である。つまり，聞き手が何を知っていて，何を知らないのかといった心の状態を把握できなければならないため，心の理論の獲得が重要になる。

さらに，嘘と冗談[*8]の区別においては二次の心の理論の獲得が必要になる。例えば，真実として，子どもが夏休みの宿題を全くせずに友達と遊びに行こうとしているとする。その時，親が「宿題はやったのか」と尋ねると子どもは「全部完璧にこなした」と返答する。この子どもが，「親が『夏休みの宿題を全部完璧にこなした』と信じる」と思っているならば嘘だということになるだろう。それに対し，「親が『夏休みの宿題を全部完璧にこなした』とは信じない」と思っているならば冗談だということになる。このように，発話者が聞き手の心の状態をどのように想定しているかということを推測して，私たちは嘘か冗談かを判断する。ゆえに，冗談を交えた談笑は高度な心理的な判断を要する社会的やり取りといえる。

[*7] 長期記憶のひとつであり，経験した出来事に関する記憶である。詳しくは7.2を参照。

[*8] 嘘は聞き手がその内容を信じると思って表出するものであるのに対し，冗談は聞き手が「嘘」だとわかったうえで表出するものである。

5.3 向社会的行動と攻撃性

本節では，他者との円滑なやり取りをするうえで重要な向社会的行動と，それとは対照的な攻撃性について説明する。社会生活を営むうえで対照的なこれら2つの行動の発達について理解を深めよう。

1. 向社会的行動とは何か

向社会的行動とは，他者あるいは他者集団を助けようとしたり，人々のためになることをしたりしようとする自発的な行動である。具体的には，協力や慰め，援助や分配などである。こうした向社会的行動の背後には多様な要因が考えられているが，本稿では3つの要因を挙げる。

第1に，**共感性**の高さが挙げられる。共感性とは，苦しんでいる他者を見ることで自分自身が苦しくなり自分の苦しみを和らげることに方向づけられる感情（個人的苦痛）と，他者の苦しみに同情する感情（共感的関心）から成る。向社会的行動の生起には，共感的関心の高さが影響を与えるといえる。

第2に，親のしつけの技法が挙げられる。しつけの技法とは，子どもの行為が，相手の子どもやその子自身に与える結果や，よくない行いをしてはいけない理由，償いをすべき理由を，感情を込めて説明する方法（**誘導的なしつけ**）と，体罰を用いたり脅したりするなど物理的な力で子どもをコントロールする方法（**力によるしつけ**）に分けられる。向社会的行動の生起には，前者の誘導的なしつけが影響を及ぼし，後者の力によるしつけは攻撃行動に影響を与えることが示されている。

第3に，周囲の大人の**モデリング**が挙げられる。モデリングとは，観察学習のことであり[*9]，大人が他者に対して向社会的（攻撃的）に振る舞うところを子どもが日頃から頻繁に観察することによって，子どもの向社会的行動（攻撃行動）を高める。

*9 観察学習については8.2を参照。

以上より，向社会的行動の生起には，子ども自身の特性に加え，周囲の大人による影響も大きいことがわかる。

2. 向社会的行動の発達

向社会的行動は乳幼児期からその萌芽的行動が見られ，児童期にかけて徐々に発達する。例えば，生後12か月時点では，苦痛を示す他者に触れて慰めるような行動が見られたり，生後18か月時点では，親の手伝いを自発的にするような行動が見られたりする。そして，3～4歳頃になると，心の理論の獲得に伴い，遊びの中で，他の子におもちゃを貸したりお

もちゃを取ってあげたりするなどといった子ども同士の向社会的行動が見られるようになる。こうして仲間への向社会的行動は，児童期を通じて年齢とともに増加し，特に同性の子どもへの向社会的行動が頻発するようになって仲間関係の形成（5.4参照）へとつながる。

3．攻撃性とは何か

他者に意図的に危害を加えようとする行動を攻撃行動といい，そうした行為を行いやすい傾向を**攻撃性**という。具体的な攻撃行動は，蹴る，殴るといった**身体的攻撃**，相手を罵るなどの**言語的攻撃**，仲間はずれにするなどの**関係性攻撃**に分けられる。また，自らが危険にさらされることや，思い通りにいかない欲求不満をきっかけに攻撃する場合と（**反応的攻撃**），自ら利益を得るために，先制的に攻撃する場合（**能動的攻撃**）とに分けることもできる。

攻撃性の背後にある要因としては，フラストレーション[*10]や，先述したように他者の攻撃行動の観察（モデリング）等が挙げられている。表5.3は攻撃行動の背景をまとめたものである。

表5.3　攻撃行動の背景

内的衝動説	人には内的な攻撃の本能（衝動）が備わっており，それが表面化する
情動発散説	不快な情動を発散するために起こる
社会的機能説	社会的葛藤（対立など）を解決するために起こる

（出所）大渕，2011を基に作成

[*10] 欲求を満たそうとする行動が妨害され，目的を果たせないという欲求阻止の状況によって生じる欲求不満。

4．攻撃性の発達

攻撃行動も，乳幼児期からその萌芽的行動が見られる。例えば，0歳後半には，生理的な苦痛や不快を表明する際に，顔を赤くして泣く，叩く，蹴るなどといった身体的攻撃が表出される。1歳になると，他の子どもとのやり取りの中で身体的攻撃が増加し，1歳後半から2歳頃にかけて，自我の芽生えに伴い**第一反抗期**が開始する。それと同時に，言語の発達も加速することによって，言語的攻撃も表出されるようになる。第一反抗期を通して自己主張を受容されたり拒絶されたりする経験を積み重ね，情動制御の仕方を学習する。また，小学校高学年から中学生頃にかけて現れる**第二反抗期**にも，他の時期に比べて攻撃行動が顕著になる。この時期には，養育者をはじめとした他者に対して攻撃的に振る舞うことによって，自立を促すはたらきがある一方で，非行や加害を招く可能性もあるため，看過できない[*11]。

また，攻撃性には，元々の怒りやすさといった特性的な側面と，その時の状況に応じた一時的な怒りの高まりといった状態的な側面がある。このうち，特性的な側面は児童期後期から青年期初期にかけて安定するため，特性的な攻撃性を有している場合には，児童期の早い段階で特性そのものを変容させるようなアプローチが有効ではないかとの提起もある（野田ら，2016）。

[*11] 第一反抗期や第二反抗期については，4.3も参照。

5.4 遊びと仲間関係

本節では，子どもが発達の過程でどのような遊びに興じ，そして同年齢の他者とどのようにして仲間関係を形成していくのかについて説明する。子どもが遊びに興じたり仲間関係を形成したりすることは，子どもが自身の社会的な役割やその役割に沿った振る舞い方，集団を維持するためのマナーといった社会的なルールを学ぶために重要な活動の1つといえる。教育現場をマネージメントする立場である教師として，子どもの各発達段階に生じる遊びや仲間関係のあり方を理解しよう。

1．遊びの発達

子どもの遊びは，心身の発達にしたがってその内容を変化させていく。**カール・グロース**（Karl Groos）が，遊びを心身の発達に必要な準備運動と見ているように，子どもにとって重要な活動の一部であるといえる。

子どもの遊びの発達については，ジャン・**ピアジェ**による認知発達理論[*12]に基づいた段階と，ミルドレッド・**パーテン**（Mildred B. Parten Newhall）による社会的参加度の観点からの分類が挙げられる。

ピアジェによる遊びの発達段階は，次の3段階である。①ピアジェの認知発達理論における感覚運動期（乳児期）には，運動能力や言語能力が未発達であるため，身体感覚や単純な事物への接触による遊びが中心である（**感覚運動遊び**）。②前操作期（幼児期）になると，言語能力の発達に伴い，イメージを思い浮かべる**象徴機能**が発達するため，見立て遊び（例えば，砂団子をおにぎりとする）やごっこ遊び，空想遊びなどを行うようになる。③具体的操作期（児童期）以降になると，ルールを作ったり共有したりし，他者との社会的な関係性を意識した遊び（**社会的遊び**）を行うようになる。

パーテンによる社会的参加度の観点からの分類は，**表5.4**の6つである。一人遊びや傍観者遊び，平行遊びは，自立歩行が可能になる2～3歳頃，

[*12] ピアジェの認知発達理論については3.2を参照。

表5.4　パーテンによる遊びの分類

専念しない行動	何もせずにぶらぶらしている段階。
一人遊び	おもちゃを触ったり口に入れたりする段階。ある特定のおもちゃを用いて，積み重ねて崩したり，投げたりするなど，多様な遊びへと一人で発展させていく。
傍観者遊び	他の子どもや大人の遊びを見ているだけの段階。
平行遊び	子ども同士で遊ぶというよりは，その場で友達と一緒にいるものの，それぞれがバラバラに遊ぶ段階。他の子どもの真似をしたり，おもちゃを取り合ったりするなどといった他者との関係性が生じてくる。
連合遊び	他の友達と会話をしたりおもちゃをやり取りしたりして関わり合う段階。
協同遊び	リーダー格となる友達の下で，お互いに分業したり協働したりする段階。

（出所）Parten, 1932を基に作成

連合遊びや協同遊びは心の理論などを獲得し他者とのやり取りがスムーズになる4〜5歳頃に多く見られる。ただし、これらの6つは、例えば連合遊びまで移行すると一人遊びが完全に消失するというわけではない。年長児でも、遊びの内容によっては、一人遊びをすることもある。

2. 仲間関係の発達

　乳幼児期の子どもは、上記に示したように、他の子どもと同じ空間にいても一緒に遊ぶということはせず、一人遊びや平行遊びをするだけである。その中でも、2〜3歳頃になると、他の子どもの行動や存在に関心をもつようになり、3〜4歳頃になると、他の子どもと友好的な関係を築くようになる。5歳以降になると社会的な協働が可能になると同時に、男女による違いも明確になってくる。そして児童期にかけて集団意識や仲間関係が形成され、「友達」ができるようになる。

　「友達」とは、仲間の中でも特に好感をもって築く親密な関係である。友達は、初期には物理的な理由（例えば、家が近いなど）や魅力的な物の所有（例えば、かわいいぬいぐるみを持っているなど）から生まれるが、徐々に一緒に遊んでいて楽しい、自分と気が合うといった理由へと変わっていく。

　児童期初期までは、このような仲間関係や友達関係を築くが、児童期中期頃になってくると、自立意識の高まりに伴い、仲間がより重要な存在になってくる。この頃になると、3〜5人程度の仲良しグループの小集団を形成しやすくなり、いつも一緒に行動することで友情を強化したり、自分たちのグループ独自の秘密やルールをもったりするようになる。このような仲良しグループを**ギャング・グループ**[*13]と呼び、その中で子どもは仲間内での役割や規範、責任、約束の遵守など、社会的なルールを身につける。

　青年期前期になると、第二次性徴も始まり、親からの自立が進む。したがって、仲間や友達の存在がより重要となり、彼らに自身の悩みや考えを伝え語り合うようになる。そのため、性格的・内面的な類似性による一体感や凝集性を特徴とした**チャム・グループ**を形成する。相手に合わせて共通点・類似点を強調する関係である。

　青年期後期になると、外面的な行動でも内面的な価値観でも、互いを独立した個人として尊重しながら共存できる**ピア・グループ**を形成する。互いの共通点・類似点だけではなく、価値観や生き方の違いについても自然に受け入れることができる親密な関係であるといえる。

　以上より、集団としての一体感などを特徴とするギャング・グループやチャム・グループは、仲間や友達への同調性が非常に高いといえ、それに伴う反社会的行動やいじめが行われやすいということも特徴として挙げられる。よって、この時期の子どもたちの仲間関係、友人関係の把握は、周囲にいる大人に求められる課題であるといえる。

[*13] 「ギャング（gang）」とは、仲間を意味する語句である。かつては「徒党」とも呼ばれていた。日本語で"ギャング"というと暴力団員（ギャングスター：gangster）をイメージしやすいが、異なるので留意されたい。

5.5 道徳性

2018年度より小学校で、2019年度より中学校で、道徳が「特別の教科」として全面実施された。これまでも道徳の授業があったものの、正式な教科ではなかったため、その取り組みには差が生じているという問題があった。しかし近年、いじめや子どもの自殺などが社会問題となり、「特別の教科」として道徳が位置づけられた[*14]。

*14 道徳授業については10.5 を参照。

一方、道徳には「正解」となる判断や行動が明確に定められず、状況や個人による違いがある。よって、本節を通して、まずは、子どもが道徳的な判断をする際の判断基準の発達過程を学び、その個人差を理解しよう。

1．道徳性とは何か

ものごとに対する「よい／悪い」や「正しい／正しくない」といった判断を**道徳的判断**と呼び、それに基づく行動と関連する感情を**道徳的感情**と呼ぶ。道徳的感情は、罪悪感や恥などといった社会的な感情を含み、社会規範から逸脱する行動の抑制や、向社会的行動の学習といったはたらきをする。道徳性とはこれらを総称するものであるといえる。

道徳性の発達は、ピアジェが**他律的道徳**から**自律的道徳**への変化を述べた[*15]。ローレンス・**コールバーグ***はこの考えに基づいて、次項に示すような道徳的判断の発達理論を展開した。

*15 つまり、大人の判断に依存して判断する段階から（他律的道徳）、自己の判断を重視する段階（自律的道徳）へと移行するということである。

ローレンス・コールバーグ
(Lawrence Kohlberg, 1927-1987)。アメリカの心理学者。ピアジェの影響を受けながら、道徳の認知発達的理論を構築した。

2．コールバーグの道徳性の発達理論

コールバーグは、「**ハインツのジレンマ**」という課題に対して子どもがどのような理由に基づいて判断を下すのかに着目し、発達段階を表5.5の6つに分類している。「ハインツのジレンマ」とは次のようなものである。

「ハインツの妻が病気で死にかけていますが、ある薬によって助かる可能性があります。それは、同じ町に住む薬剤師が開発したものです。薬剤師は、その薬に非常に高額な値段をつけました。夫であるハインツは知り合い全員にお金を借りましたが、費用の半分しか集められませんでした。ハインツは自分の妻が死にかけていることを話し、安く売ってくれるように、もしくは、残りを後払いにしてくれないかと薬剤師に頼みました。しかし、薬剤師の返事は『ダメだ、私がこの薬を開発したし、これで金儲けをするつもりだから』でした。ハインツはやけを起こして薬局に押し入り、妻のためにその薬を盗みました。ハインツのこの行動は、してはいけなかったのでしょうか。その理由も教えてください。」

キャロル・ギリガン
(Carol Gilligan, 1936-)。アメリカの心理学者。コールバーグの学生だったが、師の提唱した道徳判断の発達理論に異を唱え、自らの道徳理論を提唱した。

後に、キャロル・**ギリガン***が、このコールバーグの発達理論に異を唱

表 5.5 道徳的判断の発達

慣習以前の水準	罰と服従への指向	自己中心的な快・不快に基づいた道徳的判断がなされる。自分自身が罰を避けるために，大人の判断に従う。
	道具主義的な相対主義	罰を避け，報酬を得ようとするといった，損得に基づいた道徳的判断がなされる。
慣習的な水準	対人的同調，よい子指向	道徳的判断において，他者からの期待に沿っているか否かが重要となる。他者を喜ばせ，他者を助けるために「よく」行動をし，承認を受ける。
	法と秩序指向	社会秩序の維持に基づいた道徳的判断をするようになる。親などといった権威を尊重し，社会秩序を維持することで自己の義務を果たすことを求める。
慣習を超えた水準	社会契約的な法律指向	正義・良心・人間の尊厳などに基づき道徳的判断を行う。他者の権利や，法などに従う義務を考え，公平な観察者により尊重される仕方で振舞う。
	普遍的な倫理的原理の指向	実際の法や社会規範を考えるだけでなく，正義について自ら選んだ基準を考える。自己の良心により非難されない仕方で振舞う。

(出所) Kohlberg, 1984 より作成

えた。ギリガンによると，コールバーグの発達理論は男性を中心に構成されたものであり，女性は共感をより重視する傾向にあると指摘した。つまり，正義や公正性こそ道徳の基本だとするコールバーグの考えに対し，配慮や責任を中心とする「ケアの倫理」を提唱した。しかし，このギリガンの指摘は，女性の性役割を強化するという点で批判を受けている。

3. 道徳性の文化差・個人差

コールバーグの道徳的判断の発達理論を基に，山岸明子 (1985) は追実験を行った。その結果，日本人は，早い時期に第3段階である「対人的同調，よい子指向」に移行するが，そこに留まる期間も長いことが明らかとなった。つまり日本人は，人と人との関係性を重視し，人の気持ちを傷つけないことに道徳的価値の基準を置くことが示唆された。これは，アメリカ人が法や社会的ルールと個人の行為との関係を基に判断することと対照的である。さらに，道徳的判断の際にどんなことを考慮したのかといった基準を比較し，日本では，行為の過程での心や出来事に注目することが明らかになった。道徳的判断をする際の個人のもつ基準は，1つの文化の成員間で共有される人の生き方，出来事の帰結に基づいている。

このように，道徳的判断には，コミュニティ内で共有される規範や信念，個人の経験等によって個人差があるといえる。よって，道徳の授業では，学ばせたい徳目が授業の中で教師の語りや課題に現れるが，その通り受け取る子もいれば，そうではない子もいるというのが現状である。それに加えて，小学6年生の道徳の授業を対象とした研究によると，話し合い活動の中で個々の意見を共有するだけでは，たとえある一定の方向に話し合いが展開していても，授業初期の意見から変化を起こすことは難しいことが示唆された (三輪，2017)。よって，子ども間での意見の違いや共通点に着目させて子ども自身が道徳について深い思考をできるよう促すなど，教師の工夫が必要となるだろう。　　　　　　　　　　[児玉 (渡邉) 茉奈美]

【発展問題】
・子どもの社会性の発達を促すために，子どもとどのように関係性を築くことが重要だと思いますか。子どもの多様性に合わせた，それぞれとの関係形成の方法やあり方を考えてみましょう。
・子どもから，「ハインツの行動は，してはいけなかったの？」と尋ねられた時，あなたならどう答えますか。その理由も含めて考えてみましょう。

【推薦文献】
・遠藤利彦・佐久間路子・石井佑可子『よくわかる情動発達』ミネルヴァ書房，2014年
　見開き2ページで構成された情動の発達に関する入門書である。「情動の上手い使い方の発達を多角的に探る」ことを目指し，本章で扱ったアタッチメント理論や，共感性といった社会性に関わる情動の発達についてわかりやすくまとめられている。

第6章 動機づけ

▶キーワード
動機づけ,動員低減説,マズロー,欲求階層説,デシ,自己決定理論,内発的動機づけ,外発的動機づけ,アンダーマイニング効果,期待,価値,バンデューラ,自己効力,ワイナー,帰属理論,知能観

　人を行動に導いている背景はさまざまである。本章では,欲求階層説（6.1），自己決定理論（6.2），アンダーマイニング効果（6.3），期待や価値に関する理論（6.4），帰属理論（6.5）などを通して人を動機づけるさまざまな背景や,動機づけに影響を与える要因について解説する。本章の内容を通して,多様な動機づけ理論を理解し,子どもの望ましい動機づけを高める支援について考えるきっかけにしていただきたい。

6.1 動機づけとは

　私たちの行動の背景には，何かしらの理由がある。子どもたちは毎日のように学校へ来て授業に参加している。授業に参加するという表面的な行動は同じかもしれないが，その背景にはさまざまな理由があるだろう。例えば，なかには「勉強が楽しいから」，「しっかり勉強して良い学校へ行きたいから」という積極的な理由で授業に参加している子どももいるだろう。はたまた，「授業に出たくないけど，出ないと先生や親から怒られるから」という理由で授業に参加している子どももいるだろう。このように，同じような行動をしていても，その行動に動機づけている背景は人それぞれである。また，動機づけのもち方によって，学業の成果も変わってくることが考えられる。この章では，動機づけについての基本的な考え方を説明する。

1. 動機づけとは何か

　私たちは日頃から「あいつはやる気がある／やる気がない」という言葉をしばしば使う。**動機づけ**（motivation）はやる気とほぼ同義として用いられ，「行動を引き起こし，持続させ，一定の方向に導くプロセス」と定義される。近年の教育心理学の研究では，学習に関わる動機づけをはじめ，友人や教師との関係に関わる動機づけ，進学に関わる動機づけなど，さまざまな文脈における動機づけの研究が行われている。

　一昔前の動機づけの考え方では，人を含む動物は本来的に怠け者であり，何かしらの不都合が生じない限り活動を起こさないのではないかと考えられてきた。人間の内部に生じる不快な状態を**動因**と呼び，これを取り除くために行動を起こすといった具合である[*1]。学習の場面で考えると，勉強をしないと親に怒られて不快な状態となる。これは自分にとって不都合なことである。そこで，その不快感を取り除くために勉強をするようになる，といったものなどがこれに当てはまる。

　しかし，皆さんの経験を振り返ってみると，不都合を取り除くためではなく，自ら進んで行動を起こすこともあるのではないだろうか。例えば，大学で面白いと思った講義の内容について，評価とは関係なくても自発的に調べてみたり，教員へ質問してみたりするということもあるだろう。

　このように考えると，必ずしも人間は怠け者な存在ではなく，自らさまざまな刺激を求めて行動を起こす存在なのかもしれない。では，私たちはどのような要因に導かれて，行動を起こしているのだろうか。

[*1] このような考え方を**動因低減説**と呼ぶ。クラーク・ハル（Clark L.Hull）やニール・ミラー（Neal E.Miller）により提唱された。動因を低減させ，欲求を満足させた行動が強化され，生起頻度が高まるというものである。なお，従来は特に飢えや渇きなどによりもたらされる生理的動因のはたらきが重要視されていた。

2. 欲求階層説

人を行動に導く要因はさまざまなものが想定されているが、**欲求**はとても大きな役割を果たす。欲求は、「〜がしたい」といったような身体的または心理的な状態を表す。例えば人は「空腹を満たしたい」といった食欲や、「寝たい」といった睡眠欲などのように生命の維持に関わる欲求（**一次的欲求**）を有している。また、「愛されたい」、「認められたい」というように、社会との関わりの中で生まれる欲求（**二次的欲求**）も有している。そして、これらの欲求は私たちの行動に大きく関連する。ここでは欲求に関する考え方として、アブラハム・マズロー*の**欲求階層説**を取り上げる。

マズローは人の欲求を階層的に捉え、低次の欲求が一部でも満たされて初めて、より高い次元の欲求が生じると考えた（**表6.1**）。まず、最も低次な欲求が**生理的欲求**である。これは、食べ物や水分、睡眠など生命を維持するために必要なものを求める欲求であり、**ホメオスタシス**[*2]に基づく。無人島に漂流して、飢えと渇きの限界にいる場面を想像して欲しい。おそらくこの時には、愛情や承認を得たいという欲求が生じる余地はなく、まずは生命の維持のために飢えと渇きを満たすことを求めて行動するだろう。この生理的な欲求が一部でも満たされることが、より高次の欲求が生まれる前提となる。次に高次の欲求は**安全の欲求**である。これは、安全、安心を求めたり、不安や恐れからの自由を求めたりする欲求である。日本に住んでいる限りは、生理的欲求と安全の欲求は概ね満たされているだろう。だからこそ、多くの人は次の次元以降の欲求に基づいて行動していると考えられる。

次に高次の欲求は**所属と愛情の欲求**である。これは愛や優しさ、集団への所属を求める欲求である。次に高次の欲求は**自尊の欲求**である。これは承認や尊敬を求める欲求である。ここまでの欲求は、欠乏状態にある欲求を満たすことが目的となっており、**欠乏欲求**とも呼ばれる。

そして、最も高次な欲求は**自己実現の欲求**である。これは、自己成長や自己への理解、洞察に基づく欲求である。欠乏欲求のように、欠乏しているものを充足させるためではなく、自身をさらに成長させることを目指す。そのため、**成長欲求**とも呼ばれる。ただし、すべての人がこの段階に達するわけではない。

アブラハム・マズロー
(Abraham H, Maslow, 1908-1970)。アメリカの心理学者。人間主義心理学を代表する研究者で、欲求階層説を唱えたことで有名である。心理学に限らずさまざまな学問分野においても彼の思想について言及されている。

[*2] 人は生命を維持するために、身体の生理的状態を一定に保とうとする。このはたらきをホメオスタシスと呼ぶ。例えば、上がりすぎた体温や血糖値を下げようとすることなどがこれに当てはまる。

表6.1 マズローの欲求階層

次元	欲求の段階	例	成長 - 欠乏
高次	自己実現の欲求	あるべき自分になりたい 自分の能力を発揮したい	成長欲求
↑↓	自尊の欲求	他者に認められたい 他者から尊敬されたい	欠乏欲求
	所属と愛情の欲求	集団に所属したい 仲間に受け入れられたい	
	安全の欲求	安全・安心に暮らしたい 危険を回避したい	
低次	生理的欲求	飢えを満たしたい 睡眠をとりたい	

（出所）鹿毛, 2013を参考に作成

6.2 自己決定理論

子どもに「どうして勉強しているの？」と尋ねたら，どのような返答が返ってくるだろうか。「楽しいから」，「先生が勉強しなさいと言うから」，「宇宙飛行士になりたいから」など，その答えは多岐にわたるだろう。このような人の動機づけに関して，従来は内発-外発の二項対立で考えられてきた。しかし，エドワード・デシ*とリチャード・ライアン（Richard M. Ryan）は**自己決定理論**（Deci & Ryan, 2002）を提唱し，外発的動機づけの分類を行った。ここでは，その分類について解説する。

エドワード・デシ
(Edward L. Deci, 1942-)。アメリカの心理学者である。自己決定理論をはじめ，さまざまな理論を提唱し，動機づけ研究に大きな影響を与えた。

1. 内発的動機づけと外発的動機づけ

内発的動機づけとは，活動そのものが目的となっているような状態である。例えば「勉強が好きだから勉強する」といった理由は，勉強することを目的としており，内発的な動機づけであるとされる。一方で，**外発的動機づけ**とは，活動そのものは別の目的を達成するための手段であるような状態である。例えば，「お母さんに怒られないように勉強する」といった理由はお母さんに怒られないことが目的であり，勉強という活動はそのための手段となっている。そのため，外発的な動機づけとされる。

従来は動機づけを内発-外発といった軸で捉え，内発的動機づけが望ましく，外発的動機づけは望ましくないと考えられてきた。しかし，活動が手段的な外発的動機づけの中でも，望ましい成果につながる動機づけがあるのではないだろうか。

2. 自己決定理論に基づく動機づけの分類

デシとライアンは，自己決定理論の中のミニ理論である**有機的統合理論**の中で，特に外発的動機づけを「どの程度自らが進んで取り組んでいるのか」といった自律性の観点から分類した（図6.1）。最も自律性の低い段階は**外的調整**と呼ばれる。これは，報酬や罰など外的な要因に基づく段階である。例えば，「先生に怒られないように勉強する／褒められるために勉強する」などといった理由が該当する。次に，自律性がやや低い段階は**取り入れ的調整**と呼ばれる。これは，恥や不安を回避したり，承認を得たりすることに基づく段階である。例えば，「バカにされたくないから勉強する／賢いと思われたいから勉強する」などといった理由が該当する。

次に，自律性の比較的高い段階は**同一化的調整**と呼ばれる。活動の価値を認識し，自ら関わろうとしている段階である。例えば，「夢や目標のために必要だから勉強する／良い学校に入りたいから勉強する」などといった

図 6.1 自己決定理論に基づく動機づけの分類
(出所) Reeve et al., 2004 を参考に作成

理由が該当する。次に，自律性の高い段階は**統合的調整**と呼ばれる。活動の価値を十分に認識し，自身のもっている欲求と調和している段階である。例えば，「自分の能力を高めたいから勉強する／知識を得ることで幸せになれるから勉強する」などといった理由が該当する。最後に最も自律性の高い段階は**内的調整**と呼ばれる。活動自体が目的となっている，従来の内発的動機づけに該当する段階である。例えば，「好きだから勉強する／おもしろいから勉強する」といった理由が該当する。同一化的調整，統合的調整，内的調整は自律的な動機づけと呼ばれ，多くの研究で学業成績や学校適応，望ましい学習方略の使用などにつながることが示されている[*3]。

また，学習者の動機づけは学年や学校段階によって異なることが示されている。皆さんも，小学校，中学校，高校，現在と勉強をしている理由はそれぞれ違うのではないだろうか。西村多久磨・櫻井茂男 (2013) の研究では，小学校から中学校に上がる段階で (小学校 6 年生から中学校 1 年生にかけて)，特に内的調整の得点が低くなり，外的調整の得点が高くなることが示されている (図 6.2)。この理由として，中学校では小学校に比べて学習内容が複雑となること，授業の形式が教師中心になること，定期試験や小テストなどの義務的な試験の機会が増えること，点数や成績で自分の位置がはっきりと示されることなどが考えられる。また，精神的にも発達して他者と比較するようになることなども原因として考えられる。よく**中1ギャップ**[*4]と呼ばれる問題が取り上げられるが，動機づけの面からもこの問題を考えていくことが望まれるだろう。

[*3] 同一化的調整，統合的調整は活動自体が目的ではなく，活動は手段であるという意味では外発的動機づけに分類される。しかし，外発的動機づけの中でも外的な要因にコントロールされて活動しているというよりは，自ら活動を行うことを決めているため，自律的な動機づけと呼ばれ，望ましい成果につながる。

[*4] 子どもが小学校から中学校への進学において，新しい環境での学習や生活へ移行する段階で，不登校や学校に適応できない子どもが増加したりする。このことを中1ギャップと呼ぶ。

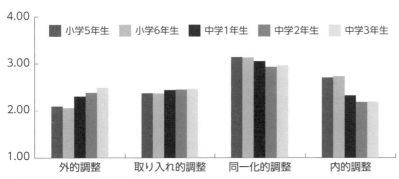

＊得点は項目平均を使用した。
＊得点範囲は 1. まったくあてはまらない〜 4. とてもあてはまる，であった。
＊統合的調整は扱われていない

図 6.2 学年と動機づけの関連
(出所) 西村・櫻井，2013 を基に作成

6.3 アンダーマイニング効果

内発的な動機づけをもつことは重要である。しかし，その動機づけを高めようと行われた支援が，時に逆効果となってしまう可能性もある。本節では，報酬が内発的な動機づけを低下させる可能性について述べる。

1. アンダーマイニング効果とは

エドワード・デシは，小学校に入る以前は好奇心旺盛で，何事にも興味関心をもって取り組む幼児が，小学校に入学後は興味や関心を急激に低下させてしまうことに気づき，疑問を抱いた。そして，その原因は教師や親が与えるご褒美（報酬）にあるのではないかと考えた。

そして，数々の実験を行い，「元々意欲的に取り組んでいる活動」においては報酬を与えることにより内発的な動機づけが阻害されてしまうことを発見した。これを**アンダーマイニング効果**と呼ぶ[*5]。

2. アンダーマイニング効果に関する実験

デシは，ソマパズルと呼ばれる大人でも取り組んでいて楽しいと思えるパズルを用いて大学生を対象に実験を行った（Deci, 1971）。まず，実験の協力者を，報酬を与える群（報酬あり群）と報酬を与えない群（報酬なし群）に群分けした。そして，以下の手続きで個別に実験を実施した。

課題は3つのセッションから行われた。第1セッションでは両群ともに，普通にパズルを解く課題が行われた。第2セッションでは，報酬の操作を加え，報酬あり群にはパズルが解けるごとに報酬（金銭[*6]）を与えることを約束し，実際に報酬が与えられた。一方で報酬なし群にはパズルが解けても何も与えられなかった。第3セッションでは第1セッションと同じようにいずれの群も報酬は無い条件でパズルを解く課題が行われた。なお，各セッションにおいて実験者は協力者に口実をつくって8分間部屋を離れ，自由時間として好きなことをして過ごしてもらうように教示した（周囲には雑誌など時間潰しができる物が置かれていた）。そして，その間に協力者がパズルで遊んでいた時間を計測した。このパズルで遊んでいた時間が，興味をもっていることを表す1つの指標となる。当時は今のようにスマホなどもないため，周りの物で時間を潰す必要がある。もし「パズルが面白そうだ，やりたい！」と思っていればパズルで時間を潰すし，そうでなければ，他のことをしているだろう。

すると，報酬の有無によって自由時間の過ごし方に違いがみられ，報酬あり群は報酬をもらう前の第1セッションと比較して，報酬をもらった後

[*5] アンダーマイニング効果についてデシは**認知的評価理論**という考えを提唱し，解釈している。人は「有能でありたい」といった有能感への欲求と「自分の行動は自分で決めたい」といった自己決定への欲求を有している。しかし，報酬を与えられたことで，行動の主体が自分ではなく報酬であると感じ，自己決定への欲求が阻害されてしまうために，自発的な行動が減少すると考えられる。

[*6] 報酬の中でも特に金銭などの物的な報酬は人を統制する側面が強く，アンダーマイニング効果につながるとされている。一方で，褒め言葉のような言語的報酬は人を統制する側面よりも有能さや自己決定についての情報を与える側面が強いため，アンダーマイニング効果を起こさないとされている。頑張った子どもには積極的に褒めてあげるなど，言語的な報酬を与えることが望ましい。

の第3セッションにパズルで遊ぶ時間が減少していた（図6.3）。一方で，報酬なし群は大きな差は見られなかった。つまり，報酬を与えたことで，パズルで遊びたいという気持ちを失わせてしまったのだ。

さらに，マーク・レッパー（Mark R. Lepper）らは，絵を描くことが好きな幼稚園児を集めて報酬の効果に関する実験を行った（Lepper et al., 1973）。まず，休み時間に子どもたちがどのくらい絵を描いて遊んでいるのかを測定した。そして，子どもたちを3つのグループに分け，それぞれ異なった措置を施した。1つ目のグループでは，事前に上手に絵を描けたらご褒美として賞状がもらえると子どもに伝えて，実際に絵を描いた子どもに賞状を与えた（報酬予期群）。2つ目のグループでは，事前には賞状がもらえると子どもに告げないで，実際に絵を描いた子どもに賞状を与えた（報酬予期なし群）。3つ目のグループでは，事前に賞状がもらえると子どもに伝えず，実際に描いた子どもにも何も与えなかった（報酬なし群）。

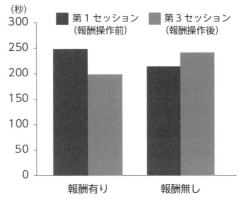

図6.3　自由時間にパズルに取り組んだ時間（秒）
（出所）Deci, 1971；櫻井，2009を参考に作成

その後，上記の措置を行った一定期間後の休み時間に子どもたちがどれくらい自発的に絵を描いているのかを測定した。子どもが絵を描くことに興味や関心を強く感じている場合には，措置の後の休み時間でも自発的に絵を描くことに時間を費やすはずである。しかし，子どもの行動は措置によって異なっており，報酬予期なし群と報酬なし群では措置の前後で自由時間に絵を描いて遊んでいた時間はほぼ変化がなかったが，報酬予期群では減少していた。絵を描く目的が，楽しいからといった内発的な動機づけから賞状をもらうためといった外発的な動機づけに移ってしまったため，賞状がもらえない時には，積極的に絵を描こうと思えなくなってしまったのだろう。なお，報酬予期なし群においては絵を描く時間の変化がみられなかったことを考慮すると，「報酬がもらえる」と予期することが，アンダーマイニング効果を生む要因となると考えられる。

3．誤った報酬の弊害

学習におけるオペラント条件づけ[*7]の考え方に従えば，行動に随伴した報酬は行動の生起頻度を増やすはずだが，逆に減少させてしまったということは興味深い結果である。

興味や関心に基づいて行動している子どもは，誰から何も言われなくても，一生懸命課題に取り組むだろう。だからこそ，何かご褒美をあげたいと思うかもしれない。ただし，その報酬が本当にポジティブにはたらくのか，紹介した実験の結果なども踏まえて改めてよく考えてみよう[*8, *9]。

[*7] オペラント条件づけについては8.1を参照。

[*8] その後の研究で，報酬を与える人と与えられる人の間に良好な関係性が形成されている時，報酬を与えられる人が安定した強い内発的動機づけを有している時，年齢が低い（2～3歳）時にはアンダーマイニング効果は起きにくいことも報告されている。

[*9] なお，アンダーマイニング効果はもともと意欲的に取り組んでいる活動に対しての話である。最初からやる気がなく，全く行動しない子どもに対してご褒美をあげて，行動に取りかかるきっかけを作るというのは必ずしも間違いではないので誤解しないでいただきたい。

6.4 期待・価値と動機づけ

私たちは日頃からさまざまな課題に向かって挑戦をしている。このような困難に向かって挑戦し，高い水準で成し遂げようとする動機を**達成動機**と呼ぶ。では，どのような時にそのような動機づけが高まるのだろうか。ここでは，**期待**と**価値**に関する考え方を紹介する。

1．期待×価値

ジョン・**アトキンソン**（John Atkinson）は，期待と価値の側面から動機づけを考え，その組み合わせが重要であると主張した。

ここでいう期待とはその活動を「どの程度できそうか」といった主観的な成功の見込みを意味する。私たちは，はじめからできないと思ったことは取り組もうとはなかなか思えないだろう。一方で，「これはできるかもしれない」と思ったことには挑戦したくなるだろう。アルバート・**バンデューラ***はこの期待を結果期待と効力期待に分類した。**結果期待**は「ある行動が特定の結果につながるだろう」という期待である。例えば，「毎日3時間勉強すれば次の試験は合格できる」などといったものである。一方で**効力期待**は「一連の行動を自分が遂行できるか」という期待である。例えば「私は毎日3時間勉強できる」などといったものである。効力期待は**自己効力**や**セルフエフィカシー**とも呼ばれる。「毎日3時間勉強すれば次の試験は合格できる」とわかっていても，「私は毎日3時間勉強できる」と思えなければ学習行動は起こらないだろう。自分はできるといった効力期待をもつことは，人の行動においてとても重要となる。

価値はその活動が「やるに値するのか」といった主観的な魅力や望ましさを意味する。どれだけ期待が高くても，その活動に価値を見出せなければ取り組もうとは思えないだろう。勉強の場面においても，学習している内容に価値があると感じることが，主体的な学習行動につながる。

2．課題価値

価値の重要性は先述した通りだが，「価値がある」といってもその価値の内容は人によってさまざまである。例えば，「理科」に関する価値を考えてみる。ある子どもは，動物の生態を知り知的好奇心が満たされることに価値を感じるかもしれない。またある子どもは医者を目指すにあたり学んだ知識が役立つことに価値を感じるかもしれない。

ジャクリーン・**エクレス**（Jacquelynne S. Eccles）とアラン・**ウィグフィールド**（Allan Wigfield）は**課題価値**という考えを提唱し，学習内容への価値

アルバート・バンデューラ
（Albert Bandura, 1925-）。カナダ生まれの心理学者である。自己効力や社会的学習理論の考え方を提唱した。特に，観察学習や代理強化の考えは，教育に大きな影響を与えた。8.2 も参照。

を分類した(表6.2)。1つ目は**興味価値**と呼ばれる。この価値は課題の楽しさや面白さなどを指す。例えば,「学んでいて楽しいと感じる」などといった側面への価値が該当する。2つ目は**獲得価値**と呼ばれる。この価値は,課題に取り組むことが望ましい自己像の獲得につながる

表6.2 課題価値に基づいた価値の分類

価値の分類	学んでいる内容の捉え方の例
興味価値	・学んでいて楽しいと感じられる内容 ・学んでいて満足感が得られる内容
獲得価値	・学ぶことで人間的に成長すると思える内容 ・学ぶと自分のことをよりよく理解できるようになる内容
利用価値	・就職または進学する際に要求される内容 ・将来,日常生活や実践で活かすことのできる内容
コスト	・学ぶことで,趣味活動などに費やす時間が少なくなる ・内容を理解するためには,かなりの努力が必要である

(出所) Eccless & Wigfield, 1985;伊田,2001 を参考に作成

という考えを指す。例えば「学ぶことで人間的に成長できる」などといった側面への価値が該当する。3つ目は**利用価値**と呼ばれる。この価値は日常生活やキャリアにおける有用性を指す。例えば「学ぶことで将来の役に立つ」などといった側面への価値が該当する[*10]。4つ目は**コスト**である。これはネガティブな価値の側面であり,活動に取り組むことに必要な努力や時間,失敗時のリスクなどが含まれる。どれほど高い価値を感じていても,このコストが大きい場合には行動にはつながらないだろう。

[*10] 利用価値の中でも,入試や採用試験などに必要といった「制度的利用価値」と日常生活やキャリアの上で必要といった「実践的利用価値」に分けて考えられることもある。

3.利用価値介入

近年では,利用価値に着目した価値介入の実践研究が盛んに行われ,介入により学習者の学習内容への興味や取り組み,学業成績が向上することが示されている。さまざまな価値の中でも利用価値は,教科教育や総合的な学習の時間における活動に組み込みやすく,他の価値に比べて介入が行いやすい。介入の仕方としては,学習者自身に学習内容の有用性を考えさせる**自己生成型**の介入や,指導者が学習内容の有用性を教授する**直接教授型**の介入がある。

子どもたちは,表面上はなんとなく勉強が役に立つと感じているかもしれないが,具体的にどう役立つのかをはっきりと答えることができる子どもはあまり多くはないだろう。例えば,心理学を学ぶにあたり統計的な分析はとても重要であり,数学の知識が役立つ。しかし心理学を専攻したいと思っている学生でも,心理学で統計(数学)を使うということを知らない学生も多く見受けられる。おそらく,このような学生も数学を使うことを理解していれば,進路実現や将来のために数学を頑張ろうという動機づけが高くなり,成績も向上するだろう。子どもに高い価値をもたせるためにも,学習者の特徴も踏まえて,適切に価値介入を行うことが望まれる。なお,子どもたちに学習内容の価値を伝えるためには,教師自身が教えている内容の価値を十分に理解する必要がある。自分が教える可能性のある内容が日常生活や社会の中でどのように活かされているのか,今一度考えてみよう。

6.5 原因帰属

最近自分が経験した大きな失敗場面を思い出してみよう。その場面において，あなたはどうして失敗したと思うだろうか。そして，その理由のせいだと考えた時に，どのような気持ちになり，その後どのような行動を取るだろうか。このことについて原因帰属の理論を基に考えてみよう。

1. 原因帰属とは

物事の成功や失敗について，「～が原因である」と推測，判断することを**原因帰属**と呼び，どのようなものに帰属するかによって，その後に喚起される感情や動機づけ，行動に影響を与える。

原因帰属の捉え方はさまざまな考え方があるが，バーナード・**ワイナー**(Bernard Weiner)は，達成場面における成功・失敗の帰属先として，原因の所在（内的－外的）と安定性（安定－不安定）といった観点から分類した。各次元をまとめたものを**表6.3**に示した[11]。例えば，個人の内的な要因であり，比較的変化のない安定しているものとして「**能力**」が挙げられ，個人の内的な要因で，その時々で変わる不安定なものとして「**努力**」が挙げられる。また，個人の外的な要因で，安定しているものとして「**課題の困難さ**」が挙げられ，個人の外的な要因で，その時々で変わる不安定なものとして「**運**」が挙げられる。自分は成功や失敗を経験した時，どのような要因に帰属しているのか改めて考えてみよう。

[11] ワイナーは，その後に統制可能性（自分の力で結果をコントロールできるか）の軸も加えた3次元8要因のモデルも提唱した。

2. 原因帰属と動機づけ

成功や失敗の帰属と動機づけはどのように関連するのだろうか。例えば，試験の場面を考えてみよう。試験が上手くいった時に「自分は頭が良いからだ」といったように能力に帰属した場合は，次も上手くいくはずだからまた頑張ろうと思えるだろう。一方で，試験が上手くいかなかった時に「自分は頭が悪いからだ」と能力に帰属した場合は，才能がないから頑張っても無駄だと思い，頑張ろうという思いは生まれないだろう。

これまでの研究でも，失敗した時に能力に帰属した場合には学習行動が阻害され，成績の向上にもつながらないことが示されている。一方で，失敗した時に努力に帰属した場合には学習行動が促進され，成績の向上につながることも示されている。できるはずなのに努力をしなかったことで，後悔の感情が生まれ，次こそは頑張ろうと思える

表6.3　ワイナーの原因帰属

	安定	不安定
内的	**能力** 頭が悪いから	**努力** 勉強しなかったから
外的	**課題の困難さ** 試験内容が難しかった	**運** 今回はたまたま

*この例は失敗時の原因帰属である。
(出所) Weiner et al., 1971 を参考に作成

のだろう。子どもと関わる際にも，失敗場面で能力ではなく努力に帰属できるように支援してあげることが望まれる。

ただし，努力に帰属をすれば必ず上手くいくというわけではない。失敗のたびに努力に帰属し，「次こそは！」と頑張っているが，なかなか現状が改善されない場合，「頑張っても無駄だ」と無力感[*12]を抱いてしまうかもしれない。努力しても，努力の仕方が悪かったら，結果が出ないのは当たり前である。努力に帰属するだけではなく，適切な努力の仕方（方略）を学ぶことも重要である[*13]。

3．知能観

以下の考え方のうち，あなたの考えはどちらに近いだろうか。
A. 知能は人間の基礎の土台をなすものなので，変えることはできない。
B. 知能は伸ばそうと思えば，伸ばすことができる。

キャロル・ドゥエック（Carol S. Dweck）は能力の捉え方である知能観の違いが，子どもの成長に大きく関わることを主張した。知能が変わらないと思っている**固定的知能観**（上記のA）を有している学習者は，良い成績を取ることや能力に関して悪い評価を避ける**遂行目標**をもつ傾向にあるとされている。固定的知能観の人にとって能力は不変なものであるため，悪い成績を取ってしまうのは，自分の無能さを証明してしまうことにつながる。そして，能力がなくて失敗したのだから，どうせ次も上手くいかないと思ってしまうだろう。そうならないように能力が優れていることを示したり，悪い成績を避けることを目指して取り組んだりするようになるのである。無気力に陥りやすい子どもは，固定的知能観をもっていて，失敗を能力に帰属しやすく，自分の能力に対する自信がないなどの特徴を有していることが考えられる。

一方で，知能は変えることができるという**拡張的知能観**（上記のB）を有している学習者は，自分の能力を高めることを目指す**熟達目標**をもつ傾向にあるとされている。拡張的知能観をもつ学習者は，失敗したとしても努力によっては上手くいくと捉えているため，自分の能力を伸ばすために頑張れるのだろう。熟達目標をもつ学習者は，深い学びを促すような効果的な学習方略を使用することなども知られている。

最近では，学習者の知能観は周りからのはたらきかけで変えることができると考えられ，知能観への教育的介入も行われている。例えば，脳の仕組みを教えて脳科学的な観点から知能は変えられることを説明したり，努力による成功体験を伝えたり，能力ではなく努力を褒める取り組みをしたりすることで，学習者の学業への取り組みや成績の向上がみられることが報告されている。学習者の原因帰属の傾向や，もっている知能観も踏まえて，望ましい教育について改めて考えていただきたい。　　　　［三和秀平］

[*12] 自分で対処できない課題を課された時に，努力しても成果が得られずに，何をしても無駄であるという無気力が学習される。そして，今現在に直面している課題だけでなく，後続の解決可能な課題においても，行動を起こさなくなってしまう。これを**学習性無力感**といい，マーティン・セリグマン（Martin E. P. Seligman）の犬を用いた実験が有名である。努力に帰属しても上手くいかないという経験を繰り返すことは，学習性無力感を生じさせることにつながるかもしれない。

[*13] 効果的な学習の仕方に関わる学習方略については 10.3 を参照。

【発展問題】
・自分が教える教科は日常生活や社会の中でどのように役立たせることができると思いますか。自身で考えたうえで，他の人と意見を交流してみましょう。
・子どもにとってどのような動機づけが望ましいと思いますか。また，その望ましい動機づけを高めるために，どのような支援が有用でしょうか。考えてみましょう。

【推薦文献】
・外山美樹『行動を起こし，持続する力──モチベーションの心理学』新曜社，2011年
　　動機づけに関するさまざまな理論を具体的な実験例を挙げながらわかりやすく説明している。身近な例などを用いた説明も豊富で，初学者にも理解しやすい内容になっている。

・波多野誼余夫・稲垣佳世子『知的好奇心』中公新書，1973年
　　古い本ではあるものの，古典的な実験もわかりやすく説明がなされており，実験の内容を踏まえて人間の行動の本質について鋭く言及されている。動機づけとは何かを改めて考えさせられる一冊である。

コラム　教師の動機づけ

　子どもの動機づけを考えることはとても重要ですが，学校教育場面においては教師の動機づけもとても重要になります。例えば，ガイ・ロス（Guy Roth）らの研究（Roth et al., 2007）では，教師のもつ自律的な動機づけが，教師自身の資質能力や健康だけではなく，子どもの自律的な動機づけを促進することが示されています。教師が自律的に職務に臨むことで，教師として高い資質能力を身につけることができ，また，自律的な動機づけのよさを理解できるため，子どもの自律的な動機づけを促すような効果的な指導ができるようになると考えられます。

　わが国では，一連の研究で一貫して教師の子ども志向（子どものために取り組んでいるという志向性）の強さが，教師の授業力や職務への適応を予測することが示されています（三和・外山，2015，2016，2018）。さらに，教師の子ども志向は，教えている子どもの内発的な動機づけとも関わることが示されています。日頃から「この教育は子どもに有効であるか」などとイメージしながら指導方法を考え，わからないことは放置せず子どものためにと調べたり，他の先生とも相談したりしながら職務に励むため，望ましい成果につながるのでしょう。職務に取り組む際には子どもの顔を思い浮かべ，この仕事が子どもたちにどう関連するのかをイメージすることで，よい成果につながるかもしれません。

　ただし，教師という職業の特徴として，①成果が目で見える形で捉えにくい，②前に上手くいった指導が次に上手くいくとは限らない，③職務に終わりがない，などといった特徴が挙げられます。子どものためを思って取り組むことは望ましいことですが，「子どものため！」と盲目に取り組んでしまうと，成果が認識できないことからの焦りを強く感じたり，無限に続く職務から勤務時間が増え，体調を崩したりバーンアウトにつながってしまうかもしれません。盲目になりすぎず，「子ども」と「自分」とのバランスを上手くとることが重要になるでしょう。

［三和秀平］

第7章 知識の獲得

> ▶キーワード
>
> 記銘，保持，想起，記憶の二重貯蔵モデル，感覚記憶，短期記憶，長期記憶，系列位置効果，初頭効果，親近性効果，宣言的記憶，意味記憶，エピソード記憶，手続き的記憶，作業記憶，リハーサル方略，体制化方略，精緻化方略，検索方略，エビングハウス，無意味綴り，節約率，忘却曲線，減衰説，干渉説，概念，意味ネットワークモデル，スキーマ，説明活動

　授業は，新しい知識を獲得したり元々もっている知識を再構成したりする活動である。この章では，知識の獲得に関わる記憶や知識の構造化について説明する。7.1 や 7.2 では記憶とは何かについて，7.3 ではよりよい記憶の仕方について，7.4 では覚えたことを忘れてしまうことについて，7.5 では知識の構造化について触れる。知識を得るとはどういうことかについて，読者自身も知識を構造化しながら読み進めてみてほしい。

7.1 記憶とは何か

学校教育では，教科内容についての情報を知識として記憶することが求められる。そして記憶した情報をきちんと覚えているか，定期テストなどで測定される。「覚える」ということは，学校はもちろん，私たちが日常生活を営むうえでも，とても重要な認知能力である。

1. 記憶のプロセス

記憶とは，経験や情報を保持し続ける機能，またはその経験や情報の内容のことを指す。記憶のプロセスは，**記銘**（符号化），**保持**（貯蔵），**想起**（検索）の3つの段階に分けられる。

記銘とは，情報を取り入れる際に何らかの意味づけを行うことである。記銘は「覚える」のイメージに近い。例えば，「記憶」という文字も，実際には複数の線の集合体でしかないが，そこに「キオク」という音としての意味づけや「物事を覚えていること」などの単語として意味づけをして取り入れられる。このように記銘された情報が保持されて残り続ける。保持は「覚えておく」のイメージに近いだろう。そして保持していた情報を取り出すことが想起である（想起は「思い出す」のイメージである）。覚えたはずの情報を思い出せないという時は，忘れてしまった（＝保持していた記憶がなくなった）のではなく，保持はしているが思い出せないだけという可能性もある[*1]。

また，記憶を機能別に分類すると，感覚記憶，短期記憶，長期記憶の3つの機能から成り立つとされている。リチャード・アトキンソンとリチャード・シフリン[*]は，**記憶の二重貯蔵モデル**として図7.1のモデルを示した。

2. 感覚記憶

感覚記憶は，外界から目や耳，鼻などを通して受け取る五感[*2]の刺激情報をごく短い時間保持する記憶である[*3]。感覚記憶の情報は記銘される前の情報であるため，例えば，私たちが意味を知らない外国の言葉でも，一瞬であれば発音や文字の形を覚えておくことができる。

感覚記憶に保持している間に，情報をより長く残しておくかどうかを判断して，私たちは記銘を行っている。例えば，授業中に先生が話しながら板書をしている時，「先生の話す声」と「チョークが黒板に当たる音」の2つの聴覚情報を私たちは受け取る。この両方の音が感覚記憶には保持されるが，さらに長い時間保持しようと思うのは先生の話す声である。そのため，先生の話す声（やその内容）にだけ注意を向けて，記銘の処理を行う。

[*1] 例えば，単語の頭文字のようなヒントを出されて思い出せれば，やはり保持していた情報がなくなったわけではないといえるだろう。

リチャード・アトキンソン
(Richard Atkinson, 1929-),
リチャード・シフリン
(Richard Shiffrin, 1942-)。シフリンはアトキンソンの博士課程での指導学生であった。また，アトキンソンはカルフォルニア大学の学長も務めた。

[*2] 五感とは，視覚，聴覚，嗅覚，味覚，触覚である。

[*3] 視覚情報だと約1秒以内，聴覚情報だと約5秒程度保持される。

記銘された情報は短期記憶の貯蔵庫に送られる。

3．短期記憶

短期記憶は，意味づけされた情報を数十秒から1分ほど保持する記憶である。また，短期記憶に保持できる情報量は**7±2チャンク**といわれている[*4]。チャンクとは情報のまとまりの単位である。例えば，「H, He, Li, Be, B, C, N, O, F, Ne, ……」という元素記号の周期表を覚える時，元素記号をそのまま覚えようとすると，1つの元素記号につき1つのチャンクとなるので，短期記憶では多くて七個前後までしか覚えられない。しかし，この元素記号について「水兵リーベ僕の船……」（H He Li Be B·C N·O F·Ne）というように語呂合わせにすることで，1つのチャンクにまとめることができる。

この短期記憶のような短い保持時間も，私たちが認知的作業を行ううえでは重要である。例えば，読書にしても短期記憶ができなければ，1つの文を読み終わったところで，最初の方に何が書いてあったか思い出せないということも起きてしまう。そのため短期記憶のことを，認知的作業を遂行するための記憶として「**作業記憶**」と呼ぶこともある[*5]。短期記憶の貯蔵庫に情報がある間に，単語を唱え続けるなどの**リハーサル**をしたり，より深く意味づけをしたりすることで，情報は長期記憶へ転送される。

4．長期記憶

長期記憶へ転送された情報は，半永久的に保持されるといわれている。つまり，学校の定期テストで確認される知識とは，長期記憶に保持された知識である。長期記憶に保存された情報を利用する時には，短期記憶（作業記憶）に情報を戻す。これは，作業記憶を作業用の「机」，長期記憶の情報を「本棚にある参考書」だと思って考えてみてほしい。普段から机の上に参考書がいくつもあると，机が狭くなって作業がしにくい。だから，参考書は必要な時以外は本棚に置いておき，必要な時にだけ机に取り出して活用するだろう。**図7.1**で，短期的な貯蔵庫（短期記憶）と長期的な貯蔵庫（長期記憶）の双方から矢印が出ているのは，お互いに情報の転送を行っているからであり，短期的な貯蔵庫から「反応の出力」へ矢印が出ているのは，作業用の「机」でまとまった作業内容を出力しているからである。

[*4] ジョージ・ミラー（George A. Miller）は人間の情報処理容量の限界として，**マジカルナンバー7±2**と表現している（Miller, 1956）。ただし複雑な情報の場合7±2とならないこともある。

[*5] 情報を保持する機能を重視する時は短期記憶，認知的な作業をする機能を重視する時は作業記憶と呼び分けられる傾向にある。作業記憶については7.2も参照。

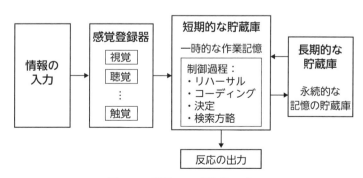

図7.1 記憶の二重貯蔵モデル
（出所）Atkinson & Shiffrin, 1971 を基に作成

7.2 長期記憶と短期記憶の機能

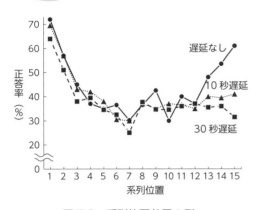

図 7.2 系列位置効果の例
（出所）Glanzer & Cunitz, 1966 を基に一部改変

*6 このように覚えた単語を自由に再生させる方法を**自由再生法**と呼ぶ。一方で、覚えた順序通りに再生させる方法は**系列再生法**と呼ぶ。

*7 親近性効果は短期記憶に保持される約1分の間に再生を求めた場合は、高い再生率を示す。もし、この1分の間に頭の中でリハーサルができなくなるような別の課題（暗算、音読など）を挟んだ場合、親近性効果は示されない。図7.2の点線や破線のグラフは、別課題を挟み、記銘から10秒遅延、あるいは30秒遅延させて再生を求めた場合の正答率である。遅延再生させると最後の方の正答率が低くなり、親近性効果が見られない。

7.1 では記憶システムとして二重貯蔵モデルを紹介した。このモデルの根拠の1つに**系列位置効果**というものがある。学習者に15個くらいの単語を順々に示しながら記憶させた後、その単語を思い出した順に再生させる実験[*6]では、最初の方に示された単語と最後の方に示された単語の再生率が良いことが報告されている（図7.2）。これは、最初の方に示された単語は十分なリハーサルができたため長期記憶に保持され、最後の方に示された単語は短期記憶に保持されていたからと考えられている[*7]。この再生率の違いが系列位置効果であり、最初の方の単語の再生率が高いことを**初頭効果**、最後の方の単語の再生率が高いことを**親近性効果**と呼ぶ。長期記憶と短期記憶の機能がそれぞれ異なることを示す効果である。

本節では、長期記憶や短期記憶の機能についてさらに詳しく解説しよう。

1. 長期記憶の機能

長期記憶は、半永久的に情報を保持する機能をもつが、言語的情報の記憶と非言語的情報の記憶で大別される（図7.3）。

言語的情報の記憶は**宣言的記憶**と呼ばれる。宣言的記憶はその名の通り、記憶した内容を言語的に宣言できるものになっている。宣言的記憶はさらに、意味記憶とエピソード記憶に分けることができる。**意味記憶**とは、「クジラは哺乳類である」、「二・二六事件は1936年」などの一般的な知識情報にあたる記憶である。**エピソード記憶**とは「大学2年生の時、友達と一緒に秋田県から自転車で北海道に行った」のように、「いつ」、「どこで」といった個人の経験に関する記憶である[*8]。

非言語的情報の記憶は、**手続き的記憶**と呼ばれる。手続き的記憶は、例えば「箸の使い方」、「逆上がりの仕方」、「パソコンのタイピング」のような何かを行うための身体的技能や認知的様式の知識にあたる記憶である。手続き的記憶は身体化された（体が覚えている）内容であり、普段は無意識的に利用されている知識であるため、言語的に

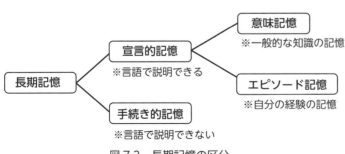

図 7.3 長期記憶の区分
（出所）Wilhite & Payne, 1992 を参考に作成

第7章　知識の獲得

説明することが難しい。

　長期記憶は，次に紹介する短期記憶（作業記憶）において認知的作業をするための情報源である他，考えなくても自動的に行動したりするための知識として，また，自分とは何者か（自己像）を形づくる知識としても機能している。

*8　エピソード記憶に似た記憶に，自伝的記憶と呼ばれるものもある。自伝的記憶は出来事だけでなく，出来事に関連する自己像も含めたり，複数の出来事をつないだり，自分が何者かという自己定義をしたりするような記憶である。

2．短期記憶の機能

　短期記憶は，約1分しか情報を保持できないが，長期記憶に情報が保持されるためには，まず短期記憶に保持される必要がある。また，人間の認知的作業はこの短期記憶を通して行われる。この認知的作業のための記憶として，作業記憶とも呼ばれることは7.1で説明した通りである。ここでは作業記憶としての機能を紹介しよう。

　作業記憶は，私たちの認知的作業，つまり頭を使う作業（思考活動）を支える機能である。例えば，数学の問題を解くようなものや，あるいは授業中に先生の話をメモするようなものも当てはまる。この作業記憶のモデルは，大きく4つのシステムで構成されていると考えられている（図7.4）。**音韻ループ**は会話や文章などの言語的情報の保持，**視空間スケッチパッド**は視覚イメージのような非言語的情報の保持を行う。近年では，長期記憶からの情報を扱ったり，音韻ループと視空間スケッチパッドの情報を統合したりする**エピソードバッファ**と呼ばれるシステムも考案されている。これらのシステム間の情報の流れを制御するのが**中央実行系**である。作業記憶は「記憶以外の課題に必要となる記憶」（齊藤，2013）として，私たちの日常生活を支える機能を果たしている。

　なお，思考活動に重要な記憶機能であることから，作業記憶のトレーニングによって知的能力を向上させることも多く試みられてきた。しかし，その効果をまとめた報告（坪見ら，2019）は，トレーニングによる知的能力向上の効果は小さいと述べている[*9]。そして，作業記憶自体ではなく，長期記憶を上手く使う方法を学ぶことが作業記憶のパフォーマンスを高めることにつながるのではないかと指摘している。

*9　トレーニングの効果が認められない原因には，トレーニングを行った研究デザインや解析の問題も関連している。

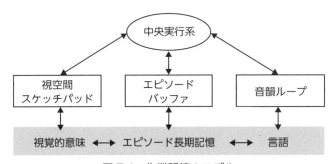

図7.4　作業記憶のモデル
（出所）Baddeley，2000を基に作成

7.3 記憶方略

7.1 では，長期記憶に情報を保持させるためには，リハーサルを行ったり，より深い意味づけを行ったりすることが必要であると述べた。こうした長期記憶に情報を保持させるための方法を記憶方略と呼ぶ[*10]。記憶方略を上手く使いこなすことは，知識をより長く蓄えていくために重要である。ここでは，どのような記憶方略があるか紹介しよう。

[*10] 記憶方略は学習方略とも呼ばれる。学習方略と呼ぶ時は，記憶する方法だけでなく学習環境を整える方略も含まれる。詳しくは 10.3 を参照。

1．リハーサル方略

リハーサル方略は，記憶したい情報を復唱したり復書したりする方略である。例えば，覚えたい英単語を声に出して（あるいは心の中で）唱え続けたり，単語カードを見続けたり，ノートに書き続けたりすることである。

リハーサル方略を行えば，短期的な貯蔵庫（短期記憶）に情報が残り続けるため，長期的な貯蔵庫（長期記憶）に情報が転送される確率も高くなる。リハーサル方略は，単純な手続きであるため，記憶方略について知らなかった読者も今までに行ってきた方略であるだろう。

2．体制化方略

体制化方略は，記憶したい情報を何らかの形でまとめて覚えようとする方略である。例えば，7.1 でも触れたような語呂合わせ（チャンキング）は，まさに体制化方略の一例である。それ以外にも，例えば，日本史の南北朝時代について覚えようとしている時に，当時活躍した人物を北朝（室町幕府側）と南朝（後醍醐天皇側）に分けてまとめること（群化）も体制化方略である。群化は，例えば，表や人物関係図を自分で作ってまとめることが代表的である。

このチャンキングや群化は，チャンクやカテゴリー（例えば，北朝・南朝）でまとめるだけでなく，どういうはたらきをもつ元素なのか，どういう活動をした人物かといった情報ともまとめて覚えることも重要である。そして，与えられたカテゴリーでまとめるよりも，自分なりのカテゴリーや語呂合わせで覚える方がより効果的であるとされている[*11]。

[*11] このように自分なりに体制化していくことを主観的体制化と呼ぶ (Tulving, 1966)。

3．精緻化方略

精緻化方略は，記憶したい情報に対して何らかの追加情報（イメージ）を加えて覚えようとする方略である。例えば，歴史の教科書は文章で説明されているが，これを自作の漫画にして覚えようとするのは，言語情報に視覚情報を加える精緻化方略である。また，筆者は各元素記号を擬人化し，

各元素同士の性格や友達関係を設定して元素間の関係性を覚えようとする高校生に出会ったことがある。これも精緻化方略である。

　精緻化方略と体制化方略は，自分なりの意味づけをするという点でかなり似ている方略である。ただし，体制化方略は元々存在する情報を自分なりにまとめ直しながら意味づけるのに対して，精緻化方略は元々の情報とは異なる情報を新たに付け加えて意味づける点で異なる。

4．検索方略

　上の3つは覚える（記銘する）ための方略であるが，思い出すための方略（**検索方略**）も重要である。例えば，覚えるだけに時間をかけるよりも，覚えた内容を思い出すための検索の練習（例えば，検索できるかを確認するテスト）も一緒に行った方が結果的に長期記憶に保持されやすいということが示されている（**図7.5**）[*12]。その他にも，検索するための手がかりを覚えておくのも重要である。例えば，体制化方略のチャンキングや群化，精緻化方略のイメージ付加は検索手がかりになるカテゴリーとしても活かせる。

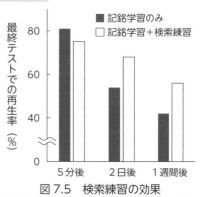

図7.5　検索練習の効果
（出所）Roediger & Karpicke, 2006より作成

　このように，覚えたものを思い出す練習も記憶方略として重要である。しかし，学習者としては覚える方に重きを置きがちで，思い出す方は軽視してしまいやすい。せっかく情報は頭の中にあるのに，思い出せなければもったいない。検索方略の重要性も学習者に意識づけたいところである。

5．記憶方略が有効に機能するためには

　これらの方略は闇雲に使用してもその効果を発揮しない。より有効に方略を活用するためには，認知的な処理の深さにも目を向ける必要がある。例えば，文字の形や音として覚えたりするよりも，その意味を関連づけて覚えようとする方が記憶に残りやすいことが知られている（Craik & Tulving, 1975）。これを踏まえると，意味づけを重視する体制化方略や精緻化方略は単純なリハーサル方略よりも効果的である。また，リハーサル方略も，ただ単に言葉を唱え続けたり書き続けたりするような「量」を重視するのではなく，意味と関連づけるような「質」を重視すると効果的である。

　また，堀田千絵（2013）は，記憶方略が有効に機能する条件を4つ挙げている。第1に，学習材料を自分がすでに知っていること（先行知識）と関連させることである。第2に，方略を使いこなすまで練習することである。第3に，長期保持を目的とした**分散練習**[*13]をすることである。第4に，検索を補助するような手がかりも同時に貯蔵しておくことである。

[*12] この研究では，記憶した情報の最終テストを学習の5分後に行う条件，2日後に行う条件，1週間後に行う条件の3条件で検討している。学習の5分後にテストした群では，覚えるだけの「記銘学習のみ群」と検索練習も行う「記銘学習＋検索練習群」に大きな差はない。しかし，2日後や1週間後に最終テストをした条件では「記銘学習＋検索練習群」の方が良い成績を示していることがわかる。

[*13] **分散練習**（**分散学習**）とは，覚えたい情報を長期にわたって練習したり学習したりすることである。つまり，学習機会が複数回に分散している。その逆である集中練習（**集中学習**）は，覚えたい情報を短期間で練習したり学習したりすることである。記憶の成績では，分散練習の方が集中練習よりも長期的に情報が保持されると知られている。つまり，一夜漬けよりもコツコツ頑張った方が長く記憶に残り続けやすいといえる。

7.4 忘 却

7.1 では記憶の「覚える（記銘）」，「覚えておく（保持）」，「思い出す（想起）」ための機能を説明した。しかし，保持された情報は永久に残り続けるわけではなく，私たちは覚えたことをしばしば忘れてしまう。この忘れてしまうことは**忘却**と呼ばれている。本節では忘却についてみていこう。

1. エビングハウスの忘却曲線

ヘルマン・**エビングハウス**[*]は，忘却について初めて研究を行った人物である。エビングハウスは自分自身を唯一の研究対象者として，保持していた情報を，時間が経つにつれてどのくらい忘却してしまうのかを検討した。この実験には，**無意味綴り**と呼ばれる記憶用の材料を考案して使用している。無意味綴りとは，例えば「QOX」，「YUW」などの子音・母音・子音からなる，単語としての意味のない綴りのことである[*14]。単語としての意味がないので意味内容をヒントにして覚えることができず，記号として情報を保持する必要がある。

この実験では，最初の学習にかかった時間を基準として，次に学習し直す時にかかった時間がどのくらいの割合かを求めることで，保持の程度を表した。この保持の程度を示す指標を**節約率**という。節約率は次の式で求められる。

$$節約率 = \frac{最初の学習完了までの所要時間 - 再学習完了までの所要時間}{最初の学習完了までの所要時間} \times 100$$

例えば，最初の学習（完全な記銘）に 120 分かかったとする。ある程度時間を空けて，もう一度忘れてしまった箇所も含めて再学習したところ，50 分で完全に記銘できた。その時の節約率は $\{(120-50)/120\} \times 100 = 58.3$ となる。再学習の時間が節約できたのは，元の学習で記銘した情報が残っていたためと考えられる。つまり，節約率が高いほど，情報を多く保持できているとエビングハウスは考えたのである[*15]。

図 7.6 はエビングハウスの実験結果である。この曲線のグラフは**忘却曲線**と呼ばれる。エビングハウスは，最初の学習が完了した後，約 20 分後，約 1 時間後，約 9 時間後，1 日後，2 日後，6 日後，30 日後に再学習を行った。その結果，最初の学習後 1 日で節約率は約 33% にまで下がるが，それ以降は大きな変化は見られなかった[*16]。つまり，長

ヘルマン・エビングハウス
(Hermann Ebbinghaus, 1850-1909)。ドイツの心理学者。エビングハウスは記憶の研究の他にも，錯視の研究者としても知られる。

[*14] エビングハウスの時代に比べて，さまざまな略語も生まれている現代では，無意味綴りを作成するのも一苦労である。なお，日本語での実験では，「ツス」，「ヤウ」のようなカタカナ 2 文字が用いられることもある。

[*15] ただし，節約率はあくまで再学習にかかる時間の節約量である。つまり，どの程度の保持量かを直接的に示すものではないため，「学習後 20 分で情報保持量は約 60% になる（=約 40% は情報が失われる）」と考えるのは正しい解釈とはいえない。

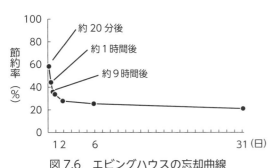

図 7.6 エビングハウスの忘却曲線
（出所）Ebbinghaus, 1885 を基に作成

第7章　知識の獲得

期記憶では学習直後から急激な忘却が起き，1日後からは，忘却は徐々に進行する。なお，短期記憶の場合には，記銘後約20秒までに急激な忘却が起きると示されている（Peterson & Peterson, 1959）。

2．なぜ忘却が生じるのか

忘却の原因は大きく2つ考えられている[*17]。1つは**減衰説**（消衰説）である。これは，時間の経過に伴って記憶情報の痕跡が薄れていくためという考え方である。初期の研究では減衰説が支持されてきたが，現在はもう1つの**干渉説**の方が支持されている。これは，記憶情報同士が干渉し合うために想起することが難しくなるという考え方である[*18]。なお，後に記憶したことが先に記憶したことに干渉するものを**逆向抑制**，その逆で，先に記憶したことが後で記憶したことに干渉するものを**順向抑制**と呼ぶ。

しかし，7.1でも少し触れたが，思い出せない（想起できない）ことが必ずしも忘却を意味しない。「喉まで出かかっているのに……」というように，思い出せはしないけど検索の手がかりが与えられれば想起できることもある。この場合，情報が完全に消失したのではなく，何らかの要因で保持された情報を検索・想起できないのである。こうした現象は**TOT現象**（Tip-Of-the-Tongue：舌端現象とも）と呼ばれている。

3．記憶情報の変容

最後に，記憶情報の変容にも触れよう。正確には忘却とは異なるが，保持していたままの情報が想起できないという点では同じである。

記憶情報が変容してしまう背景には，自分がもつ知識枠組み（**スキーマ**）の影響が考えられている。例えば，イギリスの学生に北米インディアンの民話を読ませ，その内容の再生を求めた研究（Bartlett, 1932　宇津木・辻訳 1983）では，学生は自分のスキーマでは理解できなかった部分を単純化したり，馴染みのある言葉に言い換えたり，辻褄が合うように話を加えたりすることが示された。これは，自分のスキーマに合わせて情報を理解し，内容を作り直しているためと考えられる。

また，尋ねられ方でも記憶情報の変容は生じる。エリザベス・**ロフタス**[*]ら（Loftus & Palmer, 1974）は，交通事故の動画を見せた後，ある視聴者たちには「自動車が<u>ぶつかった時</u>のスピードは？」，別の視聴者たちには「自動車が<u>激突した時</u>のスピードは？」と尋ねた。その結果，「激突した時」と尋ねられた人は「ぶつかった時」と尋ねられた人よりも速いスピードを報告し，1週間後に「ガラスが割れるのを見ましたか」と尋ねると，「激突した時」と尋ねられた人の方が「見た」と多く答えた。

これらは忘却ではないが，人が覚えたり思い出したりするにあたっては，自分の既有知識や尋ねられ方にも大きな影響を受けている[*19]。

*16　このような学習後すぐには急激な変動があるが，時間が経つにつれて変動が滑らかになる曲線を**負の加速度曲線**と呼ぶ。逆に，学習後すぐは滑らかな変動だが，ある時点から急激な変動を示す曲線を**正の加速度曲線**と呼ぶ。

*17　これ以外にも，精神分析学の創始者であるジークムント・フロイトは，自我を脅かすような強烈な不快経験は，意識下から無意識に押し込められるという**抑圧説**を提唱しており，これが忘却の原因だという考え方もある。

*18　例えば，日本史についてテスト勉強したとする。この時，世界史のテストがあることも思い出して世界史のテスト勉強もした場合，日本史だけテスト勉強した場合に比べて，日本史の内容を思い出しにくくなるだろう。

エリザベス・ロフタス
（Elizabeth F. Loftus, 1944-）。アメリカの心理学者。この実験例のような，**虚偽記憶**の第一人者である。「20世紀で最も影響力のある100人の心理学者」において，女性最高位の58位だった。

*19　特に子どもは尋ね方の影響を大人以上に受けやすいことが示されている。

7.5 知識の構造化

一般的な知識である意味記憶は，複数の関連する情報同士でまとめられている。このまとまりのことを**カテゴリー**と呼び，カテゴリーに対する知識のことを**概念**と呼ぶ。授業では，個々の知識情報を記憶していくだけでなく，それらを関連づけて概念として理解することが重要である。本節では，概念を基に知識の構造化について説明しよう。

1. 知識の構造

先に述べたように，関連する情報同士のカテゴリーに対する知識のことを概念と呼ぶ。例えば，チワワ，ポメラニアン，ブルドッグ，ダックスフントといった情報は，"犬"というカテゴリーでまとめられる。そして"犬"は「四足歩行をし，ワンと鳴く動物である」という概念で説明できる。この時，この概念での説明は個々の情報（チワワとかダックスフントとか）にも当てはまる。つまり概念とは，個々の情報[20]に対してより一般化された知識といえる。

この概念がどのように構造化されているか（まとめられているか）については，多くの理論やモデルが提唱されている。その1つは**意味ネットワークモデル**と呼ばれる。このモデルの初期は，知識が階層的なネットワークで表現されると考えられている（**階層的ネットワークモデル**）。例えば図7.7では，鳥という概念はカナリアやダチョウといった下位の概念とつながっており，そして，動物という上位概念ともつながっている。また，このモデルを大幅修正し，概念同士がそれぞれリンクして結びつき合う**活性化拡散モデル**も提案されている（図7.8）[21]。このモデルでは階層的な関係よりも，概念間の意味としての関連性の強さで結びついている。

また，7.4で触れた**スキーマ**も知識が構造化されたものである。スキーマは，命題的な知識以外にも，特定の状況での一連の行為に関する知識なども含まれる。特に，この一連の行為に関する知識は**スクリプト**と呼ばれる。例えば，レストランにおけるスクリプトは「レストランに入る」→「空いている席に座る」→「注文する内容を決める」→「注文をする」……のようになり，通常見られるような一連の行動の体系をスクリ

[20] 後述する階層的ネットワークのように，個々の情報自体も概念であることもある。

[21] 階層的ネットワークモデルだと，例えば図7.7のダチョウの「飛べない」のように，鳥の概念と異なる部分があっても，ネットワークとしてつながったり，隣接する概念でしかつながりが表せなかったりする問題があった。

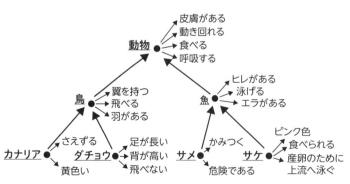

図7.7　階層的意味ネットワークモデル
（出所）Collins & Quillian, 1969を基に作成

プト化された知識として私たちはもっている。スクリプト化が不十分だと，状況に適した行動が取れないことがある（例えば，他の家族が座っている席に座ろうとしたり，注文をせずに座り続けてしまったりするなど）。

2．知識の構造化を促す

では，どのようにすれば知識の構造化が促されるだろうか。重要な点は，個々の知識同士が有意味に関連づけられて概念化されることである。つまり，知識を単に"記憶"するのではなく，知識同士がどういう関係性であるか（どういう理屈で知識同士がつながっているのか）ということを捉える**"理解"**が必要であり，理解を促すような工夫が重要になる。

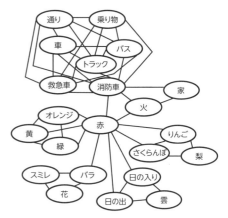

図 7.8　活性化拡散モデル
（出所）Collins & Loftus, 1975 を基に作成

例えば，算数や数学で扱われる公式を単純に暗記（記憶）しただけでは，理解にはつながらない。例えば，「台形の面積の公式『（上底＋下底）×高さ÷2』は，なぜ上底と下底を足すのだろう？」というように，疑問をもたせ，公式に含まれる意味を問いながら学習を深めるよう促すことが重要である。台形の面積については，台形を学習する時点ですでに習っている平行四辺形の面積の求め方を利用すれば公式の意味がみえてくる（図7.9）。このように，すでに学習者がもっている知識（既有知識）とも関連づけることで，より体系的に知識が構造化される。

また，概念としての理解を促すには，**説明活動**が重要であるという知見が多く報告されている。説明活動は，教師や他の学習者に説明するような他者説明活動[*22]の他にも，自分で自分に説明をする自己説明活動も効果的であるとされている。説明をすることで，自分自身の理解の状態を見直すきっかけとなる。もし，上手く説明できないことがあれば，それは説明できない部分に対する理解が不十分だったと考えられ，その不十分さを解消するために学習し直す必要が生まれる。また，例えば科学的な現象については，構成要素，仕組み，機能といった構造的関係性に着目させながら説明活動を促すことで，より効果的になることも報告されている（深谷, 2011）[*23]。

[*22] 他者説明活動を含む協働学習については 9.2 を参照。

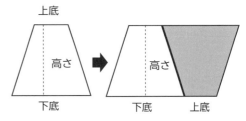

図 7.9　台形の面積を求める解法
同じ台形を図のように組み合わせると平行四辺形になる。つまり，この平行四辺形の底辺は上底＋下底となり，この平行四辺形の面積は元の台形の2倍なので2で割っているのである。

概念化された理解は，長く覚えておくことができ，また，他の問題や他の状況に対して応用が効くとされている。断片的で暗記的な知識の記憶ではなく，概念として知識のネットワークを充実させることをいかに促せるかが教師として重要になる。

[*23] 例えば循環系で説明すると，構成要素は「心臓や血管,血液」で，仕組みは「収縮と拡張」，機能は「動脈に血液を押し出す」となる。

[児玉佳一]

【発展問題】
・7.3 の記憶方略を基に，自分の学習（記憶）方法を点検してみましょう。
・構造化された知識を視覚的に表現する時，図 7.8 のように表現されることがあり，こういったイメージ図を「マインドマップ」と呼ぶことがあります。そこで「知識」についての自分のマインドマップを描いてみましょう。

【推薦文献】
・日本心理学会（監修），楠見孝（編）『なつかしさの心理学—思い出と感情』誠信書房，2014 年

　なつかしさ（ノスタルジア）とは何なのか，なぜなつかしく感じ，それにはどんな意味があるのかなどの問いを，記憶や感情の研究を基にして検討している。覚えるための記憶とは違う，記憶の奥深さを堪能できる 1 冊である。

・金井壽宏・楠見孝（編）『実践知—エキスパートの知性』有斐閣，2012 年

　専門家が，実践に生きる知識をどのように養い活かしているか，そのプロフェッショナリズムの元となるさまざまな専門職の実践知（実践的知識：コラム参照）についてひもとく 1 冊である。教師の実践知についても紹介している。

コラム　教師にはどのような知識が必要か

　本章では学習者が知識を得る（記憶する）ことについて解説しました。ここでは教師が授業をしていくにはどのような知識が必要なのか考えてみましょう。

　授業をするにあたっては，実践的知識（実践知）が重要になります。実践知はさまざまな経験の中で作られる知識です。その特徴は，個別性（個人の経験を基礎としている），経験性（経験とその省察を通して作られる），事例性（特定の子ども，特定の教材などの一般化できない文脈の中で作られる），複合性（実践的な問題に対して，教材，子ども，授業方法などさまざまな領域の知識が組み合わされている），暗黙性（直観やコツのように，必ずしも言語化できるわけではない），の 5 つが代表的です。重要なのは，大学の講義で扱われる一般化された知識（形式知）だけでは授業は上手くできないので，目の前の子どもの様子，扱う教材の内容，授業の方法など，その授業の文脈についての知識である実践知と形式知を組み合わせて活用していくことです。

　授業における実践知の代表的な研究はリー・シュルマン（Lee Shulman）の一連の研究です。彼は，教師に求められる知識基礎を提唱しましたが，その中でもより中心に位置づけたのが「授業を想定した教科内容の知識（Pedagogical Content Knowledge：PCK）」でした。PCK は教科内容の知識と教授方法の知識が組み合わさった知識であり，目の前の子どもに対してどのように教えるかを表す知識としてシュルマンは最も重要であるとしました。

　シュルマンの PCK をさらに細かく示すと図のようになります。「学習者の知識」とは，学習者が何を知っていて，そしてどこでつまずきを示すかについての知識です。「説明の知識」は，学習者にどのようにわかりやすく説明すればよいか（どういう教具を使うといいかなど）についての知識です。近年の風潮を考えると，教師がわかりやすく説明するだけでなく，どのような学習課題が子どもたちの思考や問題解決による知識の構造化を促すかというのも重要な PCK になるでしょう。

　なお，こうした知識の獲得については第 10 章のコラムをご覧ください。

図　PCK の枠組み

［児玉佳一］

第8章 学習の過程

▶キーワード

連合説，パブロフ，条件反射，レスポンデント条件づけ，ワトソン，般化，消去，ソーンダイク，試行錯誤学習，効果の法則，スキナー，オペラント条件づけ，強化，弱化，認知説，トールマン，認知地図，潜在学習，レヴィン，場の理論，ケーラー，洞察学習，バンデューラ，観察学習，状況論的アプローチ，正統的周辺参加，社会文化的アプローチ，エンゲストローム，拡張的学習，学習科学，アルゴリズム，ヒューリスティックス，類推，誤概念，転移，形式陶冶，実質陶冶，構え

　学校教育の本分は，子どもがいかに学ぶかにある。この学び（学習）を捉える立場はさまざまである。本章では，学びを捉えるための立場やその理論を紹介する。8.1 と 8.2 は，行動の獲得や認知の変容に関する古典的学習理論として，連合説や認知説を取り上げる。8.3 では，学習状況の中での相互作用や思考の過程に関する近年の学習理論として，状況論的アプローチを取り上げる。8.4 や 8.5 では，学習の成立を支える問題解決の理論（8.4）や，学習の転移の理論（8.5）に触れる。さまざまな学習の様相を掴んでみてほしい。

8.1 連合説による学習理論

心理学では,「学習」に対して歴史の中でさまざまな捉え方をしてきた。本節ではまず,古典的な学習理論の1つである連合説を紹介しよう。

1. 連合説とは

連合説は,環境からの**刺激**(Stimulus)とそれに対する**反応**(Response)のセットが形成されることを学習と考える理論である[*1]。環境からの刺激とは,例えば聴覚刺激,視覚刺激などの五感によるものすべてである。反応とは特定の行動や生理現象のことである。つまり,特定の刺激があると必ず特定の反応が出てくるような状態を学習の成立と考えている。

以下では,連合説において,特に有名な研究知見を紹介しよう。

*1 S-R理論と呼ばれることもある。

2. レスポンデント条件づけ

連合説の理論的基盤は,生理学者のイワン・**パブロフ***による「**条件反射(条件反応)**」の発見である。この研究は「パブロフの犬」として有名であるので聞き覚えのある方もいるだろう。

パブロフは以下のような実験を行った(図 8.1)。彼は実験用の犬に対してメトロノームの音を聞かせた後に餌を与えるということを繰り返した。犬は生理反応として,餌を舌に置かれると唾液を分泌することが知られている(この場合,餌を**無条件刺激**,生理反応を**無条件反射**という)。何日かこれを続けたところ,犬はメトロノームの音を聞いただけで餌を舌に置かれる前に唾液を分泌するようになった[*2]。この犬はメトロノームの音を聞いた後に餌を与えられる経験をし続けたことで,メトロノームの音という刺激と唾液分泌という反応の連合を形成したのである(この場合,メトロノームの音を**条件刺激**,生理反応を**条件反射**という)。これを踏まえて,刺激を意図的に提示し何らかの反応を獲得させる(連合を形成させる)ことを**レスポンデント条件づけ**(古典的条件づけ)と呼ぶ。

その後の研究では,レスポンデント条件づけは生理反応だけでなく,さまざまな行動にも適用されることが示された。ジョン・**ワトソン**(John B. Watson)は,生後11か月の男児が白ネズミと遊んでいるところに,金づちで鋼鉄の棒を叩いて大きな音を立てた。当然,男児はびっくりして泣き出す。しばらくして泣き止んだところで,また白ネズミと遊ばせ,そして大きな音を立てる,ということを繰り返す。すると,男児は白ネズミを避けようとする嫌悪の反応を示すようになった。これは白ネズミという刺激と嫌悪の反応の連

イワン・パブロフ
(Ivan Pavlov, 1849-1936)。ロシアの生理学者であり,医者でもある。条件反射の研究とは別に,1904年に消化腺の研究でノーベル生理学・医学賞も受賞している。

*2 もちろん,生まれながらにしてメトロノームの音を聞くだけで唾液を出す犬ではない。

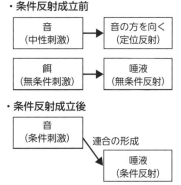

図 8.1 条件反射の獲得過程

合が形成されたことを示す。それだけでなく、白ウサギやコートのファー部分、サンタクロースの白ひげにまで嫌悪を示すようになった。こうした元の条件刺激に似た他の刺激にも条件反応を示すことを**般化**という[*3]。

3. 試行錯誤学習とオペラント条件づけ

アメリカの心理学者であるエドワード・**ソーンダイク**[*4]は、ネコに対する学習の実験を行った。この実験では、空腹のネコを**問題箱**と呼ばれる箱の中に入れる。この箱は、中にある紐タイプのレバーを引くと扉が開いて箱の外にある餌を食べられるようになっている[*5]。初めて問題箱に入れられたネコは、ウロウロしたり箱を引っ掻いたりし続ける中で偶然レバーを引いて脱出することができる。脱出するとネコをすぐに問題箱に戻して、再び様子を観察する。これを繰り返すと、段々とネコは箱に入れられてもすぐにレバーを引いて脱出できるようになった。これはネコが脱出のための刺激（レバー）と反応（引く）の連合を形成したのであり、こうした学習を**試行錯誤学習**と呼んだ。ソーンダイクは、ネコがレバーを引くという反応を進んで行うようになったのは、餌という報酬を得られるという効果が後押ししたと考察し、このことを**効果の法則**と呼んだ。

この実験を基に、バラス・**スキナー**[*]は**オペラント条件づけ**（道具的条件づけ）[*6]を提唱した。レスポンデント条件づけは刺激の操作のみで条件づけをするが、オペラント条件づけは何らかの自発的行動によって生じる環境の変化を操作することで条件づけを行う。このことをスキナーは、スキナー箱と呼ばれる実験器具を作成してハトやネズミの行動実験で示した。

スキナー箱は、箱の中にあるボタンを押すと餌が出てくるようになっている。初めは偶然にしかボタンを押すことはないが、次第にボタンを押すと餌が出てくるということがわかり、最終的には偶然以上の頻度でボタンを押すようになる。これはレバーを押すという自発的な行動に対して餌が出るという環境変化を与えることで条件づけが成立したといえる。

スキナー箱におけるオペラント条件づけの成立過程を**図 8.2**に示した。この条件づけは、行動後の環境変化の操作が重要であり、行動を増やす環境変化を**強化子**（強化刺激、好子とも）、行動を減らす変化を**弱化子**（弱化刺激、嫌子とも）と呼ぶ。また、行動を増やす場合を**強化**、行動を減らす場合を**弱化**という。強化子には餌やお小遣い、褒めるなどがあり、弱化子には電気ショックや叱るなどがある。この強化子（弱化子）と行動（オペラント行動という）が連動しているという随伴的関係性を捉えさせることがオペラント条件づけにおいて重要である[*7]。

連合説は、20世紀初頭の心理学の主流であった**行動主義**的心理学の基礎理論として発展していく。次節（8.2）の認知説の学習理論は**新行動主義**的心理学の一派として派生したものである。

［児玉佳一］

第 8 章　学習の過程

[*3] このままでは男児が可哀そうだが、大きな音なしで白ネズミを提示し続けると、白ネズミなどに徐々に嫌悪の反応を示さなくなる。こうした1度成立した条件づけが消えることを**消去**という。なお、この実験の様子はYouTubeで公開されている（QRコードでリンク）。

Baby Albert Experiments
（2020.3.10 最終閲覧）

[*4] 教育測定（12.1）でも有名である。ソーンダイクについては**12.1**も参照。

[*5] この実験では、踏むタイプのレバーを用いた問題箱や紐タイプのレバーが外にある問題箱（ネコは脚を伸ばしてレバーを引く）など、15種類の問題箱が使われた。

バラス・スキナー
(Burrhus F. Skinner, 1904-1990)。アメリカの心理学者（行動分析学者）。元々小説家志望であり、『Walden Two』という小説も発表している（『心理学的ユートピア』として邦訳もされている）。

[*6] オペラント (operant) はスキナーの造語であり、operate（操作する）から来ている。

図 8.2　オペラント条件づけの成立過程

[*7] 例えば、餌やお小遣いなどの強化子を出すことで強化することを**正の強化**、電気ショックや叱るなどの弱化子を止めることで強化することを**負の強化**という。同じように、弱化子を出して弱化することを**正の弱化**、強化子を止めることで弱化させることを**負の弱化**という。

8.2 認知説による学習理論

連合説を基礎とした行動主義的心理学は，客観的に観察可能な行動を研究対象とし，認知のような頭の中での出来事は関心になかった。その一方で，ドイツを中心に展開された**ゲシュタルト心理学**[*8]を背景に，学習の本質を認知的構造の変化だとする学習理論も提唱されていた。

1. 認知説とは

認知説は，目的達成のための**記号**（Sign）とその**意味**（Significate）の関係性を捉えることを学習と考える理論である[*9]。記号というと絵文字とかマークみたいなものを思い浮かべるかもしれないが，ここでは目的達成の手段になりそうな環境情報と考えてほしい。認知説は行動に先立って，この記号がもつ目的達成の手段としての意味を頭の中で（認知として）捉えることを学習の成立と考えている。そのため連合説と違って，試行錯誤や行動としての反応表出は必ずしも生じない。認知説は，行動主義的心理学に代わって台頭する認知心理学の基盤となった。

以下では，認知説の具体的な研究例を紹介しよう。

2. 認知地図の構成

認知説の基盤となった初期の研究は，エドワード・**トールマン**[*]らによる認知地図の実験である。この実験では，3群のネズミを1日1回，後戻りのできない複雑な迷路に入れて出口までの行動を観察した。A群のネズミは迷路の出口に着けば餌を得られた。B群のネズミは出口に着いても餌が得られなかった。C群は11日目からは出口で餌を得られた。

トールマンらはネズミが分岐点でどれくらい誤った道を選んでしまうかを数えた（**図8.3**）。実験初日あたりはどの群のネズミも同じくらい間違えているが，A群はB群やC群に比べてミスが少なくなっていく。重要なのはC群で，餌が得られるようになった11日目から急にA群と同じくらいのミスの数になっていった。トールマンらはこの結果を，ネズミが餌という報酬（強化子）を得なくても迷路の道筋を頭の中で学習していた（**認知地図を構成していた**）ためだと考え[*10]，このような認知的な部分でひそかに進んでいた学習を**潜在学習**と呼んだ。この考え方は，強化子がなければ学習が成立しないと考える連合説には反するものである。

新行動主義の立場を取るトールマンの考えの背景には，

---

*8 ゲシュタルトとは，「まとまりある構造（形態）」という意味である。例えば，個々の音を聞いても単音にしか聞こえないが，それらがまとまると1つの曲として私たちは理解できる。ゲシュタルト心理学は，「全体は部分の総和以上のもの」という立場を取り，こうした全体的な構造の捉え方を扱う心理学である。

*9 **S-S理論**とも呼ばれる。また，この後に紹介するトールマンは，記号と意味の関係は，記号によって生じる全体性を理解することとし，**サイン・ゲシュタルト説**と呼んだ。

エドワード・トールマン
（Edward C. Tolman, 1886-1959）。アメリカの心理学者。彼は学習が単純な刺激と反応の連合形成だけでなく，刺激である環境と反応である行動の間を媒介する認知的要因を重視した。こうした立場は**新行動主義**と呼ばれ，場合によっては連合説の1つと捉えられる。

*10 ただし，C群のネズミも餌という強化子によって，ゴールへ向かう行動が強化されている。これ自体はオペラント条件づけであるが，これだけでは11日目以降に急激に行動が強化されたことが説明できない（本来なら，11日目以降からA群と同じようなスピードで平均誤り数が減るはずである）。認知地図ができているから，急激に行動が強化されたといえる。

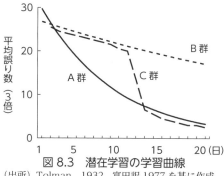

図8.3 潜在学習の学習曲線
（出所）Tolman, 1932 富田訳 1977を基に作成

ゲシュタルト心理学が大きく影響している。ゲシュタルト心理学の主導的立場にあったクルト・**レヴィン***は「**場の理論**」を提唱した。これは，人の行動（Behavior）は人（Person）の要因と環境（Environment）の要因の両者によって全体的に構成されるという考え方で，B=f(P, E) と表現した*11。

3．洞察学習

ゲシュタルト心理学者であったヴォルフガング・**ケーラー***は，チンパンジーを使った問題解決実験を行った。この実験では，チンパンジーを檻の中に入れ，直接手が届かないような高い場所にバナナをぶら下げた。檻の隅には木箱が置かれていた。チンパンジーの様子を観察していると，初めのうちは，チンパンジーは手を伸ばしたり飛び跳ねたりしてバナナを取ろうとしたが，もちろん届かず一旦諦める。そしてしばらく部屋を見回して，急に木箱を持ってきて踏み台にしてバナナを取った。

重要な点は，急に木箱を使いだしたという点である。連合説では試行錯誤が学習において重要と考えていたが，この実験では木箱を用いた試行錯誤はなく，いきなり木箱を問題解決の手段として適切に使用できた。ケーラーは，木箱が踏み台として使えるという**見通し**を捉えることができたために解決できたと考え，こうした見通しのような認知構造の変化を**洞察学習**と呼んだ。記号と意味の関係でいえば，木箱という環境物（記号）に，踏み台としての意味を見出したといえる。

4．観察学習

最後に，アルバート・バンデューラらの**観察学習**（**モデリング**）を紹介しよう。のちにバンデューラは社会的学習理論としてまとめている。バンデューラの実験*12 では，実験者が実験参加者である子どもの前で，ボボと呼ばれる人形に対してハンマーで叩くなどの攻撃を加える場面を見せる。その後，実験者が部屋を出て行き，部屋に残った子どもがどのような行動をするかを観察した。すると子どもは実験者が行ったのと同様にハンマーでボボ人形を叩くなどの攻撃行動を示した（大人の攻撃場面を見せなかった統制群では，子どもが人形に攻撃することはなかった）。

こうした観察学習は，学習する個人が強化を直接経験しなくても成立する点に特徴がある（ここでの強化子は"人形を叩くと楽しい"という感情的報酬である）。バンデューラらは，他者が経験した強化を観察するという社会的行為を通して**代理強化**が生じたと考えた*13。そして学習の過程には①他者の行動へ注意を向ける（**注意**），②行動の仕方を覚える（**保持**），③行動を再生する（**運動再生**），④その行動を行おうとする動機づけが高まる（**動機づけ**）の4つが必要だと述べた。

［児玉佳一］

クルト・レヴィン
(Kurt Z. Lewin, 1890-1947)。ドイツの心理学者。社会心理学の父とも呼ばれており，彼が先導した集団力学の理論体系は，現在の協働学習の基盤となっている。

*11 （"f"は $f(x)$ などの関数を意味する。また，"B=f(P, E)=f(LS)"とされることもある。LS は生活空間 Life Space である）。

ヴォルフガング・ケーラー
(Wolfgang Köhler, 1887-1967)。ドイツの心理学者。洞察学習の他に，下の2つの図を見せ，「どちらがブーバでどちらがキキでしょう」と尋ねると，大多数の人が，「左がキキ，右がブーバ」と答える，ブーバ／キキ効果も有名な功績である。

*12 実験の様子は以下の QR コード（YouTube）から実際に見てほしい。また，バンデューラは動機づけ研究でも重要な人物である。6.4 も参照してほしい。

Bandura – BoBo doll experiment (2020.3.10 最終閲覧)

*13 人形に攻撃した大人に報酬が与えられた場合は，子どもが攻撃する割合がより増えること，逆に，大人に罰が与えられた場合，子どもの攻撃行動が減ることも示されている。

8.3 状況論的アプローチの学習理論

　連合説や認知説は，学習を個人の中で生じる知識の獲得や変化とみなしている。このような立場を取った場合，学習の成果は子どもの行動の変化やテストなどの正答率の向上を基に評価されるであろう。その一方で，これらの立場は実際の授業状況で子どもが他者と相互行為を行い，つまずいたり考えが閃いたりして学習する過程を十分に捉えることができていない。

　近年では，学習を行動の変化や知識の獲得とみなすのではなく，実際の授業状況における相互行為や思考過程の変化として捉える見方が注目されており，このような立場は**状況論的アプローチ**と呼ばれている。

1. 正統的周辺参加

　ジーン・**レイヴ**（Jean Lave）とエティエンヌ・**ウェンガー**（Etienne Wenger）は，学習は共同体を営む実際の社会的状況の中で起こっていると考え，状況に参加しながら共同体の一員となっていく過程を学習と捉えた。

　共同体の一員になることは，単に共同体のメンバーとして登録されるということではない。例えば，中学校に入学し部活動に参加する時，部のメンバーとして登録されても新参者にはその部特有のルールはわからない。それが，徐々に練習の準備やボール拾いを任されるようになり，先輩が引退し自分たちの代に近づくにつれてその部の中心的なメンバーとなっていく。その頃には初めはわからなかった部特有のルールもわかり，共同体の一員としてのアイデンティティが確立されていく。このように，新参者が共同体の古参者（十全的な参加者）となっていく過程が学習とみなされる。

　レイヴとウェンガーはこのような学習を**正統的周辺参加**と呼んだ。正統的周辺参加の学習のあり方は**徒弟制**に似ている*14。徒弟は共同体の周辺的な営みから参加を始める。そして，共同体におけるさまざまな活動を経て，技能の熟達，実践の理解，共同体のメンバーとしてのアイデンティティ形成がなされていき，参加の程度が濃くなることで十全的な参加者になっていくのである。このような学習は，特定の技能を一から順に教わるというものではなく，その状況の中に埋め込まれた活動に参加し，共同体全体の活動を観察することを通して体得されていくものである。

2. 社会文化的アプローチ

　社会文化的アプローチは，ヴィゴツキーの学習理論（3.3参照）を背景に，アメリカの心理学者であるジェームズ・**ワーチ**（James V. Wertsch）らによって体系化された学習論や授業研究の方法論である。

*14　「徒弟」とは見習いや弟子という意味である。レイヴとウェンガー（Lave & Wenger, 1991 佐伯訳 1993）は仕立屋の例を挙げている。仕立屋の徒弟はまず，床拭きという活動から始める。床拭きは洋服を仕立てる仕事においては周辺的であるが，仕事場として床を綺麗に保つことは重要なので正統的な（＝仕立屋の正規の仕事である）活動といえる。徒弟は自分の周りで行われている仕立ての全活動を観察しながら，徐々に仕立屋という共同体の全活動への参加の程度を高めていく。

*15　3.3も参照。

*16　例えば，割り算を習っていない子どもでも，12個のアメを4人に均等に分けるという課題を前にして，すぐに1つずつ配るのではなく，紙にアメと人の絵を描いたり4を何倍すると12になるかと考えたりする。また，友達や教師に相談することもある。回り道については13.2も参照。

社会文化的アプローチでは，教師の教授は子どもの学習状況に対して最適に応じた**足場かけ**，子どもの学習は教師や他者に**導かれた参加**と捉えられ，授業はこれらが相互的に展開されるダイナミックな実践とみなされる。

子どもの学習は，すでに達成できる課題の解決能力をテストのような脱文脈化された状況で示すことではない。学習は，現在は1人で解くことが難しいが，教師の足場かけを通して達成できる**発達の最近接領域**[*15]の中で生じている。挑戦的なレベルの課題に取り組む時，子どもは直接的な解決を中断し，物や他者を道具として用いたり他者に支援を要請したりする回り道を行う[*16]。このような物や他者との相互行為は**媒介された行為**と呼ばれ，実際の授業の中でなされる複雑な相互行為の過程から学習を捉える。

3. 文化歴史的活動理論（Cultural-Historical Activity Theory：CHAT）

CHATは社会文化的アプローチと同様にヴィゴツキーの学習理論を背景にもつが，個人ではなく集団の活動に焦点が当てられる点に特色がある[*17]。

人間の行為は集団の活動に位置づけられて意味や意義をもつ。例えば，協働学習において，A君はメモを取る役割を任されているとする。A君個人の行為の目的は記録をすることだが，集団活動においてはA君のメモは話し合いを活性化させ，集団として成果を得るための意義を有している。

個人の媒介された行為は**図 8.4**の灰色で示された三角形で表されるように，主体が道具を用いて目的を達成しようとする行為として示される。ユリア・エンゲストローム（Yrjö Engeström）は，主体と目的の他に**共同体**という頂点を加えてこの図を拡張し[*18]，個人の行為と集団活動のシステムを関係づけて捉えた。活動システムは自らの内部の矛盾を解決することや，他の活動システムと相互作用することで新しい目的を見出し，共同体のシステムを作り変えながら発展していく。このような活動システム全体に変化をもたらすような学習をエンゲストロームは**拡張的学習**と呼んでいる。

4. 学習科学的アプローチ

学習科学は，多様な学問分野を総合して発展しつつある学問領域である。従来の学習が教師による知識伝達によって起きる個人的事象と捉えるのに対して，学習科学では，社会的状況に埋め込まれた真正な課題に対してさまざまな道具を活用しながら取り組み，協働的に**知識創造**をしていくことが重視される。授業づくりでは，「いかに教えるか」よりも「いかに学習者が主体的に学び合えるか」という**学習環境デザイン**の視点が求められる。授業の中では，教師は一方的に説明するのではなく，子どもの主体的な学習や協働をファシリテートする役割を担うことが期待される[*19]。［楠見友輔・児玉佳一］

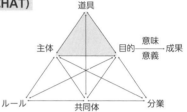

図 8.4 拡張的学習による活動システム
（出所）Engeström, 1987 山住ら訳 1999 を基に一部改変

*17 社会文化的アプローチとCHATは，どちらもヴィゴツキーの学習理論から生じたものであり，相互に参照し合いながら発展している。そのため両理論の間に明確な境界があるわけではない。しかし，前者は集団的活動における個人の媒介された行為に焦点を当てており，後者は集団の活動そのものに焦点を当てている，という違いを見出すことができる。

*18 ヴィゴツキーの三角形（**図 8.4**の灰色の部分）は，人間が行為する際には「主体」と「目的」という二項間に「道具」という媒介が生じることを示している。社会文化的アプローチの「媒介された行為」はこの灰色の三角形に当てはまる。一方でエンゲストロームは，「主体」と「目的」に加えて「共同体」という三項をはじめに設定する。共同体とは共通の目的を有する集団である。右下の三角形は，共同体が目的を達成するためには，メンバーによる課題の分配や立場関係という分業が生じることを示している。左下の三角形は，個々の主体と共同体の間には行為や相互行為を制御するためのルールが生じることを示している。エンゲストロームは，この6つの要素の相互行為から集団の活動が成り立つと考え，大きな三角形全体を活動システムと呼んでいる。

*19 協働的な知識創造は 9.2 の協働学習を，真正な課題は 12.4 を，学習環境デザインは 10.4 の学びのユニバーサルデザインを参照。

8.4 問題解決プロセス

*20 教師によって設定される課題だけでなく，学習者によって設定される課題もある。

授業では教師から要点を聞くだけでなく，課題や問いが設定され[*20]，学習者自身がその課題や問いを解決しながら学習内容の理解を目指す。問題解決は学習活動の重要な点であるが，はたして人はどのようにして問題解決を行っているのだろうか。そのプロセスについて紹介しよう。

1. 問題解決のプロセス

*21 目標未達成の状態を**初期状態**，何らかの手段のことを**操作子**，目標が達成された状態を**目標状態**と呼ぶ。

問題解決とは，目標が未達成の状態から何らかの手段を用いて目標が達成された状態になることを指す[*21]。例えば，計算問題の答えがわからない状態から筆算を使って答えを導き出すのも問題解決であり，夕飯時に冷蔵庫の食材を踏まえてカレーを作るのも問題解決である。ゆえに，私たちの日常生活は常に問題解決の連続であるといえる。

問題には大きく2つの種類がある。1つは**良定義問題**と呼ばれる。これは先ほどの計算問題のように，初期状態（答えがわからない），操作子（筆算），目標状態（答えが導かれる）が明確な問題のことである。その一方で，操作子や目標状態が不明瞭な問題は**不良定義問題**と呼ぶ。先ほどの夕飯の例は，同じ食材でもカレーにも肉じゃがにもできるように，操作子（食材と調理方法），目標状態（どんなメニューにするか）が，1つに定まらない。

*22 こうした問題状況のイメージのことを**問題空間**と呼ぶ。実際に手を動かさなくても，問題空間の中でシミュレーションして適切な操作子を探索することもある。

良定義問題でも不良定義問題でも，問題解決は初期状態と目標状態を適切に把握（あるいは設定）し，どのような操作子を適用するかが重要である[*22]。この時，ほとんどの場合，操作子の候補は複数存在する。どのように操作子を選択するか，その方略によって問題解決の方法が異なる。

問題解決の方略は大きく2つに分けられる。1つは**アルゴリズム**と呼ばれる。これはしらみつぶしの方法であり，候補となりうる操作子をすべて当てはめて最も適切なものを選ぶ方略である。コンピューター将棋などのAIが次の一手を判断する方法は，まさにアルゴリズムによる問題解決である。もう1つは，**ヒューリスティックス**と呼ばれる。これは経験や現状の分析から最善の方法を選ぶ方略である。現状の分析には，例えば，目標状態に近づくための中間的な目標である下位目標を設定し，それに近づくために最善な方略を選ぶことなどが挙げられる。複雑な問題の場合，人間が行う問題解決方略はほとんどヒューリスティックスが使われる。将棋の棋士も，初手から詰みまでのプロセスを読むのではなく，「こういう盤面にしたい」という下位目標を設定しながら，経験も加味して次の一手を決定している。

特にヒューリスティックスに焦点を当てると，この方略を支えているの

表8.1　類推による問題解決の例 (答えは章末に記載)

放射線問題	要塞問題
胃に悪性腫瘍のある患者がいた。その患者は体力がなく手術による治療はできない。よって放射線治療を試みたいのだが，強い放射線は腫瘍を破壊できる一方で，健康な組織も破壊してしまう。どうすれば腫瘍だけを破壊できるだろうか。	独裁者が治める小さな国があった。この国の暴走を止めようと別国の将軍が立ち上がった。すると独裁者は国中に地雷を埋めて要塞で待ち構えた。大軍を引き連れれば要塞を突破できるが，地雷の被害は免れない。どうすれば地雷を爆発させずに要塞に大軍がたどり着けるだろうか。

(出所) Duncker, 1945 より筆者作成　　(出所) Gick & Holyoak, 1980 より筆者作成

は**類推**（アナロジー）と呼ばれる能力である。類推とは，構造が似ている問題に対して，過去の経験で得た知識（操作子）を適用することである。例えば，**表8.1左**に示した放射線問題は初見だと正答率がかなり低い。しかし，**表8.1右**の要塞問題（放射線問題と類似の問題構造）の解法を事前に確認した場合，放射線問題の正答率が向上することが指摘されている。ヒューリスティックスによる問題解決はこの類推の利用が重要である。

2. 問題解決に基づく学習支援

問題解決に基づく学習支援は，問題が解決できるための支援とともに，問題解決を通して学習を促す支援の両方が重要である。両方の支援を考えるうえでの2つのポイントを説明しよう。

1つ目のポイントは，学習者自身が誤概念を発見し，新たな概念への再構成を促すことである。**誤概念**とは，学問上の定説や基準と比べて誤っていたり適切でなかったりする概念のことである。特に日常経験に基づく誤概念を素朴概念と呼ぶこともある。そして，誤概念が問題解決や学習を阻害することが指摘されている[*23]。

*23　概念については7.5を参照。また，誤概念については3.4も参照。

そのためまずは，学習者自身が誤概念を保持していると気づくことが重要である。しかし，それはなかなか難しい。そこで教師の支援が必要になる。例えば，「なぜそう考えることができるの？」と問いかけ，説明を促すことが挙げられる。説明活動は，誤概念にとらわれていると上手く説明できないと気づくきっかけになる。説明できないということは，その概念は誤っていることを意味する。また，素朴概念は，ある問題には適用できるが別の問題には適用できないような概念として保持されていることがある。そこで，誤概念が上手く適用できないような問題状況を教師から提示することも，誤概念に気づくきっかけとなるだろう。問題解決による学習は，解決の正誤よりもそのプロセスの中で起きる概念形成が重要である。誤概念に気づき，適切な概念に作り直せるような支援が重要である。

もう1つのポイントは，類推的思考を促すことである。類推は学習者自身で自発的に行うのが難しいと指摘されている。そのため，「似たような問題はなかったか」，「同じような考え方ができないか」などと教師から類推を促し，類推的な思考を引き出すことも重要な支援である。

［児玉佳一］

8.5 学習の転移

転移とは，前に学習した内容がその後の学習や問題解決に影響を及ぼすことを指す。学校で扱うことのできる教材や課題は時間的に限られている。そのため，1つの学習事項から得た知識を，似たような問題や応用的な問題にも活用できるように転移することが期待されている[*24]。この転移をめぐって心理学や教育学では論争や実証研究が積み重ねられてきた。

1. 形式陶冶と実質陶冶

中世以降のヨーロッパの教育では，ラテン語や数学などの基本的科目の学習によって，推論的思考や記憶力のような一般的な能力を育てることを重視してきた。こうした考え方や立場のことを**形式陶冶**と呼ぶ。形式陶冶では，ある領域で学習した「能力」が，他の領域でも使用できる（転移される）という考えを基に教育目的を定めている。現代でも，数学や理科は論理的思考力の育成に寄与すると考えたり，パズルゲームを「脳トレ」と捉えたりするように，その考え方は日常的に浸透している。

その一方で，実生活に必要な「内容」を獲得していくことを目的とする考え方や立場である**実質陶冶**の考え方も1900年代以降主張を強めている。実質陶冶では領域固有の内容を獲得するため，領域間での転移は期待しない立場となる。この2つの立場の間で心理学者や教育学者も論争を繰り広げてきた。

古典的な心理学の実験では，技能レベルの転移が確認されてきた[*25]。しかし，認知的能力においては形式陶冶よりも**領域固有性**のある実質陶冶を支持するような結果が多い。例えば，チェスと数列を用いた課題で，チェスに熟達した子どもとチェス素人の大人の記憶力を比較した研究では（Chi, 1978），チェスの盤面の記憶課題ではチェス熟達者である子どもの方が大人よりも優れた成績を示した一方で，数列課題では大人の方が子どもよりも優れた成績を示した。

認知的能力の転移は難しそうではあるが，認知的能力の転移だけが形式陶冶ではない。例えば，学習方略やコミュニケーションスキルといった「学び方」に関するスキルの転移が考えられる（寺尾，2017）。例えば，学習方略が教科間で転移した事例を紹介した研究（植阪，2010）では，学習方略の指導に連動した学習観の変容，そして方略使用による学習成果がそれぞれ組み合わさって転移が起きるというプロセスモデルを示している[*26]。

今までは「前の学習からの」転移が着目されてきたが，近年は「次の学習への」転移という，「**未来への学習の準備**」として着目されている。

[*24] 複雑さが同程度で異なる領域への転移を**水平転移**と呼ぶ（例えば，英語の学習がフランス語の学習に活かされるなど）。一方で，同領域の応用的課題への転移を**垂直転移**と呼ぶ。

[*25] **鏡映描写課題**という実験が特に有名である。この実験では，特殊な装置によって，鏡に映った反転図形を見ながら図形の枠内に線を引くという課題を行う。最初は反転していることに戸惑い，線を引くのに時間がかかるが，数回練習すると慣れてくる。慣れてきたところで，①練習せずに休憩する群，②利き手とは逆の手で練習する群，③そのまま利き手で練習し続ける群の3群に分ける。ある程度時間が経ったところで，もう一度利き手でテストする。すると，③だけでなく，利き手ではほとんど練習していなかった②のグループもクリア時間が短くなることが示された。これは逆の手での練習が利き手に転移したことを表している。

[*26] 学習観や学習方略については，10.2 や 10.3 を参照。

2. 転移を生じさせる要因

認知的能力の転移の難しさが指摘されてから，いかにしてこうした能力の転移が促進されるかについての研究が進められてきた。そして転移には大きく2つの要因が重要であることが指摘されている。

1つは，先行する学習内容を深く理解できているかである。単なる丸暗記ではなく，概念として知識同士を関連づけて理解していることで転移が生じやすくなる。そしてもう1つは，先行する学習内容の知識が抽象化されているかである。その領域や文脈に固有な知識や能力として習得するのではなく，さまざまな領域でも活用できるような抽象化された知識であることも転移を促すためには重要であるといえる。

学習科学（8.3参照）では，転移を促すための**準備活動のデザイン原則**も示されている（**表**8.2）。重要な点は，自律的・能動的に既有知識や能力を利用しようとすることができる課題や環境の設定である。既有知識を活用しようとしても初めは課題解決に失敗してしまうかもしれない。しかし，自律的・能動的に知識を活かそうとした経験が，結果的に学習の質を高めることも示されている[*27]。

表8.2 準備活動のデザイン原則

1. 学び手が問題をイメージしやすく既有知識を活用しやすい状況設定
2. 学習目標である知識を活用しないと解けない問題の設定
3. グループで協調しながら試行錯誤して取り組めること

（出所）大浦，2019を基に作成

[*27] こうした学習の質を高める失敗は**生産的失敗**と呼ばれている（Kapur, 2008）。

3. 正の転移と負の転移

ここまでの転移は，前の学習が後の学習に対してよい効果をもたらす転移を説明してきた。このように後の学習にポジティブにはたらく転移を**正の転移**と呼ぶ。その一方で，後の学習に対してネガティブにはたらく転移を**負の転移**と呼ぶ。例えば，カタカナ語として英単語を覚えることが正確な英単語の発音を阻害することは負の転移である。

負の転移の例として「水がめ問題」（Luchins, 1942）を紹介しよう。この問題は，大きさの異なるa，b，cの3つの水がめ（容器）を使って**表**8.3右端の水の量を求めるにはどういう使い方をすればいいかを考えるものである[*28]。以下は問題に挑戦した後に読んでほしい。

初めは悩んだかもしれないが，5問くらい解くとある法則性に気づくだろう。つまり，この問題は$b-a-2c$で解決可能になっている。しかし，実は⑥や⑦は$b-a-2c$よりも簡単な$a-c$や$a+c$でも解決可能なのだが，それに気づくことのできる人は少なく，これまでと同様に$b-a-2c$を当てはめてしまう。

こうした負の転移の要因には，先行知識によって形成された**構え**が指摘されている。構えは似たような問題の解決を効率化する効果があるが，非典型的問題の解決や別解法への気づきを抑制する効果もある[*29]。

［児玉佳一］

表8.3 水がめ問題

	与えられた水がめの容量			求める水の量
	a	b	c	
練習	29	3		20
①	21	127	3	100
②	14	163	25	99
③	18	43	10	5
④	9	42	7	19
⑤	20	59	4	31
⑥	23	49	3	20
⑦	15	39	3	18

（出所）Luchins, 1942を一部改変

[*28] 練習問題で考えると，求める量が20なので，aで1回汲み，そこからbで3回分捨てればよい（式にすれば$a-3b$である）。

[*29] 日常生活を営むうえでの構えの形成は，一から考える時間を短縮できるという意味で，ポジティブな効果をもたらすものといえる。

【発展問題】
・連合説の学習は，学校教育以外のさまざまな面で現在も応用されています。連合説が応用されている日常例を調べたり考えたりしてみましょう。
・形式陶冶の立場に立った時，自分が専攻する教科の学習において，どのような能力やスキルの形成が可能か，その方法も含めて考えてみましょう。

【推薦文献】
・三宮真智子『メタ認知で〈学ぶ力〉を高める──認知心理学が解き明かす効果的学習法』北大路書房，2018年
　効果的な学習に向けて，メタ認知（10.3参照）を軸に解説している。第2部の学習と教育への活用方法の紹介は，ポイントを1ページずつまとめており，手軽に読み進めやすくなっている。

・佐伯胖『「学ぶ」ということの意味』岩波書店，1995年
　「学ぶ」とはどういうことか，「参加」の学習の立場から論考された1冊である。本書の次に読む図書としては多少難易度が高いかもしれないが，ゆっくり，何度も読み戻りながら読んでみてほしい。

コラム　体罰的指導はなぜ効果がないのか

　ここ数年，スポーツ界や芸能界，企業など，さまざまな方面での「パワハラ」が話題になっています。パワハラとは「パワー・ハラスメント」の略であり，社会的な地位の高い者による，地位の低い者への，立場を利用した嫌がらせのことです。パワハラは「嫌がらせ」なので本来許されることではないのですが，「指導の一環」と認識されて行われている点が，問題をより複雑にしています。「後輩のことを思って，敢えて厳しい言い方をした」，「昔はこういう指導のやり方が当たり前だった」という考え方が，未だに根強く残っていることがパワハラの防止や根絶につながらない原因の1つでしょう。

　学校では，教師による子どもへのパワハラ，いわゆる「体罰的指導」が問題となっています。ここでの「体罰」には，殴る，叩く，蹴るなどの身体的苦痛を与えること以外にも，廊下に立たせたり，給食を食べさせなかったり，大声で脅したり，汚い言葉で罵ったりするなどの精神的苦痛を与えることも含まれます。もちろん，体罰的指導も許されるものではないのですが，「愛のムチ」として，時にこうした指導が美化されるケースさえあります。では，こうした体罰的指導は指導として十分な効果があるのでしょうか？

　日本行動分析学会は『「体罰」に反対する声明』を発表しています（QRコードから読めます：PDF）。この声明書を読み進めると，体罰的指導がいかに効果のない指導であるかが示されています。詳しい内容はご自身で読んでいただきたいので端的に説明すると，体罰のような苦痛刺激による問題行動の「正の弱化」は，14もの条件がすべて成立する必要があり，この14の条件がすべて成立することは実践上不可能です。そして，体罰的指導による精神的苦痛などの副次的効果の問題点も大きく，これらが体罰が効果をもたない理由と示されています（「正の弱化」がよくわからない人は8.1をお読みください）。

（2020.3.10 最終閲覧）

　声明書でも書かれていますが，教育的指導の本質は「正の強化」です。問題行動を止めるために「問題行動」で対応するのではなく，専門家らしい方法を強く望みます。

[児玉佳一]

※表8.1の答え
　放射線問題では，正常な組織が破壊されない程度の放射線を複数の方向から腫瘍に集中するように当てればよい。同じように要塞問題では，複数の小軍隊がさまざまな道から要塞を目指すことで地雷爆発を回避できる。

第9章 学習指導の形態

▶キーワード
一斉指導, 有意味受容学習, 先行オーガナイザー, 協働学習, 個別学習, 自己調整学習, 反転学習, 発見学習, 問題解決学習, プロジェクトベース学習, 教室談話, IRE構造, グラウンド・ルール, アプロプリエーション, リヴォイシング, 発表的会話, 探求的会話

　教師はさまざまな授業の形態を取りながら学習を促している。ここでは，こうした学習形態について紹介する。9.1では一斉指導（講義型）による学習，9.2ではグループ学習などの協働学習，9.3では個別学習，9.4では調べ学習などの探究型の学習について解説する。そして9.5では学習の場で行き交うことば（教室談話）の意味や機能について触れる。単元の中，あるいは一授業の中でも，教師はこうした最適な形態を選択しながら学習活動をコーディネートする。自分の目指す授業のあり方には，どのような学習形態が当てはまるか考えてみてほしい。

9.1 一斉授業による学習

一斉授業とは，教師がクラスの子どもたち全員に向かって，授業内容について説明や指示をする指導形態（学習形態）である。おそらく，皆さんが最も経験してきた授業の形態だろう[*1]。

こうした学習形態は，学習者の立場から見れば，教師の説明を受け取る学習だから**受容学習**と呼ばれることもある。授業の多くは受容学習の形態が多いが，この学習形態にはどのようなメリット・デメリットがあり，デメリットについてはどのように克服することができるだろうか。

*1 ただし，クラス全員で授業を受けているが，子どもたち同士が関わることなく個々に学習しているのであれば個別学習の集合とも捉えられるし，クラス全体で議論をしながら学習しているのであれば協働学習の一形態とも捉えられる（福嶋, 2017）。協働学習は 9.2 を，個別学習については 9.3 を参照。

1. 受容学習のメリットとデメリット

受容学習のメリットは，教師が伝えたい情報を全員に伝えることができる点にある。例えば，学習者自身で調べたり問題解決したりする学習（例えば，発見学習）[*2] では，調べる内容によって学習者が得られる知識が異なる可能性があり，そもそも上手く調べたり問題解決したりすることが苦手な学習者もいる。受容学習では，取りこぼしてはならない重要な情報を教師自身が事前に精査して学習者全員に確実に伝えることができるため，情報の取りこぼしを少なくできる[*3]。また，教師が説明の時間や詳しさなどを調節できるので，授業の進行を調整しやすい点もメリットである。

*2 発見学習については 9.4 を参照。

一方でデメリットは，学習者自身が「受け身」になってしまいやすい点がある。受け身になってしまうと，学習者の動機づけが下がることや，深く考えるような思考がはたらかないといったことが起きうる。その結果，学習に対する能動的な関わりが見られなくなる他，「教師の説明したことさえメモして覚えれば大丈夫」といった結果重視，暗記重視の学習観[*4] の形成も起きうる。また，説明を受けた場ではわかったつもりになるが，授業の後でどういう意味だったかを考えてみてもよくわからないというように，知識としての記憶はできても理解として根深く定着しないことにもつながる。

*3 ただし，学習者自身が受け取った情報を正しく理解できない，話を聞かないなどでそもそも情報を受け取らない可能性はある。

*4 学習観については 10.2 を参照。

表 9.1 には受容学習のメリットとデメリットを，それと合わせて発見学習（9.4 参照）のメリットとデメリットを示している。

表 9.1 受容学習と発見学習のメリットとデメリット

	メリット	デメリット
受容学習（本節）	・教師が伝えたい情報を全員に伝えることができる ・授業進行を調整しやすい	・学習者の動機づけが低下する可能性がある ・知識を深く理解しない可能性がある
発見学習（9.4）	・主体的な学習動機づけが高まりやすい ・概念形成などの深い理解につながりやすい	・動機づけが低い場合や活動方法がわからない学習者は成果を得にくい ・時間がかかる

2. 有意味受容学習

こうしたデメリットを克服するためにはどうしたらよいか。デヴィッド・オースベル*は，受容学習を有意味－機械的という軸で分類した。機械的受容学習は，教師の説明を特に意味は考えずに機械的に受け取っていく学習である。その一方の**有意味受容学習**は，教師から説明された情報を自分のすでに知っている知識と関連づけたり，自分なりに意味づけていく学習である。受容学習のデメリットは機械的受容学習だから起きうることであり，有意味受容学習であれば，こうしたデメリットを克服できると考えられる。

では，どうすれば有意味受容学習を促すことができるか。オースベルは，先行オーガナイザーと呼ばれる概念を提唱し，その効果を実証した。**先行オーガナイザー**とは，これから学習する内容に先立って与えられる抽象的な知識の枠組み（概念）のことである。つまり，学習内容に関わる知識の枠組み（先行オーガナイザー）を事前にもっておくことで，その知識と，新しく学んだ知識を関連づけたり意味づけたりするきっかけになる（＝有意味受容学習を促す）と考えたのである[5]。

3. 有意味受容学習に向けた教師の工夫

有意味受容学習を促すためには先行オーガナイザーが重要である。先行オーガナイザーの形成は，いわゆる予習に当たるだろう。そのように考えると，有意味受容学習に向けて，「予習を促すこと」と「予習を授業で生かす」ことが教師にできる工夫になるだろう。

まず，予習を促すためには，予習を学習方略の1つと考えれば，**有効性認知**の向上と**コスト感**の軽減が重要であるといえる[6]。例えば，予習をすることでどのようなメリットがあるかを学習者に説明し，予習に対する有効性を認知させる必要がある。その一方で，どんなに有効性が理解できていても，「面倒くさい」，「難しくてできない」などの強いコスト感があると予習が実行されない。そのため例えば，授業の最初5分程度を「予習タイム」として，その日扱う教科書を黙読させるなどの時間を授業中に取ることもよいだろう。また，予習だけですべて理解できる必要はない（＝授業で理解できればよい）とも伝えることで，よりコスト感が軽減できるだろう。

予習を授業で生かすためには，積極的に予習で得た知識と授業内容を関連づけるよう促すことである。「今の話は予習資料にも書いていたよね」と予習内容の想起を促したり，「ここまでの説明を予習内容と関連づけながら自分で整理してみよう」と関連づける機会を作り出したりすることが有効である。

デヴィッド・オースベル
（David Ausubel, 1918-2008）。アメリカの心理学者。教育心理学の他，精神医療の分野でも活躍した。

*5 先行オーガナイザーには，新しい学習内容の全体像を示す**説明オーガナイザー**や，新しい学習内容とすでにもっている知識の相違点や類似点を示す**比較オーガナイザー**，そして，内容の構成や知識間の関連を文章ではなく関係を表す図式で示す**図式的オーガナイザー**がある。

*6 有効性認知とコスト感については10.3でより細かく解説している。

9.2 協働学習

協働学習とは，複数の学習者が主に言語的な関わりを基にして，お互いに協力しながら学習する形態である[*7]。一斉授業だけでなく，ペアやグループのような協働学習も授業中にはよく取り入れられる。

[*7] "きょうどう"学習には「協働（Collaborative）」と「協同（Cooperative）」の2つの字が使われることが多い。協働には，社会文化的な営みとしての学習の考え方，協同には協力に向けて構造化された学習の考え方が反映されていることが多い。筆者は協働学習の立場を取り，本節でも「協働」の字を使うが，ここでは両者の意味を含めたものとして使用する。また，どちらの"きょうどう"であっても実践上に大きな違いはなく，また，どちらの"きょうどう"が望ましいか（有効か）ということもないことを付け加えておく。

1. 協働学習の効果

協働学習はコミュニケーションを取ることに特徴がある。他者とコミュニケーションを取るためには，自分の意見を伝えるために説明を練らなければならない。説明を練るためには，自分の知っている情報を整理したり関連づけたりして，「わかりやすい説明」にすることが求められる。また，説明を受け取った相手から「この部分がまだよくわからない」，「この点には賛成できない」といった質問や批判が出ることもある。こうした質問や批判は説明を練り直すきっかけとなる。このように深く思考することが促されて，知識が定着・深化するという効果がある。また，複数人で考えを出し合うプロセスは新たな知識を協力して創り上げていくことであり，既存の情報を深く理解するだけでなく，自分たちなりの意味づけや関連づけの中で知識創造が促されるという効果もある。

さらに，コミュニケーションを通して，人と社会的に関わるスキルを獲得したり，民主的な態度や多様性の理解を深めたりすることにもつながる。また，自分ひとりではできなそうな課題も，他者と協力すればできそうだという集団的効力感が高まることで学習への動機づけも高まる。

2. 協働学習における教師の役割

一方で，協働学習をすれば必ず効果が得られるわけではない。課題やメンバーの関係性，個々人の知識の有無や動機づけの高低といったさまざまな要因が失敗につながりうる。そのため，教師は学習者にすべてを任せるのではなく，陰で学習が上手くいくように環境を整えたり，時には表立って介入したりするなど，教師に求められる役割を適切に果たすことが必要である。

表9.2 は協働学習における教師の役割をまとめている。教師のサポートは協働学習中だけではなく，授業前の準備段階から授業後のアフターケアまで広範囲にわたっている。例えば，授業前の準備では，「**学習課題の準備者**」や「**課題の開発者**」として協働学習に適した課題の選択や開発を行うことが求められている。また，「**コミュニティの構築者**」として，一緒に協力して学習していく風土づくりを促していくことも求められている。協働学習中には「**学習のモデル**」として，学習活動を進めるための指

針になるような姿を見せることや、「**活動のコーディネーター**」として必要に応じてグループに介入的なサポートをすることが求められている。授業後には、「**評価者**」として学習者の評価やフィードバックを行ったり、また、学習者自身に自己評価[*8]を促したりする。学習者の自己評価は、学習者自身が次の協働学習のやり方を改善していくために重要である。

3. 援助要請

協働学習の効果を得るためには、練られた説明や、質問・批判といった応答が重要であると述べた（もちろん、受容的な応答も重要である）。特に質問することは、「わからない」という姿を他者に見せることであり、抵抗感をもつ学習者も多い。こうした「わからなさ」を表して援助を求めることを**援助要請**と呼び、教育心理学ではさまざまな研究が行われてきた。

元々の援助要請は、「自分がわからなくても、誰かがどうにかしてくれる」といったフリーライダー（ただ乗り）の一種や、「自分で理解できなくても、誰かに聞けば答えがわかるしそれでいい」といった他者への依存的態度として、避けるべきものとされていた。しかし近年では、援助要請は主体的に学習に関わろうとする姿勢であるというように見方が変わってきており、上記のような依存的な援助要請ではなく、自分のわからなさや理解を深めるための自律的な援助要請であれば学習効果にもつながることが指摘されており、主体性・自律性のある援助要請は推奨されている。援助要請が実を結ぶためには、単に「わからない」と宣言するだけでなく、何がわからないのかを、今どこまでをわかっているのかということとともに整理しながら伝え、粘り強く他者に尋ね続けることが重要である[*9]。

最後に、なぜ援助要請は回避されてしまうのか。個人の要因としては、恥ずかしさやプライドによって「わかっていない」姿を他者に見せられないということが指摘できる。また、環境の要因として、「わからない」姿を馬鹿にする学級風土の他、「人に頼らず自分で頑張るべきだ」という学級風土も回避につながる。こうした個人の要因や環境の要因へも対応し、自律的な援助要請ができる空間を作ることも教師の大事な役割である。

表9.2 教師の役割モデル

教師の役割	教師の活動
学習課題の準備者	・課題の複雑さのレベル、オープンエンド形式にするかなどの学習課題を選択する ・学習者に役割を与え、必要ならばその役割のトレーニングを行う
コミュニティの構築者	・協働において必要な生徒の社会的スキルの発達を援助する ・共通の目的を強調する ・異質な集団をコミュニティになるよう支援する ・相互の尊重を促進する ・お互いを助け合おうという意思を促進する ・他者が援助を求めていることに気づかせる
課題の開発者	・グループにとって価値ある課題をデザインする
学習のモデル	・認知的、メタ認知的な方略を使用するモデルとなる ・相手を励ましたり、順番を守ったり、考えを精緻化させたりするといった構成的な社会的スキルにどう取り組むかを見せる
活動のコーディネーター	・生徒をどのグループに割り当てるかを決める ・グループ活動が成功するようなクラスの文脈をつくる学級経営をする ・グループを回り、社会的、認知的な活動を観察する
評価者	・学習者の活動に対する評価基準を与える ・学習者が自分自身やグループの過程を評価するよう導く ・個人の責任の査定の意味合いを含むようにする ・以下へのフィードバックを与える 　—課題に取り組む行動の使用 　—グループによる成果物 　—メンバー個人の貢献

（出所）O'Donnell et al., 2011 を基に作成

[*8] 自己評価については12.2を参照。

[*9] さらに、援助要請によってわかったことを、自分なりにもう一度問題を解き直すなどして、理解を定着させることも援助要請の効果を高めるために重要である。

9.3 個別学習

学習者個人で学習する形態を**個別学習**という[*10]。例えば，授業中に1人で問題に取り組む場面や，家庭学習として宿題や予習を行う場面など，個別学習の機会は多い。個別学習は学習者のペースで学習に取り組むことができる一方，学習者が自律的に学習できる能力が求められる。ここでは，個別学習に関わるさまざまな学習論を紹介しよう。

[*10] 学習者個々人に別々に指導することを**個別指導**という。個別学習と似たような言葉であるが，意味内容は異なる。

1. プログラム学習

個別学習のさきがけは，バラス・スキナーによるプログラム学習である。スキナーは自分の子どもの授業参観から，一斉授業では個々の子どもたちの理解のペースに合わないことに気づき，自身が研究していたオペラント条件づけ[*11]の理論を基に，プログラム学習を提唱した。

プログラム学習は，問題が1問ずつ出題され，学習者は自分のペースで解答する。正誤の結果はすぐに学習者に返され，正解なら次のステップ（次の難易度）に，不正解ならもう一度同じ問題を解いたり同じステップ（同じ難易度）のまま別の問題を解いたりするという一連の流れを繰り返す。

プログラム学習の理論的背景には，オペラント条件づけとシェーピングと呼ばれる考え方が応用されている。**シェーピング**とは，目標行動に至る過程に対していくつかの下位目標を設定して，順番に目標行動の獲得に向けた条件づけを行うことである。例えば九九の暗唱を最終目標とした時，下位目標として第1に二の段，第2に五の段の問題を設定し[*12]，これらの段を答えられるようになってから他の段に進むといった設定などがある。

プログラム学習には5つの原理がある（**表9.3**）。学習者の主体的な取り組み（①**積極的反応の原理**）に対して，即座に正誤のフィードバックを返す（②**即時確認の原理**）。そして問題の難易度もスモールステップ（難易度のレベルを細かく分けること）で設定し（③**スモールステップの原理**），学習者自身のペースで取り組めるように配慮する（④**自己ペースの原理**）。そして学習者に適するように常に改良をし続けることが重要である（⑤**学習者検証の原理**）。

スキナーはプログラム学習の原理を利用して，**ティーチングマシン**という教育機器の開発も行った。現在は，コンピュータの発展により，**CAI**[*13]などの学習機器や，スマートフォン用のアプリとしてその原理は今も活用されている。

[*11] オペラント条件づけとは，ある反応と報酬（罰）の随伴的関係性を学習することである。スキナーやオペラント条件づけについては8.1も併せて参照すると，**表9.3**がより理解しやすいと思われる。

[*12] これらの段は他の段に比べて法則性を掴みやすいとされる。

[*13] Computer Assisted Instructionの略。現在では**eラーニング**と呼ぶことが多い。例えば英単語を覚えるためのスマートフォン用アプリもCAIの一種といえる。

2. 自己調整学習

プログラム学習は教師が設定した課題を解決する形で学習が進められるが、**自己調整学習**は課題や目標、学習方略を自分で選択して進めていく学習である。そのために、学習者自身が目標の達成に向けて、認知・感情・行動を自ら体系的に調整する必要がある。

自己調整学習は大きく3つのプロセスに分けられる（図9.1）。第1の段階は**予見段階**である。

表9.3 プログラム学習の5つの原理

原理	内容
①積極的反応の原理	学習者自身が自発的に目標を達成すること。そのために、学習者が目標とした行動を出し、その行動が強化されやすいような学習環境の設定が重要である。
②即時確認の原理	学習者の反応にはすぐに正誤のフィードバックを返すこと。フィードバックが遅くなるほど、反応の強化が弱まってしまう。
③スモールステップの原理	簡単な難易度から学習させ、徐々に難易度を高めること。なるべく誤答させないようなシェーピングが学習にも動機づけにも重要である。
④自己ペースの原理	学習者一人ひとりが自分のペースで学習を進めること。学習者の動機づけを維持するためには、学習者の自律性を保障することが重要である。
⑤学習者検証の原理	学習プログラムの良し悪しは、学習が成立するかどうかで判断すること。上手く学習ができなければ、学習者の問題ではなく、プログラムの問題である。

（出所）大村、1979を基に作成

例えば、今日の学習内容（課題）に対してどのような目標を設定するか（○ページまでやる、問違えずに解けるようになるまでやるなど）、どういう方略で学習に取り組むかといった方向性を計画することや、学習に向かう自分の動機づけを調整すること（課題が終わったら漫画を読む、なぜこの課題が自分にとって重要か確認するなど）が含まれる。第2の段階は**実行段階**である。例えば、予見段階で考えた目標や学習方略が適切でなかったら、違う方略に変更するなどの調整を行ったり、自力では解決できなそうな部分について先生や友達に援助要請を求めたりするなどの学習状況のコントロールを行うことが含まれる。また、学習のペースや理解状況などを自分で把握するために自己観察も重要である。第3の段階は**内省段階**である。例えば、予見段階での目標設定に対する自己評価を行ったり、今日の学習の成功・失敗の原因は何かを振り返ったりすることや、上手くできなかった点があっても落ち込まずに次は頑張ろうと自分を鼓舞したり失敗の原因を探ったりすることが含まれる。最後の内省段階での自己評価を基に、次の学習の予見段階につなげていくことで、このプロセスはサイクルとして続く[*14]。

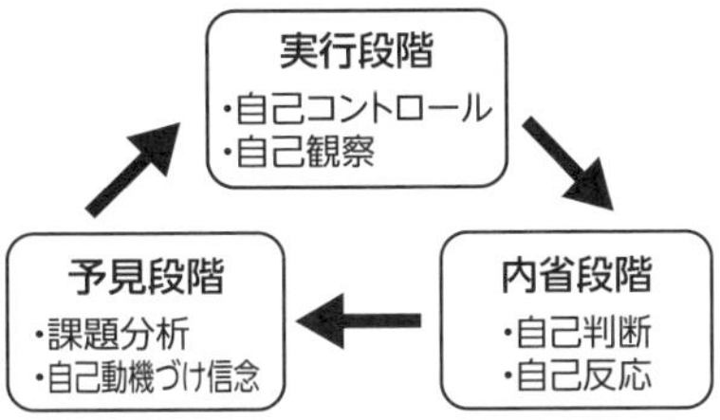

図9.1 自己調整学習の学習サイクル
（出所）Zimmerman & Campillo, 2003を基に一部省略

こうした自己調整学習を支える背景には、**メタ認知**がある[*15]。メタ認知は自己の認知・感情・行動を調整する能力であり、メタ認知を駆使できるように学習者をサポートすることが教師にとって重要である。

近年は、個別学習を知識習得のベースとし、授業は知識活用の場とするような**反転学習**も着目されている。つまり、基本的な知識は授業外に教科書の確認や動画教材の視聴などで済ませ、授業はその知識を基に議論を行う。今後一層、個別学習のあり方はさらに問われていくだろう。

*14 本章では、自己調整学習は個別学習の理論として扱ったが、他者との間での協働的な調整学習（共調整学習、社会的に共有された調整学習, Hadwin et al., 2011 佐藤訳2014 など）も提起されており、個人内プロセスだけでない形で理論が展開されている点は補足しておきたい。

*15 メタ認知については、3.1や10.3を参照。

9.4 探究型の学習

近年では，総合的な学習の時間（高校では総合的な探究の時間）のように，学習者が主体となって行う調べ学習や創作活動，問題解決学習も大きな関心が向けられており，取り組まれている。

こうした学習の背景にある理念には，ジョン・デューイ*による**問題解決学習**の考え方がある。デューイは，シカゴ大学附属の実験学校にて，体系的に知識を教えるのではなく，具体的な問題を解決する知的経験に基づく学習の重要性について実践を通して示した。本節では，こうした学習者の探究を中心とした学習形態[*16]について解説しよう。

1. 発見学習

ジェローム・ブルーナー*は，学習者中心の探究によって科学的な法則や原理を見出していく**発見学習**を提唱した。ブルーナーは，自分の知識として取り込むためには，教師が教え込むような学習（受容学習）ではなく，自分なりに科学的な思考を行い，科学的法則などの構造を自ら発見する過程を経験することの重要性を述べた。日本では発見学習を基にした**仮説実験授業**が**板倉聖宣**(きよのぶ)*により提唱されている。

発見学習のメリットは，学習者が主体的に活動を進められるため，動機づけが高まりやすい点にある。また，発見した情報や自分のもっている知識と関連づけながら仮説や考察を推論することが求められるため，深い理解や概念形成[*17]につながりやすい点もある。

一方のデメリットは，動機づけが低い学習者はそもそも学習活動をしないため，十分な成果が見込めない点がある。また，活動の仕方がわからない場合にも上手く学習できない可能性が考えられる。つまり，取り組み方がわかっていたり，発見した情報を自分なりに吟味して理解したりすでにもっている知識と関連づけたりできる学習者でないと上手く学習成果を得られにくい。また，学習者の進捗次第では多くの時間を必要とする場合があり，授業進行の調節が難しい点もデメリットである。

本章 9.1 の**表 9.1** は，受容学習とともに発見学習のメリットとデメリットをまとめているので，そちらも参照してほしい[*18]。

2. プロジェクトベース学習

発見学習のように，長期間を見通して大きな問題を解決する学習として**プロジェクトベース学習**（問題ベース学習）[*19]といった学習法も近年注目

ジョン・デューイ
(John Dewey, 1859-1952)。アメリカの哲学者・教育学者。プラグマティズム（実用主義）の視点からの思想は，教育界に大きな影響を残した。

*16　探究的な学習は個人よりもグループ等の協働学習として行われることが多い。協働学習については 9.2 を参照。

ジェローム・ブルーナー
(Jerome S. Bruner, 1915-2016)。アメリカの心理学者。1959 年に開かれた自然科学教育改革のための会合であるウッズホール会議では，議長を務めた。

板倉聖宣
(1930-2018)。日本の教育学者。仮説実験授業は，①科学上の基礎的かつ本質的な概念に関わるもの，②常識的な考え方を誤りとするもの，③その正否が簡単な実験によって確かめられるものという 3 つの条件を満たす課題であれば理科に限らず，他教科でも実践可能であるとしている。

*17　概念形成については 7.5 を参照。

*18　受容学習と発見学習は二項対立的な学習形態と見なされやすいが実際にはそうではなく，お互いのデメリットを補うような形で授業が構成されることを目指すのが望ましい。

*19　プロジェクトベース学習 (Project-Based Learning)，問題ベース学習 (Problem-Based Learning) はともに PBL と略されることが多い。両者の定義的な違いについては，現時点では明確に定まってはいない。

を浴びている。プロジェクトベース学習では、単元や教科を貫く現実的で複雑な問題に対して、数人の学習者グループで問題解決に取り組むことが一般的である。現実場面に近い問題が取り上げられることから、真正な課題として、パフォーマンス評価[20]とも連動しやすい点も特徴である。

 プロジェクトベース学習では、教科間の連動も重要視されるため、さまざまな教科の知識同士を活用したり関連づけたりしながら思考することが求められる。また、よりよい問題解決のためには効果的な問題解決方略や学習方略を利用していくことも求められる。そして、複数人で協力して問題解決をしていくためのコミュニケーションスキルや、得られた情報や解決方法などについて時に批判的に考えるような批判的思考力も求められる。プロジェクトベース学習を通して、こうしたスキルや能力を獲得・向上させることができるとされている。

 その一方で、プロジェクトベース学習は発見学習と同様に、学習者自身がどのように活動をしていいかわからなかったり、動機づけが低かったりする場合には十分な成果に結びつかない可能性がある。また、教師自身がどういう支援や学習の見通しをもてばいいかも曖昧であるために、上手くいかないケースも報告されている。そのため、教師自身が学習の各段階（表9.4）での活動の見通しを学習者にもたせることや、その段階に応じて必要な支援を提供することが必要になる。特に、学習者が主体的になる学習だからこそ、教師が口をはさむことを避けがちになるが、活動に必要な手続きや見通しについては、明示的に提示・指導することが成功のためには重要である[21]。よって、教師自身が学習者から一歩引いた視点で活動状況を捉えられる余裕や見通しが求められ、また、解決しようとしている問題に対する教師自身の深い理解も必要である。

[20] 真正な課題、パフォーマンス評価については、12.4を参照。

[21] もちろん、教師が一から全部引っ張っていくのでは意味がない。学習状況を細かく捉える形成的評価(12.3)を基にした、適切・必要な支援が重要になる。

表9.4 プロジェクトベース学習における各段階と教師・生徒の役割

グループ・プロジェクトの各段階	教師の役割	生徒の役割
Ⅰ．クラス全体でサブテーマを決め、それに対応する研究グループを編成する	サブテーマを決める；探索的討論のリーダー；共通テーマの興味深い側面に気づかせる促進者	関心のある疑問点を探す；それらをカテゴリー別に分類する；参加したい研究グループを選ぶ
Ⅱ．グループで自分たちの探究計画を立てる；何を研究するのか、そしてどのように進めていくのか	グループが計画を立てるのを援助する；協同的なグループの基準を維持するのを援助する；情報源としての教材を見つけるのを援助する	何を研究するのかを計画する；情報源を選ぶ；役割を割り振り、研究課題を分担する
Ⅲ．グループで探究活動を実行する	研究のスキルを援助する；引き続き協同的なグループを維持するのを援助する	自分たちの疑問への答えを追求する；多様な情報源から情報を発見する；知見を統合し要約する
Ⅳ．グループで自分たちの発表を計画する	発表の計画を立て、委員会を組織しながら調整する	自分たちの知見の主要な考えを決める；クラス全体にそれらをどのように伝えるのかを計画する
Ⅴ．グループで発表する	発表を調整する；フィードバックのある議論を行う	発表者；発表についてクラスメートにフィードバックを与える
Ⅵ．教師と生徒が個人レベル、クラスレベルでグループ・プロジェクトを評価する	新しい情報の学習、高いレベルの思考、協同的な行動を評価する	探究者およびグループメンバーとして遂行結果の理解を洗練させる

（出所）Sharan & Sharan, 1992 石田ら訳 2001 を基に作成

9.5 教室談話

*22 この「ことば」は、音声言語（話しことば）だけでなく、黒板やノートに書かれた「書きことば」や、身振り・手振り（手話）のような「ことば」もあるし、頭の中で考えるための「ことば」のように他者に表出されない「ことば」もある。

授業は多様な「ことば」が行き交う空間である。例えば、私たちは「ことば」を用いて説明したり自分の意見を伝えあったりする[*22]。こうした「ことば」を**教室談話**という。教室談話は授業・学習のあり方を映す鏡のようなもので、授業・学習の様子を知るために不可欠である。

1. 教室談話から見る授業への参加構造

(1) IRE 構造

教室談話はしばしば、日常の会話とは異なる特徴を示す。その1つとしてヒュー・メハン (Hugh Mehan) は、「Initiation（教師からのはたらきかけ）」→「Reply（学習者の応答）」→「Evaluation（教師の評価）」という発話の連鎖パターンを指摘した。このパターンを **IRE 構造**という (Mehan, 1979)。

教師はこの IRE 構造に従う過程で、知っていることをわざわざ知らない体で学習者に尋ねる (I) ことがある。例えば授業の冒頭で、「昨日の授業ではどんなことを勉強したっけ？」と尋ねる時、教師自身はどのような授業内容だったか忘れたわけではなく、敢えて学習者に尋ねている。そして学習者が「分数の割り算についてやりました」などと返した時 (R)、教師は「そうだよね」と知っている立場から返答する (E)[*23]。

*23 もし学習者の返答が間違っていたら「そうだったっけ？」などと再考を促す応答になる。

このような IRE 構造は、教室の中には一定のコミュニケーションパターンがあることを示しており、学習者はこのパターンに則ることで授業へ参加していく。また、教師はこのパターンを意図的に調整して学習者の参加構造をコントロールすることもある。ただし、この構造は教師という権力者によるコントロールが重視されるが、教室ではしばしば、そうした権力構造が崩れる場面もある。この IRE 構造から教室談話を読み解くことで、教室内の教師と学習者の社会的関係性や談話の方向性が見えてくる。

(2) グラウンド・ルール

IRE 構造以外にも、教室には特有の「ことば」の使い方が明示的・暗黙的に規定されていることがある。こうした規定のことを**グラウンド・ルール**という (Edwards & Mercer, 1987)。例えば、クラスで話し合う活動の中で「○○さんの意見に賛成です」、「△△さんの意見に付け加えです」という前置きを入れて話す場合、そういった前置きをつけるグラウンド・ルールがその教室に形成されているということになる。授業の参加者はこのグラウンド・ルールを維持しながら談話に参加する。教室内のグラウンド・ルールを読み取ることも、談話への参加構造を捉えることにつながる。

グラウンド・ルールは教室前の壁に掲示するなどで視覚化して共有さ

れることもあるが，談話の文脈に沿って即時的に価値づけられながら共有されることもある。**表9.5**はある小学校でのグラウンド・ルールの共有過程である。Y.S. の考え方には他の子どもは賛同していないなか，教師は「納得するまで聞かないかんぞ」とY.S. を鼓舞する。たとえ1人だけの意見であっても，自分の立場にこだわって参加する姿勢を価値づけている。

表9.5 グラウンド・ルールを共有する談話事例

状　況：	先に意見を述べたK.S. に対してY.S. が批判的な質問をする。それを踏まえて反論しようと児童が手を挙げたところで教師は一旦静止させる。
子ども：	答えます（挙手する）
教　師：	ちょっと待って，Y.S. 君みたいな考え方もっている人いない？ （子どもは，もっているという反応を返さない）
教　師：	（児童Y.S. を指して）がんばれよ，**納得するまで聞かないかんぞ**

（出所）松尾・丸野，2007 を基に作成

2．教室談話から見る学習者の思考過程

　教室談話を見ていくと，その「ことば」にはそれぞれの思考過程が反映されている。また，その思考過程は1人で作り出したものではなく，しばしば前に話していた他者の「ことば」を取り入れたものになっている。こうした他者の「ことば」を"我が物"にすることを**アプロプリエーション**という（Wertsch & Toma, 1995）*24。アプロプリエーションを読み解いていくことで，学習者の思考や理解の過程が見えてくる。

　アプロプリエーションを支えるのは「聴く」という行為である。教室談話というと「話す」ことによる参加に重点が置かれがちであるが，話すためには「聴く」必要がある。他者の「ことば」にお互いに耳を傾けて聴きあうことで，一人ひとりの「ことば」が，「なぜ？」，「〇〇くんに続けて…」，「□□さんのを言い換えると…」，「まだわかんないからもうちょっと教えて*25」といったつなぎの言葉と宛名のある談話になっていく*26。

　こうした聴く行為を支えるために，教師は学習者の「ことば」を復唱（**リヴォイシング**）している様子が報告されている（O'Conner & Michaels, 1996）。例えば，学習者の発言を「〇〇ってこと？」と確認のために引用して復唱することも，黒板に発言を記述することもリヴォイシングの一種である。教師がリヴォイシングすることで，学習者は他者の「ことば」に触れる機会，つまり，アプロプリエーションする機会が増える。

　さらに，話し方にもさまざまな特徴がある。ダグラス・バーンズ（Douglas Barnes）は，まるでプレゼンテーションのように，言いよどみなく完成した考えを伝える「**発表的会話**」と，たどたどしく言いよどみながら考えを伝える「**探求的会話**」の2つのパターンがあり，両者とも重要であると指摘している（Barnes, 1992）。一見すると，スラスラ，ハキハキと話す発表的会話の方がよいと評価されがちである。しかし探求的会話は，「ことば」を発しているその瞬間も思考し続けていることを表しており，今なお知識や考えを構造化しようとしている過程といえる。探求的会話は，ともすれば周囲から馬鹿にされることもある。ゆえに，探求的会話を保障する学級風土を作ることは重要である。

[児玉佳一]

*24　アプロプリエーションは，広義には，共同体の中で共有された「道具（ここでは"ことば"）」を自分のものとする社会文化的な発達プロセスを指す。単に他者の言葉を引用するのは**マスタリー**と呼び，アプロプリエーションとは異なる。

*25　こうした言葉は援助要請と捉えられる。援助要請については9.2を参照。

*26　何を聴いたかを直接的に捉えることは難しいが，聴いた後に出る「ことば」には聴くことによるアプロプリエーションされた「ことば」が反映されるため，間接的に何を聴いたのかが映し出されるといえる（一柳，2012）。

【発展問題】
・協働学習はしばしば失敗してしまうことも報告されています。どんな失敗要因があるか，失敗を防ぐためにはどんなことができるか考えてみましょう。
・学習形態は教材（課題）との兼ね合いも重要です。どのような課題がどの学習形態に有効か，自分が専攻する教科を踏まえて考えてみましょう。

【推薦文献】
・鈴木克明・美馬のゆり（編）『学習設計マニュアル―「おとな」になるためのインストラクショナルデザイン』北大路書房，2018年
　　インストラクショナルデザインとは，効果的・効率的・魅力的な授業設計のための原則である。本書は，こうした授業の設計，そして自分自身で学習を進めるための設計に関わる視点をわかりやすく解説している。

・杉江修治（編）『協同学習がつくるアクティブ・ラーニング』明治図書，2016年
　　近年の学校教育で話題の「アクティブ・ラーニング（コラム参照）」について，協同学習の立場から解説する1冊である。協同学習を実践するにあたっての細かな点にまで行き届いた説明の他，実践技法も紹介されている。

コラム　アクティブ・ラーニングとは何か

　2017年告示の学習指導要領改訂では，「アクティブ・ラーニング」というキーワードが話題を呼びました。文部科学省（2012）はアクティブ・ラーニングを「教員による一方向的な講義形式の教育とは異なり，学修者の能動的な学修への参加を取り入れた教授・学習法の総称」としています。しかし，改訂の過程で，定義が抽象的であるなどの批判を受け，最終的に「主体的・対話的で深い学び」がキーワードとして使われるようになりました。「主体的・対話的で深い学び」も抽象的だと思うのですが，ひとまずそれは置いておきましょう。ここではアクティブ・ラーニングが「学習者の能動的な学修への参加」という点に着目します。この「能動的な学修（学習）」が抽象的だからこそ，アクティブ・ラーニングとは何かがはっきりしないといえます。何が「能動的」になればいいのでしょうか。

　溝上慎一（2014）は，さまざまな海外のアクティブ・ラーニングの定義を踏まえて，以下のように定義しています。「一方向的な知識伝達型講義を聴くという（受動的）学習を乗り越える意味での，あらゆる能動的な学習のこと。能動的な学習には，書く・話す・発表するなどの活動への関与と，そこで生じる認知プロセスの外化を伴う」。この定義にしたがって考えると，何が「能動的」になればいいかの答えは，①「認知プロセス」と②「認知プロセスの外化を伴う活動」とになるでしょう。

　①「認知プロセス」は，知識同士を関連づけたり，批判的に思考したりすることを指します。つまり，認知的側面を活性化させる（アクティブにする）というように捉えられます。一方の②「認知プロセスの外化を伴う活動」は，認知的活動でまとまった意見や考えを話す，書く，発表するなどの方法を用いて外化して活動へ関与することを指します。つまり，活動的側面を活性化させるというように捉えられます。

　アクティブ・ラーニングにおいて重要なのは，単純に話し合えばいいのではなく，認知的側面がアクティブであるうえで活動的側面がアクティブになるかということです。むしろ，前提となる認知的側面のアクティブがなければ，「体験あって学びなし」ともいえます。アクティブ・ラーニングはしばしば，活動的側面にだけ目が向けられがちです。認知的側面のアクティブを促すことのできる課題や教示が教師に求められるでしょう。

[児玉佳一]

学習活動を支える指導

> ▶キーワード
> 学力，学習観，学習方略，認知的方略，メタ認知的方略，メタ認知的活動，メタ認知的知識，外的リソース方略，有効性認知，コスト感，適性処遇交互作用，学びのユニバーサルデザイン，道徳授業，特別活動，学校行事

　学校における教師の役割の1つは，学習者の学びを支えることにある。そのためにはどのような視点が必要かを本章は解説する。10.1では，そもそも「学力」とは何か，10.2や10.3では学習の質に関わる学習観や学習方略に触れる。そして10.4では，個々の学習者に適した指導に関する理論を，10.5では各教科の指導以外の学習指導として，道徳の授業と特別活動を取り上げる。教師になった時，「学び上手」な学習者を育てるために活用されれば幸いである。

10.1 学力とは

学校教育で身につけさせるべき能力として，しばしば**学力**という言葉が使われる。日常的な言葉ではあるが，「学力とは何か」という議論は今なお続いており，明確な答えは示されていない。そこで本節は，教育心理学者によって近年示された学力モデルや分類について紹介しよう。

1. 市川伸一による学力の分類

表 10.1 市川による学力の分類

	測りやすい力	測りにくい力
学んだ力	知識，技能	読解力，論述力，討論力，批判的思考，問題解決力，追究力
学ぶ力		学習意欲，知的好奇心，学習計画力，学習方法，集中力，持続力，（教わる，教え合う，学び合う時の）コミュニケーション力

（出所）市川，2004 を一部簡略化

市川伸一（2004）は，過去の学力に関する議論で示された学力モデルを整理して，**表 10.1** のように分類した。この分類は，「学んだ力」と「学ぶ力」の軸，「測りやすい力」と「測りにくい力」の軸で分けられている。

測りやすい方の「学んだ力」には，教科内容に関する知識や技能が挙げられている。例えば，学校の定期テストで測られるものは，まさにこの測りやすい「学んだ力」といえるだろう。

測りにくい方の「学んだ力」には，読解力や論述力，問題解決力などが挙げられている。こうした力はなぜ測りにくいのだろうか。第1の理由は，能力の多義性である。例えば，読解力といっても「早く文章を読む力」も，「正確に文章を読む力」も，「与えられた文章から状況を推論する力」も，どれもが読解力と考えることができる。つまり，どの力を読解力として測ればよいかの判断が難しいため測りにくいといえる。第2の理由は，客観的判断の難しさである。例えば，知識や技能であれば，「本能寺の変が何年に起きたかを知っている」，「逆上がりができる」など，判断する基準が明確である。しかし，例えば「討論力」であれば，ペーパーテストによる判断は難しい。また，実際の討論場面の中で力を測る方が妥当であるだろうが，どのような討論場面のどのような発言や行為をもって「討論力がある」と判断できるだろうか。つまり，ペーパーテストや実技試験以外の方法を工夫して開発し，さらに学力判断の基準を作成しなければならないために測りにくいといえる。しかし，知識や技能だけでなく，これからの社会を生きていくうえでは，こうした測りにくい「学んだ力」も，必要な「学力」であることには違いない[*1]。

また，「学んだ力」だけでなく「学ぶ力」も学力としている点が，この

[*1] 近年ではこうした測りにくい学力を捉えようとする動きも活発である。詳しくは **12.4** を参照。

分類の重要な点である。学力と聞くと，学習の成果として得た力を思い浮かべやすいが，学ぶために必要な力も重要である。こうした「学ぶ力」も多義的であり，ペーパーテストや実技試験では測定しにくいため，測りにくい力である。また，「学ぶ力」は学習する際に必要な能力として，メタ認知[*2]や動機づけ[*3]といった心理学理論でも説明される。こうした学ぶために必要な力自体も身につけられるようにすることが求められる。

2．藤村宣之の学力モデル

藤村宣之は「できる学力」と「わかる学力」を組み合わせたモデルを提案している（図10.1）。「できる学力」とは，計算方法や漢字の書き方，歴史の年表などの手続き的に覚えるような知識やスキル（技能）を示している。こちらはTIMSSと呼ばれる国際調査[*4]において測定されている学力に近く，日本の子どもが比較的得意としている。「できる学力」は，例えば，「徳川幕府は何年に成立したか」のように，答えが1つに定まるような定型的問題の解決に使われ，ドリル学習のような手続きの適用を反復練習することで身につけていく。

一方の「わかる学力」とは，数式の意味や歴史的出来事の起きた理由などの本質的（概念的）な理解，そしてそれらをすでに自分がもっている知識と関連づけながら自分の言葉で表現するような思考力を示している。こちらはPISAと呼ばれる国際調査[*5]において測定されている学力に近く，日本の子どもは比較的苦手傾向を示している。「わかる学力」は，「太平洋戦争において最も判断を誤った人物は誰か，理由とともに答えよ」のように，答えが1つに定まらない非定型的問題の解決に使われ，他者と協同の中で自分や他者のもつ知識を関連づけながら探究する「協同的探究学習」によって身につけていく。

この学力モデルは，教科書に載っている用語を知る（できる）だけでなく，知識同士を関連づけて，自分にとっての有意味な情報として活用できるようになる（わかる）ことまでを求めている。関連づけて自分なりの考えを編み出すための思考力は，日頃の学習の中で行っていなければ十分にはできない。

[*2] メタ認知については3.1や10.3を参照。

[*3] 動機づけについては第5章を参照。

[*4] Trends of International Mathematics and Science Studyの略（日本では国際数学・理科教育調査と訳されている）。IEA（国際教育到達度評価学会）において4年ごとに，日本では小学4年生と中学2年生を対象に，算数・数学と理科における学習到達度（知識定着度）を測定している。公開されている中での最新版のTIMSS2015における日本の成績は，小学4年生で算数が49か国中5位，理科が47か国中3位，中学2年生で数学が39か国中5位，理科が39か国中2位であった（文部科学省，2016b）。

[*5] Programme for International Student Assessmentの略（日本では国際学力到達度調査と呼ばれることが多い）。OECD（経済協力開発機構）において3年ごとに，日本では高校1年生を対象に，読解力，数学的リテラシー，科学的リテラシーについて現実場面に即した課題で測定している。公開されている中での最新版のPISA2018では78の国と地域が参加し（読解力のみ77の国と地域），日本の成績は読解力が15位，数学的リテラシーが6位，科学的リテラシーが5位であった（文部科学省，2019）。

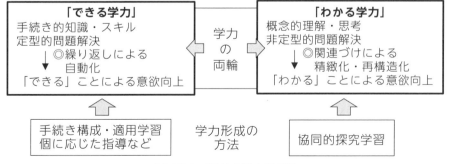

図10.1　藤村の学力モデル

（出所）藤村，2012より作成

10.2 学習観の形成

「学習」と一言でいっても，そこには多様な方法や目標が含まれる。学習者は一人ひとりが自分の経験を基に，自分なりの学習に対する信念や価値観をもっている。この信念や価値観のことを**学習観**と呼ぶ[*6]。ここでは学習観の形成について説明しよう。

[*6] 広義の意味での学習観は「学習とはそもそもどのようなものか」，狭義の意味での学習観は「効果的な学習のあり方とはどのようなものか」となる。これ以降では狭義の学習観を中心に紹介する。

1. 学習観の分類

学習観は細かく見れば，人の数だけあるといえるが，ここでは認知心理学を踏まえた学習観の分類を紹介しよう（市川ら，2009；図10.2）。

この学習観は大きく「認知主義的学習観」と「非認知主義的学習観」に分類されている。認知主義的学習観は，意識的な深い情報処理（意味の理解，知識の関連づけなど）が重要だとする信念であり，認知心理学的な「よい学習」と整合的である。例えば，学習は考える過程を重視すべきであるという「思考過程重視志向」や暗記よりも意味の理解が大事であるという「意味理解志向」，上手く勉強するにはやり方が重要であるという「方略活用志向」や間違えることはその先の学習に役立つと考える「失敗活用志向」が含まれる。その一方で，認知心理学の知見とは不整合である非認知主義的学習観は，よくわからなくても答えさえ合えばいいと考える「結果重視志向」や学習は覚えることが大事であるという「丸暗記志向」，上手く勉強するには数をこなすことが重要であるという「勉強量重視志向」や塾などの環境が整えばよい学習ができると考える「環境重視志向」が含まれる。

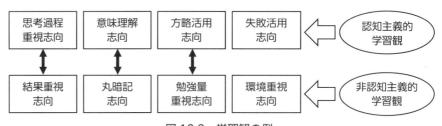

図 10.2　学習観の例

（出所）市川ら，2009を基に作成

2. 学習観と学習行動の関連性

こうした学習観は，学習行動[*7]に影響を及ぼすことが明らかとなっている。学習観とは信念や価値観なので，その信念や価値観に従った学習行動を示すためである。例えば，意味の理解や思考過程を重視する学習観や方略を重視する学習観をもつ学習者は，自分の理解状態を見直す方略（モニタリング方略）やイメージと結びつけながら考える方略（精緻化方略）な

[*7] 学習行動の1つである学習方略については10.3を参照。また，関連して7.3の記憶方略も参照。

どを使用する傾向が高い。その一方で丸暗記や勉強量を重視する学習観をもつ学習者は，あまり学習方略は重視せず，反復練習であるリハーサル方略を用いたり，勉強量でカバーしようとしたりする傾向がみられる。こうした学習方略を通して学習成績にも影響し，認知主義的学習観は非認知主義的学習観に比べて成績が良いことも報告されている（植阪ら，2006）。

3．学習観の形成に向けて

学習観が学習方略を介して成績にも影響することを踏まえると，効果的な学習と関連する学習観の形成を教師は意識する必要があるだろう。学習観の形成に向けて，教師はどのような工夫ができるだろうか。

第1に，「よい学習とは何か」について学習者自身が知る必要があり，また，教師はよい学習の姿を伝えていく必要がある。例えば，「学習は結果だけを重視するのではなく考えていく過程が大事である」，「数をこなすことも重要な時もあるが，やり方を工夫するとよりよく学ぶことができる」といったように，よい学習のあり方を明示的に伝えることが重要である。

第2に，上記のような学習を実際に経験できる環境づくりも重要である。こうした経験は1回限り（ワンショット）の経験ではなく，日々の学校生活の中で一貫して経験し続けられるものであることが重要である。つまり，日々の授業の中で意味を考えたり学び方を工夫したりする重要性を経験できることが求められる。こうした授業をするためには，「どういう課題が考える機会を引き出すか」という課題づくりに関わる教科内容や，「どのように子どもに学んでほしいか」という考えを実現化する授業方法の知識の両方に高度なレベルが必要となる。

また，学校での学習を取り巻く環境は，校種によっても異なることがある。例えば，小学校に比べると中学・高校はテストへの意識が強まるため，テスト勉強こそ学習と捉えてしまう子どもも少なくない。実際，一部の傾向ではあるが，小学生の頃は意味理解を重視する学習観だった子どもが，中学生になると暗記を重視する学習観に変容することも報告されている（鈴木，2013）。テストも，暗記で対応できるものではなく，意味の理解が求められるものを重視するなどの工夫が大切になるだろう。

第3に，子どもたちの学習の様子をよく捉えることである[*8]。日々の授業の受け方，宿題のやり方，テスト返却後の様子など，さまざまなところに学習観が現れる場面がある。例えば，子どもの数学のノートを見てみると途中式を省略して書いているケースがある。「なんで途中式を書かないの？」と尋ねると「答えはわかったし書かなくても大丈夫だから」と答える。これは好成績の子でも起きうることである。成績が良いから大丈夫と判断するのではなく，個々人の学習の取り組み方を細かく捉えていきながら，子どものもつ学習観を把握し，指導することが重要である。

[*8] 関連して，市川伸一らは，認知心理学をベースに学習診断・個別指導を行う**認知カウンセリング**を提唱している。そこでは学習内容のつまずきの他，学習観や学習方略の診断・指導も行われる（e.g., 市川, 1993）。

10.3 学習方略の指導

学習方略とは，学習の効果を高めることを意図した学習方法である。10.2で説明したように，学習観と学習方略は関連し，学習成果を高めるためには学習方略が重要となる。この学習方略をどのように指導するかについて考えていこう。

1. 学習方略の種類

指導法に先立って，学習方略の種類を紹介しよう。学習方略は大きく3つの方略に分類することができる。

(1) 認知的方略

認知的方略は，学習内容の情報処理に直接関わる学習方略である。認知的方略は，7.3で扱った記憶方略とほぼ同じである。つまり，リハーサル方略や精緻化方略，体制化方略が代表的な認知的方略である。そのため，これらの方略の説明は7.3を参照してほしい。

(2) メタ認知的方略

メタ認知的方略は，自分の認知的方略や理解の状態を判断し調整する学習方略である。ここでいうメタ認知[*9]とは，「認知の認知」とも呼ばれ，自分の認知処理や認知内容について認知する能力のことである。図10.3はメタ認知の活動を図で示したものである。メタ認知の活動（**メタ認知的活動**）は，モニタリング活動とコントロール活動に分けられる。モニタリング活動では，情報処理・操作する対象に対する認知（対象レベルの認知）として「これはどういう問題か」，「この問題について自分は何を知っているか」など，対象レベルの認知について評価・判断する活動である。コントロール活動は，その対象レベルの認知で評価・判断した情報に対して「このように取り組んだらよい」，「こういう情報をさらに収集してみるべきだ」というように対象レベルに対する認知や行動を調整するメタレベルでの活動である。この2つの活動を十分に行うためには，メタ認知の基盤となる知識（**メタ認知的知識**）が必要である[*10]。メタ認知的活動をどのように行えばいいかを示すメタ認知的知識があって，メタ認知は十分に機能する。

メタ認知的方略は，例えば，「自分が今何をわかっているか」，「自分が今何をわかっていないのか」を自問自答し捉えるモニタリング方略や，そのモニタリング方略の結果，認知的方略の使用法や問題解決の方法を調整したりするコントロール方略がある。認知的方略を有効に使用していくた

[*9] メタ認知については3.1も参照。

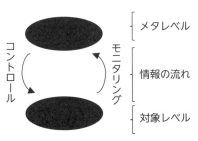

図10.3 メタ認知のモデル
(出所) Nelson & Narens, 1990を基に作成

[*10] 10.2で扱った学習観もメタ認知的知識の1つとして考えられている。

めには，メタ認知的方略が鍵となる。

(3) 外的リソース方略

外的リソース方略は，自分のもつ知識以外に，外的環境[*11]にある資源（道具や他者）を利用する学習方略である。例えば，足し算が上手くできない子どもが指を折りながら足し算をするのは，指という道具の使用であり，外的リソース方略である。また，わからない部分について他者に尋ねる援助要請方略も他者という外的リソースを使用した方略である。

[*11] ここでいう「外的」というのは，いわゆる頭の外（認知以外）を指すと考えるとよいだろう。

2．学習方略の指導

適切な学習方略の指導にあたって，留意する点が3つある。

第1に，適切な学習方略について学習者自身が知る必要があり，また，教師は適切な学習方略とは何かを伝えていく必要がある。これは学習観の形成と同じように，日々の学習の中で学習方略に触れる機会をもつことが重要である。つまり，使用しながら学習方略のよさや使い方を理解できるように定着させていくことが重要である。

第2に，学習方略に対する有効性認知を高めることである。例えば，認知的方略の中でもリハーサル方略は，誰かに教わらなくてもほとんどの学習者が自発的に使用している方略である。その一方で，記憶の定着という側面では，体制化方略や精緻化方略の方がより効果的であることが知られている（6.3参照）。適切な学習方略の使用を動機づけるためには，「この学習方略が有効なんだ」という**有効性認知**を高めることが重要である[*12]。有効性認知を高めるためには，上記のように日々の学習の中で成功体験をもつことである。つまり，「この方略を使って上手くいった」という経験が重要である。また，教師自身が「何に対して有効であるか」ということを明確化して伝えることも重要である。

[*12] 教育心理学の専門家が重要だと考える学習方略を中高生は使用していないことが多い。その理由を検討した研究（吉田・村山, 2013）では，方略の有効性認知がそもそも十分でないということを明らかにしている。

第3に，学習方略に対するコスト感を下げることである。上記のように，有効性認知を高めたとしても，「これがよいっていうのはわかるけど，正直面倒なんだよね」というように，大変だったり時間がかかったりするために方略使用を避けられることがある。特に有効性が示されている方略ほど時間がかかるなど，使用に対する苦労も多い。こうした労力の高さに対する感覚を**コスト感**と呼び，コスト感が高いほど方略の使用が避けられることが知られている。例えば，リハーサル方略と体制化方略や精緻化方略をコスト感で比べると，圧倒的にリハーサル方略はコスト感が低い。そのため，体制化・精緻化方略の有効性を認知していても，コスト感の低いリハーサル方略の使用を優先してしまう。コストそのものの低減は方略の特徴であるため難しいが，コスト感の低減のために，例えば教師が方略使用をサポートする道具（体制化方略用のシートなど）を用意する，最初は1人ではなく複数人で協力して方略を使ってみるなどの工夫ができるだろう。

10.4 子どもの特性と指導の関係

どんなに優れた指導法であったとしても，必ずしもすべての学習者に有効とは限らない。多くの学習者には有効でも，ある学習者には有効でないことがある。こうした効果が分かれる背景には，子どもの特性と指導の相性がある。本節ではこうした相性の心理学的理論，そして子どもの特性と指導をどのように考えるかについて解説しよう。

1. 適性処遇交互作用

適性処遇交互作用とは，学習者の適性によって処遇の効果が異なる関係性のことである。リー・クロンバック*によって提唱された。適性とは，学習者の個人差を示す特性や能力，状態である。例えば，社交性などの性格特性や学習観[*13]などの信念のように安定的で特性的なものもあれば，動機づけや情動状態（ワクワク，イライラなど）といった状況的なものもある。処遇とは指導法（教材・課題）である。これらを基に言い換えると，適性処遇交互作用とは，学習者の特性や能力，状態といった個人差によって指導法の効果が異なる関係性[*14]のことである。

指導法は基本的に，効果があることを想定されて使用されている。しかし，適性処遇交互作用が起きた場合，予想していたほどの効果が生まれない場合や，逆に予想以上の効果が生まれる場合もある。**図 10.4** は，適性処遇交互作用が起きた時の例である。この実践では意味理解志向の学習観によって予習・復習という処遇の効果が異なっている（篠ヶ谷，2008）。この実践研究では予習と復習の効果を検討しているが，予習と復習の効果は意味理解志向の学習観の程度によって異なることを示している（因果テストとは，教科書には明確には記述されていない歴史的な出来事の背景を説明するテストである）。具体的に，意味理解志向が強い学習者は，予習の効果が示されているが，意味理解志向が弱い学習者は，予習の効果は復習と同程度である。言い換えると，意味理解志向が弱ければ予習の効果は十分に見込めないということになる。

適性処遇交互作用の提唱以降，個人の適性を見極め，その適性に即した指導法を選ぶことの重要性が定着した。そのため教師は，学習者がどのような適性（あるいは状態）かをよく読み取っていく必要がある。その一方で，適性に応じた指導だけを行うことは，短期的には効果的であっても，さまざまな指導法（教育経験）に触れる機会が減るという点では長期的には問題ではないか

リー・クロンバック
(Lee J. Cronbach, 1916-2001)。アメリカの心理学者。アメリカ心理学会の会長も務めた。適性処遇交互作用は，会長就任演説で提案し，その後論文化したものである。

[*13] 学習観については 10.2 を参照。

[*14] 「交互作用」とは実験計画法で使われる用語で，ある要因（ここでは処遇）の効果がある要因（ここでは適性）の影響を受けることを意味する。

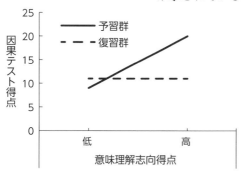

図 10.4 適性処遇交互作用の例
（出所）篠ヶ谷，2008 を基に一部改変

という主張もある。

2. 学びのユニバーサルデザイン

こうしたさまざまな子どもの特性に合わせた授業に向けて，近年では**学びのユニバーサルデザイン**という視点に関心が向けられている。ユニバーサルデザインとは，言語や性別，能力といった個人差を問わずに利用可能なデザインのことである[*15]。元々は建築・設計に関する理念であったが，学ぶこと（学び方）について個人差が障壁とならないように，すべての人が参加できるような学び方を構造化していく枠組みとして考えられている。

学びのユニバーサルデザインは，学習科学[*16]という研究領域をベースとして，3つのデザインの原則を提起している。すなわち，原則Ⅰ：認知的学習として提示方法や理解の方法を支援するための多様な手段の提供，原則Ⅱ：方略的学習として行動と表出の方法を支援するための多様な手段の提供，原則Ⅲ：感情的学習として取り組む気持ちを支援するための多様な手段の提供である。原則Ⅰは「何を学ぶか（what）」に対するデザイン原則，原則Ⅱは「どのように学ぶか（how）」に対するデザイン原則，原則Ⅲは「なぜ学ぶのか（why）」に対するデザイン原則である。この原則と対応したガイドラインも出ているので（**図10.5**），そちらも参照してほしい。

こうした原則やガイドラインは，授業に導入すればすぐに問題が解決される処方箋ではない。しかし，学習者の特性に合わせた多様な手段が認められる空間であることは，すべての人が学べる空間の基本条件になるだろう。

[*15] 類似する理念として「バリアフリー」というものもあるが，こちらは，障害者や高齢者といった特定の人にとっての障壁（バリア）を取り除こうとする考え方や活動である。つまり，ユニバーサルデザインとは対象者の捉え方が異なる。

[*16] 学習科学については8.3を参照。

	取り組みのための多様な方法の提供	提示（理解）のための多様な方法の提供	行動と表出のための多様な方法の提供
アクセスする	興味を持つためのオプションの提供 7.1 個々人の選択や自主自律性を最適にする 7.2 自分との関連性・価値・真実味を最適にする 7.3 不安要素や集中の妨げを最小限にする	知覚するためのオプションの提供 1.1 情報の表し方をカスタマイズする方法の提供 1.2 聴覚的に提示される情報に対する代替方法の提供 1.3 視覚的に提示される情報に対する代替方法の提供	身体動作のためのオプションの提供 4.1 応答様式や学習を進め方の変更 4.2 教具や支援テクノロジーへのアクセスを最適にする
積み上げる	努力やがんばりを続けるためのオプションの提供 8.1 目標や目的を目立たせる 8.2 チャレンジのレベルが最適となるように課題レベルやリソースを変える 8.3 協働と仲間集団を育む 8.4 習熟を助けるフィードバックの増大	言語，数式，記号のためのオプションの提供 2.1 語彙や記号のわかりやすい説明 2.2 構文や構造のわかりやすい説明 2.3 文や数式や記号の読み下し方のサポート 2.4 別の言語でも理解を促す 2.5 さまざまなメディアを使って図解する	表出やコミュニケーションのためのオプションの提供 5.1 コミュニケーションに多様な媒体を使う 5.2 制作や作文に多様なツールを使う 5.3 練習や実践での支援のレベルを段階的に調節して流暢性を伸ばす
自分のものにする	自己調整のためのオプションの提供 9.1 モチベーションを高める期待や信念を持てるように促す 9.2 対処のスキルや方略を促す 9.3 自己評価と内省を伸ばす	理解のためのオプションの提供 3.1 背景となる知識の提供や活性化 3.2 パターン，重要事項，全体像，関係を目立たせる 3.3 情報処理，視覚化，操作の過程をガイドする 3.4 学習の転移と般化を最大限にする	実行機能のためのオプションの提供 6.1 適切な目標を設定できるようにガイドする 6.2 プランニングと方略向上の支援 6.3 情報やリソースのマネジメントを促す 6.4 進捗をモニターする力を高める
ゴール	目的を持ち，やる気のある学習者	学習リソースが豊富で，知識を活用できる学習者	方略的で，目的に向けて学べる学習者

図10.5 学びのユニバーサルデザインのガイドライン
（出所）CAST，2018を基に作成

10.5 各教科以外の指導

学校で行われる学習指導は教科の指導だけではない。例えば，道徳や特別活動，総合的な学習の時間がある。総合的な学習の時間については 9.4（探究型の学習）に任せて，本節では道徳と特別活動の学習に関する心理学的な知見を紹介しよう。

1. 特別の教科　道徳

学習指導要領の改訂を経て，小学校では 2018 年度，中学校では 2019 年度から「特別の教科　道徳」（以下，道徳科）として教科化された[*17]。道徳科の目標は道徳性を養うことにあるが，道徳性そのものがどういうものであるかという明確な視点や学術的根拠が十分ではなく[*18]，それゆえに，学習指導要領で定められる内容項目（徳目）を「学ぶべき道徳性」と安易に捉えてよいのかという批判もある（詳しくは，渡辺 (2018) を参照）。教師として，道徳性や道徳的価値とは何かということそのものを自問自答する姿勢も必要になるだろう。

この改訂では，「**考え，議論する道徳**」が 1 つのキーワードになっている。道徳の授業では，「読み物資料」を題材とした話し合い活動が一般的である。資料のストーリーを基に，扱われる道徳的価値や判断について学習者同士が考えたことや感じたことを話し合う。この話し合いによって，資料がもつ望ましい価値観だけでなく，他者がもつ多様な価値観にも触れられる。

道徳の授業で学習者はどのように学んでいるのだろうか。道徳の授業における学習過程について検討した研究では (三輪, 2012)，読み物資料がもつ望ましい価値観を解釈するには，読み物資料の構造と自身の経験の構造的類似性[*19]を読み解く**類推**（アナロジー）[*20]が重要であると述べ，類似性の読み取りを支援するためにアナロジー例を提示することが有効だと示している。また，話し合い場面では，類推の 1 つである「たとえ」を軸にして解釈を深めていた。例えば**表 10.2** では，ユウヤの発言を受けて，ヒロシが「見習いとシェフ」の関係を「準備体操とマラソン」の類推で捉えている。他者の考えに自分の考えを照らし合わせながら解釈を広げている。

また，自身の考えを語る際の主体の「ポジショニング」に着目した分析もある（司城ら, 2012）。ポジショニングとは，語りの中の自身の位置取りであり，自分（たち）の問題として語る「一人称モード」，一般的な問題として語る「三人称モード」，読み物資料と自分を関連づけた「中間的モード」の 3 つの語り方があるとしている（例えば, Davis & Harre, 1990）。そして話し合い場面では，この 3 つのモードを行き来しながら，そして「中間的

[*17] 高等学校では道徳は教育課程に含まれていない。そのため公立校では茨城県，埼玉県，千葉県のみが実施している。

[*18] 5.5 では，道徳性や道徳的判断の発達過程が解説されているが，各理論も特定の視点に立った理論であり，望ましい「道徳性」や「道徳的判断」を総括できるようなものではない。

[*19] 例えば「コックさんの見習いが料理の下準備だけの日々」という物語文に対し，「剣道を習っているが，素振りばかりの日々があるから今は上手」という自身の経験との類推によって「やりたいことができていないが自己実現のために頑張っている」という趣旨を解釈している。

[*20] 類推については 8.4 を参照。

表 10.2 類推による解釈の深化

発話者	発話内容
ユウヤ	決して諦めない心と、そこの苦しみを次の経験に活かしてシェフになって、それでその苦しみとかを、それで諦めない心使って、で、それでずっとシェフになり続けることを学ぶ。（教師が発言を確認）そのーそこで、すんごいきついことやったら、あとで、その苦しみに負けないくらいの強い心をもって、ずっと諦めないようになる。（中略）
ヒロシ	んーとまぁ、このイタリアンのシェフとかをまぁ、**僕はマラソン…とかそういうのに喩えて。見習いの時は準備体操で。そこでちゃんと体を解したり、そういうところで経験をつけて**。で、シェフになったらそういう地点に立って、そっから頑張って、とかしてるんじゃないかなと思った。
教師	準備体操してなきゃダメなの？　いきなりマラソンしちゃだめ？
ヒロシ	いきなりマラソンしても…（中略）んーまぁ、<u>さっきもユウヤくんが言ったように、決して諦めないとか苦しみを次に活かすとかも準備体操で、そこの見習いでできるかもしれないから、そうやっていきなりやっても何が何だかわからなくなったりしちゃうから</u>。

（出所）三輪, 2012 を基に一部省略。太字と下線は筆者による

モード」において、読み物資料と自身の経験を照らし合わせていた[*21]。

道徳の授業において教師は、学習者がどのような価値観や考えを示すかということだけでなく、どのような語り方で価値観や考えを語るか、そしてどのように他者のもつ考えに触れ、考えを照らし合わせているかというところを読み取りながら、照らし合わせをサポートすることが重要である。

[*21] 関連して教室談話についての 9.5 も参照。

2．特別活動

学習者の立場からだと、特別活動という言葉はあまり聞き慣れないかもしれない。しかし、例えば学級活動や、クラブ活動（小学校）、生徒会活動、学校行事などは特別活動である。特別活動は学級などの集団活動を中心としている。集団活動の中で、集団の一員としての自覚、協力する姿勢や協働的な実践力などを養うことを目的としている。

ここでは、学校行事に着目しよう。学校行事は、**儀式的行事**（入学式、卒業式など）、**文化的行事**（文化祭、学習発表会など）、**体育的行事**（運動会など）の 3 つに大別される。集団活動という視点でいえば、文化的行事や体育的行事は学校行事の中心的な活動といえる。

大学生に中学・高校の時の学校行事について振り返ることを求めた研究（河本, 2014）では、学校行事の経験を通して、他者に対する肯定的感情や問題解決への積極性などを学ぶ場としての意義を感じている一方で、集団活動に対する消耗感も抱いていることが示された。集団活動による消耗感について教師がどのようにサポートするかが重要である[*22]。

[*22] 学級集団については第 11 章を参照。

文化祭における教師のサポートについて検討した研究（樽木・石隈, 2006）では、小集団での活動の中で生まれる問題（葛藤）について、教師が解決に向けた援助をしていることが、その小集団の発展、それによって他者理解や自主性、協力姿勢が促されることが示された。これらのことから、学習者自身の自律的な集団活動を保障することが重要であるが、その一方で、放任するのではなく、必要な点でサポートできるように、活動の様子を捉えることが教師にとって重要であるといえる。　　　［児玉佳一］

【発展問題】
・メタ認知能力を高めるためには，どのような学習経験の促進や指導が重要になるでしょうか。考えてみましょう。
・学びのユニバーサルデザインのガイドラインを参考に，自分の教科を基に学習指導案を作成したり，模擬授業をしたりしてみましょう。

【推薦文献】
・石井順治『教師の話し方・聴き方—ことばが届く，つながりが生まれる』ぎょうせい，2010年
　　長年にわたる教師としての実践を基に，教師の話し方・聴き方とは何かを伝える1冊である。教師や特定の子どもだけが話し続ける授業ではなく，お互いに聴きあう実践とは何かを私たちに語りかける。続編も出版されている。

・姫野完治・生田孝至（編）『教師のわざを科学する』一莖書房，2019年
　　教師の実践の中に埋め込まれた"わざ"を扱った1冊である。名人芸とも呼ぶべき教師の"わざ"を，どのように見える形で見出し，伝え残していくかについての教師学研究者の挑戦記録ともいえるだろう。

コラム　教師はどのように学ぶのか

　本書における「学習」の対象者は，基本的に児童・生徒・学生を念頭に置いています。その一方で，教師自身も学び手となって，教師としての力量を伸ばしていく必要があります。文部科学省も「学び続ける教員像」の重要性を指摘しており（文部科学省，2012），教師自身が教師となった後も学んでいくことは大事な観点です。

　授業における教師の知識は，実践知（第7章コラム参照）が重要だと述べました。では，この実践知はどのようにすれば身についていくのでしょうか。

　実践知の獲得は，「経験」と「省察」がキーワードになります。経験については，実践現場でさまざまな経験を重ねることです。経験を積むためには教育実習（や模擬授業）以外にも，ボランティアやインターンシップもあります。1回たりとも同じ出来事は起きないのが学校で，さまざまな経験を積み重ねることが実践知の基礎となります。

　そして，この経験から学んでいくためには，経験を振り返ること（省察）が重要です。フレッド・コルトハーヘン（Fred A. J. Korthagen）は，省察に基づく学習の理想的なプロセスとしてALACTモデルを示しました（図）。実践上での自身の行為（1）を振り返り（2），その省察から経験の本質的な部分に気づき（3），今後の選択肢を増やして（4），次の実践を試みる（5）というサイクルのモデルです。経験しただけにするのではなく，その経験から学ぶためには，経験したことをじっくりと捉え直す省察が重要になります。

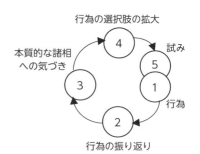

図　ALACTモデル
(出所) Korthagen & Wubbels, 2001
武田監訳2010を基に作成

　そして，省察は1人で行うのは大変なこともあります。なので例えば，友人や同僚と一緒に省察することもよいでしょう。自分の経験を他者に語ることで，自分の考えや気になることが精錬されますし，他者からのコメントは自分では気づかなかった視点の発見につながります。このような，学び合うコミュニティが生まれることが，教師として学んでいくうえで重要になります。

[児玉佳一]

学級集団づくり

> ▶キーワード
> 集団，公式集団，非公式集団，内集団，外集団，準拠集団，成員性集団，多数者集団，少数者集団，同調・斉一化圧力，集団凝集性，リーダーシップ，学級集団の発達，集団間葛藤，個別化

　学校の教育活動は，多くの場面で学級（クラス）を単位として行われている。したがって，学校では学級集団に関する理解や指導方法についての知識がなければ教育活動を展開することができない。11.1 ではそもそも集団とは何かについて，11.2 や 11.3 では学級集団の機能やメリット・デメリットについて，11.4 ではこれからの学級集団のあり方について述べる。学級集団は，個人の知的発達や人格形成にとってプラスにはたらく面もあるが，他方で，いじめや差別，不登校のようなマイナスの現象（リスク）をもたらすこともある。この章では，それらを踏まえて教師がどのような集団づくりをしていけばよいのかを考えてみたい。

11.1 集団とは

今日の学校教育は，基本的には，教室（学級）という空間において，学級集団を単位として授業や行事などの教育活動が行われている。したがって，教師は集団の性質を理解することなしに教育活動を展開することはできないといってよい。本節では，そもそも集団とは何かを考えてみたい。

1. 集団とは何か

私たちは生まれてから死ぬまで，絶えずさまざまな人々の中で生活し続ける。その中で，互いに言葉や物のやり取りをしながら心理的な影響や何らかの利益を与え合う積極的な関係をもつ人々の集合を**集団**，または社会集団と呼ぶ。また，そうしたやり取りの仕方が共通する人々とそれが異なる外側の人々との境界が存在する。家族，地域や学校やサークルの仲間，企業やNGO・NPO[*1]，自治体や国家から国連などの国際機構に至るまで，多種多様な集団に所属しながら，人間は発達・生活していく。なお，信号待ちやフードコート，コンサートホールなどの空間でたまたま接近しているだけの人々は群衆や観衆として，集団とは区別される。

*1 NGO は Non-Governmental Organization の略で「非政府組織」である。NPO は Not-for-Profit Organization の略で「非営利組織」である。

2. 集団のタイプ

集団のタイプには次のような分類の仕方がある。

(1) 公式集団と非公式集団

組織のルールや慣行によって作られる集団を**公式集団**（フォーマル・グループ）といい，成員間の心理的な関係に基づいて成立している集団を**非公式集団**（インフォーマル・グループ）という。例えば「1年1組」のように学校のルールによって組織されるのが公式集団だが，その中にも友達同士などの関係の密接な小グループ（非公式集団）がいくつも存在する。

(2) 内集団と外集団

成員（メンバー）が「私たち」という意識をもち合う集団を**内集団**，または，われわれ集団という。その成員が「あの人たち」と呼ぶような集団を**外集団**，または，彼ら集団ともいう。友達同士は「ウチら」などという言葉を使って親密さを強め，「アイツら」と称する外部との違いを際立たせることがある。

(3) 準拠集団と成員性集団

個人が実際に所属している集団を**成員性集団**といい，所属の有無に関わりなく心理的に自分を関係づけ，態度や判断の拠り所としている集団を**準拠集団**という。例えば，成員性集団として3年B組に所属している生徒も，

サッカー部に強い愛着があれば，クラスでも準拠集団である部活の習慣で行動しがちになることがある。

(4) 多数者集団と少数者集団

ある集団の中で何らかの特徴や意見が多数派の集団を**多数者（マジョリティー）集団**といい，少数派の集団の方を**少数者（マイノリティー）集団**という。単に人数の多少だけでなく，その集団の中での影響力の強さの違いが意識されていることもある。例えば，校則に従う者が多いクラスでも，それに反抗する少数者の言動が影響力をもつような場合は，後者が「マジョリティー（多数派）」となることもある。

3．集団の成員への影響力

集団は，そこに所属する成員に社会的アイデンティティをもたらす。

自分が所属する集団は内集団となり，同じ成員を好意的に評価する傾向がある[*2]。また，その集団の成員であることに魅力を感じ，そこにふさわしい言動と態度を取ろうとする動機づけを高める（**集団凝集性**）。

成員の態度を1つに揃えようとする集団のはたらきを**斉一性圧力**（斉一化）という。また，個人の判断や行動が所属集団の判断や行動と同一あるいは類似の方向に変容する現象を**同調**という。こうした斉一化や同調の圧力を認識しなかったり，それに反発したりする成員は，その集団の成員から攻撃・排除・無視されるなどの制裁を受けることがしばしばある。これを**社会的排斥**と呼び，いじめ・仲間はずれの要因になることもある。

[*2] 例えば，スポーツの国際試合では，内集団に対するひいきが生じないように，試合をする国とは異なる国から審判が選出されることが多い。

4．集団のリーダーシップ

集団にとってのよいリーダーの条件は何だろうか。**リーダーシップ**の機能は大きく分けると，その集団の目標達成を促進するようにはたらきかける**目標達成機能**と，集団の成員がまとまるようにはたらきかける**集団維持機能**の2つに分類される。前者は**P（Performance）機能**，後者は**M（Maintenance）機能**とも呼ばれ，この2つの要素を組み合わせるPM理論がよく知られている。

リーダーのP機能の高（P）・低（p），M機能の高（M）・低（m）の組み合わせによって4つのタイプのリーダーシップが考えられる（図11.1）。一般に，目標・達成と人間関係の双方を重視するPM型リーダーはメンバーの満足度が高く，高い成果を上げるといわれている。しかし，短期間に成果を上げるべき企業プロジェクトではPが優先されるし，趣味のグループではMが優先されるといったように，集団の目標や性格によって「よい」リーダーの要素は異なってくる。

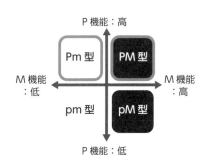

図11.1　リーダーシップの機能の分類

11.2 学級集団の特徴

11.1 でみた社会集団の特徴を踏まえて，学校教育における学級（クラス）という学習集団の特徴や機能を考えてみよう。

1. 学級集団の特徴

学級は学校の教育活動の最も基本的な単位であり，児童・生徒一人ひとりにとっては学校生活の多くの時間を過ごす場である。その特徴については他の社会集団と比較して次のような整理がなされている（蘭・古城，1996）。

まず，集団構成メンバーの特徴がある。学級は教師という大人（主に1人）と，児童・生徒という子ども（主に数十人）によって構成される[*3]。教師は児童・生徒に対する指導・管理責任が公的に定められている。

次に，目標の違いがある。学級は，児童・生徒の人格形成と知的発達を促すという学習集団としての目標を達成するための機能をもっている。学級集団の目標は，児童・生徒一人ひとりが成長することにあり，その方法として教師の指導による共通の課業（授業や行事）がある。

さらに，集団の継続時間の違いが挙げられる。学級集団は，同学年に複数の学級がある学校では，1～2年ごとに再編成される。他の社会集団は一部の成員の交替を伴いながらも固定した集団として継続することが多い。

2. 学級集団の機能

上で述べたように，学級集団には児童・生徒の知的発達と人格形成の2つの目標があるが，これに対応して，児童・生徒の人格形成や教授・学習を行う過程と，児童・生徒たちを学級集団に組織していく集団過程がある（菊地・藤田，1991）。これらは相互に影響を与え合っており，学級の集団化が教授・学習過程に有益にはたらく側面と，教授・学習過程の中で学級の集団化が促進される側面の両面が存在する（蘭・古城，1996）。

この過程を 11.1 で見たリーダーシップの PM 理論の観点で考えてみよう。学級集団のリーダーである教師は，学習指導と人格形成の2つの教育目標を追求する P（目標達成）機能と，児童・生徒間の良好で親密な関係を作る M（集団維持）機能という2つの側面を担うことになる。この双方を統合して追究する PM 型リーダーは，児童・生徒の学習意欲や授業の満足度，学級の連帯感を高めることが知られている（三隅・矢守，1989）。

学校・学級という学習集団の特質は，塾や受験予備校と比較するとわかりやすい。学校・学級が知的発達と人格形成という2つの目標を統合し

[*3] 子どもの人数によっては，2つ以上の学年を1つにまとめた学級である**複式学級**の形式を取る場合もある。

て追究する集団であるのに対し，塾や予備校は個々人の試験成績の向上が主たる目標である。学校教育では塾や予備校が目標としない集団過程の重要性に注意を向ける必要がある。

3. 学級集団の多重的な構造

学校・学級は教育制度に基づいて教師と児童・生徒によって構成される公式集団である。また，学級内には学習・生活上の必要に応じて係や班などの下位集団が組織され，教師の指導の下，自治的活動を通じて自立する力を育んでいく。他方で学級の中には，価値観・趣味の類似性や魅力等に基づく親和的関係の友人・仲間グループ（非公式集団）が自然発生的に形成されていく。「イツメン」や「LINEグループ」といわれるものもその例である。また，いじめグループや非行グループが形成されることもある。

例えば，合唱コンクールのような公式の活動が仲間集団や男・女集団の対立によって阻害されたり，逆に私的なグループ間の対立が公式グループでの活動を通して解消されたりするように，公式集団と非公式集団の間の影響の仕方を把握することは学級指導にとって重要である。

4. 学級集団の発達過程

学級集団は1年を通じた発達過程がある（蘭・古城，1996）。
①**学級導入期**（教師主導期）：学級が結成される新学期は，新しく出会った教師や仲間に慣れることが課題である。担任は，自分の期待や思いを児童・生徒に伝え，一人ひとりとの関係を作りながらリーダーの発掘を行う。
②**学級形成期**（教師主導潜在期）：教師の主導のもと，児童・生徒と一緒に学級目標，生活ルール，学習規律，班・係といった役割を決定して学級集団づくりを行っていく[*4]。その過程のさまざまな場面で，教師は個々の子どもとの信頼，子ども同士の信頼関係を深めるような活動を推進していく。
③**学級安定期・変革期**（児童・生徒主導への移行期）：児童・生徒集団が自発的・積極的に学習や生活の活動を展開し，自立化できるように主導権を譲り渡していく。リーダーを中心に個人や学級内の生活・学習の課題を協力して解決する経験を重ねながら，個々の児童・生徒の価値観や学級集団としての規範を問い直し，構築し直すことで学級集団の自立化が進む。
④**学級定着期**（児童・生徒主導＋教師相談役）：最終段階では，学年末の学級解散に向けて児童・生徒の一人ひとりの自立が課題となる。児童・生徒が学級集団を支えにして教師から独立していくとともに，自分にとっての学級の存在意義を評価できるように指導・援助していく。

以上のような学級集団の発達過程モデルは，学級集団の発達が児童・生徒の主体性の発達を促し，教師からも独立させていくような指導・援助のあり方の重要性を提起している。

*4 この時期は，授業における**ルーティン**が導入される時期でもある。ルーティンとは，決まりきった一連の動作であり，授業の文脈では，例えば，授業の最初に（先生に言われなくても）ノートに日付を書くとか，配布物は教室の一番前の席の人が配ることにするなどである。ルーティンは授業のマンネリ化につながるという懸念もあるが，ある程度決まりとしてパターン化することで，他の活動や思考に集中できるメリットもある。

11.3 学級集団のメリットとデメリット

1. 学級集団のメリット

11.2でみたように，学級は児童・生徒の一人ひとりの成長の場であり，その健全な発達は児童・生徒の知的・人格的発達にとって重要な条件である。ここでは，学級という学習集団のメリットを整理してみたい（**表11.1**）。

(1) 社会性の獲得

日本のほとんどの学校においては，1年（あるいは2年）ごとに異なる学級に再編成されることになるので，小学校から高校までの12年間では最大12の学級集団を経験することになる。この過程において，個々の児童・生徒は，毎年のように異なるタイプの教師（クラス担任や教科担当）や，多数の多様な児童・生徒と出会い，1日の約3分の1もの時間を学校で共に過ごすことになる。そこには価値観や趣味が合う人もいれば合わない人もいて，自身の価値観や言動が強化されて自信をもったり，逆に否定されて修正したりすることになる場合もある。発達途上にある子どもたちにとって，そこは社会性（社会の中での適切な振る舞い方）を獲得する重要な場となる[*5]。

*5 社会性の発達や仲間集団に関しては，第5章を参照。

(2) 準拠集団としての意義

学級というのは自分の希望や意思とは関わりなく，制度的強制性をもつ成員性集団である。しかし，集団の発達過程の中で教師や級友と良好な関係を築くことができれば，それは「態度や判断の拠り所」となる準拠集団ともなりうる場である。特に，親や家族の価値観や規範からの自立を試みる思春期・青年期においては，新たな準拠集団と出会う意味は大きい。小学校高学年以降，男子・女子ともに親密な人間関係を家庭の外側に作り，そこを準拠集団としながら，子どもたちは親からの自立を図ろうとする。

(3) ロール・モデルとの出会い

価値観や性格，言動において自分にない魅力をもつ同級生と出会うと，ある種の憧れの気持ちが生まれることがある。「あの人みたいにカッコよく行動できたら」と，お手本にしたい対象を**ロール・モデル**という。多様な成員が生活する学級集団は，身近な同世代の中に，具体的で魅力的な存在を見出しながら，自分の価値観や社会性を発達させていくことができる場でもある。もちろん，教師自身も最も身近な大人として，児童・生徒の良きロール・モデルとなるよう留意する必要がある[*6]。

学級集団のこのようなメリットが活きるような工夫が，教師に求められているといえるだろう。

*6 ロール・モデルからの学びは「尊敬」という感情が鍵となる。尊敬という感情経験を契機にして，優れた他者をロール・モデルとするように駆り立てられる過程は「自己ピグマリオン過程」と呼ばれて検討されている（武藤, 2018）。ピグマリオンとはギリシャ神話におけるキプロスの王の名前である。

2. 学級集団のデメリット

以上のように，学級は，児童・生徒の発達にとってさまざまなメリットをもたらす，学校における重要な学習集団であるが，その一方で発達を阻害するデメリットも潜んでいることに注意を向ける必要がある（表11.1）。

(1) 同調圧力・斉一化圧力と排除

学級は固定的・持続的な集団であるため，多数派集団の意見や行動に合わせようとする同調圧力がはたらき，結果として全体を1つの態度や行動様式に揃えようとする斉一性圧力がはたらく可能性がある。とりわけ，一斉授業や集団活動を多用する日本においてはその傾向が強い。このような斉一化や同調の圧力は，授業や行事・校外学習での集団的行動などを効率的に実施するうえで，一定の有効性をもつといえよう。

表11.1　学級集団がもつメリットとデメリット

メリット
・社会性の獲得や発達の場としての機能
・準拠集団との出会いによる自立の促進
・ロール・モデルからの学習

デメリット
・集団への同調や斉一性圧力による排斥や学級不適応の可能性
・集団間葛藤による外集団への否定的見方や偏見，差別的行動（いじめ）

しかし，近年の学校教育のような時間的余裕のない画一的スケジュールにしたがって，多数の学習・生活指導上の目標・課題を，全員が同程度に達成することを追求していくと，設定されたペースや難易度に合わせることができない児童・生徒が増加する。また，斉一化圧力への違和感や反発を示す児童・生徒も出てくる。そうした児童・生徒は，教師が「問題児」と見なして排除的に扱いがちである[*7]。児童・生徒は教師が示すこのような言動を一種のモデルとして学習し，自分たちのいじめ・仲間はずしを正当化することもありうる。学級集団を指導する教師はこうした危険性に注意が必要である。

(2) 集団間葛藤

児童・生徒が何らかの集団に所属する場合，外集団よりも内集団に対して，より肯定的な認知・感情・行動が形成される傾向がある（内集団ひいき，内集団バイアスという）。それは自分の所属集団を肯定することが自己肯定感を高めることにつながるからである。それにより，外集団に対して型にはめた否定的な見方（ステレオタイプ），偏見，差別的行動が形成され，**集団間葛藤**が生じる危険性がある。学級においては，さまざまな小集団（班，係，委員会のような公式集団も，友達関係のような非公式集団も）が構成される。集団活動が展開していくと，それぞれの集団の内部では相互依存性・凝集性が高まっていくが，それは外集団においても同様に生じるため，対立の原因となる。

例えば，班単位で順位を競わせながら生活・学習規律や習得度を向上させるような手法は，ゲーム的な感覚で採用されることがある。しかし，外集団との葛藤を激化させたり，内集団の同調と排除を生じさせたりする危険性があるため，慎重に考えるべきであろう[*8]。

[*7] 圧力や排除を受けた児童・生徒は，**学級適応感**が低くなり，様々な精神的な健康度が低下することもある。また，不登校（保健室登校）になるケースもある。不登校などの心の不調から来る諸問題は，当人の「心の弱さ」に原因を求めるのではなく，集団やその環境の問題であることを十分に考慮しなければならない。

[*8] 近年では，集団間の「地位」的な階層構造の関係である**スクールカースト**にも関心が集まっている。スクールカーストでは，「地位」の変動可能性が小さく，地位が上位の集団（「1軍」や「陽キャ」など）が下位の集団（「3軍」や「陰キャ」など）を見下したり攻撃的な行動を取ったりすることも報告されている（鈴木，2012）。また，「地位」が下位の集団に属する生徒は学校適応感が低いことも示されている（水野・太田，2017）。

11.4 これからの学級集団づくりの意義とあり方

ここまで述べてきた，集団一般および学級という学習集団の性質・機能を踏まえたうえで，これからの学級集団のあり方を考えてみよう。

1．学習の集団性の否定と個別化の中で

近年の日本社会では，グローバル化や価値観の多様化の進行に伴って，学校（特に公立）には，多様な児童・生徒が所属するようになっている。1つの学級においても多様な国籍・民族性・障がい・ジェンダー・経済事情をもつ児童・生徒たちがともに学ぶことが当たり前の状況となりつつある[*9, *10]。集団の多様性は，知的・人格的成長の途上にある児童・生徒たちにとっては，多様な参照モデルが共存する豊かな環境条件といえるであろう。

しかし，多くの学校現場ではそうした多様性に対応しきれない状況の中で，さまざまな葛藤や差別を生み，暴力，いじめ，不登校といったネガティブな現象を生じさせてしまっている。その背景として，大きいレベルでは教育政策，教育制度，学歴社会などの構造があり，また，日本の集団主義的な傾向をもつ文化・価値観の問題があると考えられる。そうした背景が，具体的な学級集団の中の教育活動にさまざまな歪みをもたらしている。

朝倉充彦（2010）が指摘するように，日本の戦後教育の中で重視されてきた学級集団づくり[*11]は，1970年代以降の「**個性化**」の重視傾向が強まる中で，個人差（多様なニーズ）に対応できない非効率性，個性の軽視・無視，画一性・硬直性，いじめ等をもたらすストレスの温床として批判されるようになる。加えて，近年は情報通信技術（ICT）[*12]の普及を背景として，官民あげて学習の個別化が急速に進行している現実がある。こうした個別化の進行は，多様な児童・生徒のニーズに応じた学習プログラムの形成，不登校・障がい等により学校から排除された子どもたちの学習にとってはメリットがあるといえるだろう。

しかし，この学習の個別化を極限まで突き詰めると，11.2で触れた「知的発達と人格形成という2つの目標を統合して追究する」学習集団の存在意義が失われる。わざわざ毎日学校に通う必要性は薄れ，各自がタブレットやPCを持ち，デジタル教材を使って自宅や塾で学習すればよいし，部活動のような集団活動は地域のNPOや企業が担えばよいという考え方も成り立つ。しかし，それでよいのだろうか。

2．学級集団の質的転換へのヒント

たしかに，教育目標の達成を効率化するために集団への同調圧力と排除

*9　例えば，2019年度に小学校・中学校・高等学校（義務教育学校・中等教育学校・特別支援学校も含む）に在籍している外国籍の児童・生徒数は，108,601人となっている（文部科学省，2019）。

*10　障害に関しては，第13章を，ジェンダーに関しては4.2も参照。

*11　「学級集団づくり」は教師が子どもたちの必要と要求に基づいて自主的・自治的な学級活動をすすめ，子ども一人ひとりを民主的な権利主体，自治主体に高め，人格的自立をはげましていくことを理念とする教育活動であった（全生研常任委員会，1990：47-49）。

*12　ICTとは，Information and Communication Technologyの略。

が生じるあり方は，個々の児童・生徒の発達にとって有害にはたらくこともある。しかし，その解決のための方法が集団性を排除した個別化の徹底ということになるのか，という点について改めて考えてみたい。

先に述べたように，現代のグローバル化と多様化がもたらす学級では，国籍や民族，心身の条件，ジェンダー，学習の到達度やニーズが異なる成員集団間には，さまざまな葛藤や対立が生じる危険性がある。しかし，この状況は観点を変えれば，ぶつかりあう行動の背景にあるそれぞれのニーズ（要求）を明らかにし，共有し，調整や練り合わせを経て新しい価値や認識を創り出すチャンスとみることができるのではないだろうか。

一例として，学級での集団間葛藤を模式的に描いた教材アニメーション「Happyになる5つの方法」という作品を見てみよう[*13]。本作では小学校のホームルームで学習発表会の出し物の劇を「みにくいあひるの子」にするか「浦島太郎」にするかで投票して同数となり，双方の支持者が対立するが，一人ひとりの意見を聴いていく中で，**一人勝ち**（ジャンケンなどでどちらか1つにだけ決定），**撤退**（劇自体をやめる），**妥協**（時間を半分にして両方やる）といった意見が出され，最後に新しい劇を皆で創作するという**超越（紛争転換）**の案が出されて皆が意欲的に取り組み始める展開となる（図11.2）。ここでは，集団間葛藤の当事者にはそれぞれの思いやニーズの違いがあり，それが集団成員に共有されること，解決方法が1つではなく複数ありうること，建設的な解決方法の1つとして両者のニーズを練り合わせた超越という決着点があること，また，その超越に至るには，クラスの一人ひとりが安心して自分の考えを表明できる学級集団づくりが前提に存在する，といった点が重要であることに気づかされる。現実の葛藤はもっと複雑な要素が絡むが，基本的な考え方はここに示されているといえよう。

学級集団の中で学ぶ多様で異質な成員が，誰かを排除・攻撃することによって団結するのではなく，個々の集団や一人ひとりの安心・安全・尊厳が守られながらやり取りし，知的発達と人格形成の権利・要求を実現する過程に参加できるような視点がこれからの学級集団づくりには求められているのではないだろうか。そして，そのような学級集団づくりの視点は，さまざまな行事の取り組みだけでなく，教科の授業の内容や方法を見直すうえでも示唆に富むものといえるだろう。

［杉田明宏］

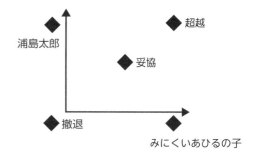

図11.2　学習発表会上演作品の5つの決着点

*13　平和学者ヨハン・**ガルトゥング**（Johan Galtung）の提唱した紛争解決法である「トランセンド法」を学ぶための教材である。以下のQRコードは紹介サイトのリンクであり，「Happyになる5つの方法」の予告編動画もあるので，以下を読み進める前に動画を見てみるとストーリーの概要がつかめるだろう。

「Happyになる5つの方法」
（2020.3.10 最終閲覧）

【発展問題】
・自分のこれまでの学校経験の中で，学級集団がプラスにはたらいた（楽しかった，充実感があった）経験とマイナスにはたらいた（苦しかった，いやだった）経験を書き出して，どうしてそう感じていたのか，何が原因だったのかを考えて周囲の人と話し合ってみましょう。
・自分が今後教師となった時，学級集団のもつリスクを減らし，メリットを活かすためには，どのような点に気をつける必要があるでしょうか。考えて話し合ってみましょう。
・障がいの有無，国籍・言語の違い，多様な性（ジェンダー）がある中で，差別や偏見を乗り越えて，誰も排除しない学級集団を作っていくには，どのような工夫やアイディアがあるでしょうか。考えて話し合ってみましょう。

【推薦文献】
・内田良『教育という病──子どもと先生を苦しめる「教育リスク」』光文社，2015年
　教育社会学の視点から，巨大化する「組体操」が年に数千件の負傷・死亡事故を出しながらも中止されない背景に，学級集団の一体感・達成感の醸成といったメリットが学校で主張されていることが指摘されており，教育活動が陥りがちなリスクを考えさせる。

・上瀬由美子『ステレオタイプの社会心理学──偏見の解消に向けて』サイエンス社，2002年
　社会心理学の視点から偏見・差別による集団間葛藤が起こる原因を，ステレオタイプ（固定化されたイメージ）研究の視点から解説している。それを解消するためのさまざまな試みも紹介されていて学級集団づくりにとっての示唆に富む。

第12章 学習に対する評価

> ▶キーワード
>
> 学習評価の目的，教育測定運動，ソーンダイク，知能検査，ビネー，精神年齢，知能指数，ウェクスラー，相対評価，絶対評価，個人内評価，他者評価，自己評価，相互評価，ブルーム，診断的評価，形成的評価，総括的評価，真正な評価，パフォーマンス評価，ポートフォリオ，ルーブリック，規準，基準，信頼性，妥当性，平均値，標準偏差，偏差値

　評価活動は，学習者の成績判定だけでなく，指導改善や学習の方向性確認といったさまざまな機能をもつ。本章では学習に対する評価活動について紹介する。12.1 では学習評価の目的やその歴史，12.2 では評価方法の分類，12.3 では評価活動を一授業の流れに即して解説する。12.4 では，近年に注目されている新しい評価方法を，12.5 ではテスト作成に関わる知識を解説する。教師になった時，指導や学習に有意義な評価活動を展開できるように内容を理解してほしい。

12.1 学習評価とは

学校では，学習者がどのくらい授業内容について習得・理解できたかを確認するためにテストなどを利用した**評価**を行う。本節では，そもそもなぜ評価という活動が必要なのか（その目的は何なのか），そして学習評価[*1]がどのような歴史の中で定められたかについて紹介しよう。

[*1] 文部科学省では「学習評価」という表記が主に用いられているが，教育学の研究領域では「教育評価」という表記が用いられている。両者の違いには，複雑な歴史的経緯があるがここでは省略する。なお，本書では「学習評価」も「教育評価」も概ね同じ意味合いとして捉えることにする。

1. 学習評価の目的

学習評価の目的は，大きく4つに分けられる（西岡，2015）。

第1の目的は，学習者の実態を知り授業へ活用するなどの，**指導の計画や向上のため**である。教師がどんなに頑張って授業をしたとしても，学習者たちの学習につながらなければ意味がない。学習者が授業中，あるいは授業後にどのくらい学習内容を理解できたかを知り[*2]，その情報を基に次の授業の計画や指導法などの改善に活かすために評価が行われる。

[*2] 授業中や授業後以外にも，授業前に「今この子はどういう知識をもっているか」を知ることも重要である。詳しくは12.3を参照。

第2の目的は，評価情報のフィードバックを通して学習を促すなどの，**指導方法として**である。例えば，返却されたテストにはどの問題を間違えたかなどの情報が含まれる。学習者がその情報を基に「この部分がまだ理解できていなかった，もう一度復習しよう」となるように，学習改善のための方向性の確認や動機づけの向上を促すために活用できる。

第3の目的は，**子どもの評定・学習集団編成・選抜のため**である。例えば，クラス替えの際にはそれまでの成績（子どもの評定）が勘案される。また，入試はこの学校に入学させてもよいかを判断する選抜テストである。選抜するための情報として信用できるものにするために，信頼性や妥当性[*3]が高く，公正・公平な試験の実施が必要とされる。

[*3] 信頼性や妥当性については12.5を参照。

第4の目的は，**アカウンタビリティのデータ提供のため**である。アカウンタビリティとは「説明責任」ともいわれる。近年，保護者や地域社会に対して学校での教育活動について説明することを求める場面が多くなっている。教育活動の意味や効果についてのデータを示すために評価が行われる。

評価の目的は子どもの実態把握から指導改善，さらには学校経営や地域社会への説明責任まで幅広い。特に現在は，**指導と評価の一体化**の重要性が指摘されており，十分かつ適切な評価活動が求められる。

2. 学習評価の歴史

学習評価の歴史的基盤は，1900年代から起きた**教育測定運動**にある。この運動の中心となったエドワード・ソーンダイク[*]は，能力は数値的に測定可能であるとし，評価者の主観ではなく，客観的な能力測定を主張した。

エドワード・ソーンダイク
(Edward L. Thorndike, 1874-1949)。アメリカの心理学者。教育測定運動の中心者であったことから，彼は「教育測定の父」と呼ばれている。また，試行錯誤学習や効果の法則でも有名である(8.1参照)。

しかし，1930年頃からは「教育測定から教育評価へ」という声が強まってくる。その背景にはラルフ・**タイラー**（Ralph W. Tyler）たちの主張があった。彼らは，○×問題のような客観テストだけでは能力の本質を捉えることはできないと述べ[*4]，教育目標の設定と，その目標を基準とした目標実現の確認や改善のための評価の重要性を指摘した。

今日では，客観性を重視する測定と，教育目標への改善の程度を確認する評価の両方の側面が取り入れられている。便宜上は使い分けられている"測定"と"評価"であるが，学習評価においては1つの活動である。

[*4] こうした主張と連動して，タイラーたちは，批判的思考力など，客観的測定が難しい能力への評価方法を開発している。

3．知能の測定

教育測定運動と同じ頃に，**知能検査**の開発も進められてきた。知能検査とは，知的な行動の基礎にある能力を測定する検査である。この検査の目的は，開発初期は学校での教育についていけない子どもの判別であったが，現在は，子どもの知的能力の状況を把握し，その子の学習支援に活かすこととされている[*5]（知能検査については13.3も参照）。

最初に完成した知能検査は，フランスの心理学者であるアルフレッド・ビネー（Alfred Binet）らによって開発された。ビネーらの検査は**精神年齢**と呼ばれる概念の導入が特徴的である。ビネーらはさまざまな年齢の子どもたちに開発版の検査を実施し，ある年齢の子どもたちが平均的に正答できる問題の分類を行った[*6]。このように精神年齢は，問題の難易度を基に知能を年齢というものさしで測定している。その後，精神年齢を利用して**知能指数**（IQ）という指標も作成された。ビネー式検査のIQは次の式で求める。

$$\text{ビネー式 IQ} = \frac{\text{精神年齢}}{\text{生活年齢}} \times 100$$

生活年齢とは実年齢のことである。つまり，実年齢に対して精神年齢がどれくらいかという比率でIQを考えている（基準は100）。例えば，生活年齢が10歳で精神年齢が12歳だったとすると(12/10)×100=120となる。

ビネーらとは別に，アメリカではデヴィッド・**ウェクスラー**（David Wechsler）も知能検査を開発した。ウェクスラーは同一年齢集団内での位置づけがわかるようにするために，IQの算出方法を以下のようにした。

$$\text{ウェクスラー式 IQ} = \frac{\text{被検査者の得点} - \text{被検査者が属する年齢集団の平均得点}}{\text{被検査者が属する年齢集団の検査得点の標準偏差}} \times 15 + 100$$

ウェクスラー式IQは，同じ年齢集団の平均得点から自分の得点がどれくらいの距離があるかを示す指標である。こちらも基準は100とし，100以上であれば同じ年齢集団の中でも上位となる。標準偏差とは，その集団の得点のばらつき具合を表すものである[*7]。

知能検査は直接的な学習評価ではないが，子どもたちの実態を知るという意味では，重要な評価方法（評価器具）である。

[*5] 知能検査の結果から予測される学業成績よりも良い成績の子を**オーバーアチーバー**と呼ぶ。また逆に，知能検査の結果から予測される学業成績よりも不良な成績の子を**アンダーアチーバー**と呼ぶ。オーバーアチーバーは一見すると良い状況に見えるが，成績獲得のために実は無理をしている可能性も考えられるため，気に留めておく必要がある。

[*6] 例えば，「目，鼻，口を指し示す」という問題は3歳児だと平均的に正答できるが，2歳児だと正答率が高くない。仮にこの問題が解ければ，知的能力は3歳児レベル以上であるといえ，逆に解けなければ知的能力は3歳児レベル未満であると判断できる。

[*7] 標準偏差については12.5を参照。

12.2 評価の種類

評価と一言でいっても，そこには多様な評価の種類がある。ここでは，どのような基準を用いるかによる分類（**表12.2**も参照）と，誰が評価をするかによる分類を紹介しよう。

1. 基準による分類

(1) 相対評価と絶対評価

相対評価は，所属する集団を基準とする評価方法である。例えば，集団内の他者と比べた相対的な位置づけ（順位）で判断したり，平均値[*8]を算出して平均値よりも上か下かで判断したりする。相対評価を考える際には，正規分布[*9]という得点分布を仮定することが多い。

絶対評価は，戦前は教師を絶対的な評価者とする評価方法，つまり，教師の主観的な匙加減で評価する方法という意味であった。しかし現在は，あらかじめ定めた到達目標を基準とする評価方法という意味が主流である。この意味合いを強調するために，「**目標に準拠した評価**」，「**到達度評価**」と呼ぶ場合もある。例えば，テストで80点以上の点数が取れればA，59点以下ならDというように，目標に到達したかどうかで判断する。

たとえ同じ点数であっても，相対評価と絶対評価で成績の判定が異なる可能性がある。**表12.1**を見てほしい。ここではA～EとF～Jの5人集団での評価を考える。左は相対評価と絶対評価で評定が一致するケースである。その一方で右はFさんが70点という高得点を取ったとしても（左のDさんと同じ点数である），5人の順位だと最下位であるため，相対評価では1と評定される。絶対評価であれば，60～79点の間なので左と同じく4と評定される。

表12.1 相対評価と絶対評価の例

相対評価と絶対評価が一致するケース					
名前	A	B	C	D	E
点数	10	30	50	70	90
相対評価	1	2	3	4	5
絶対評価	1	2	3	4	5

相対評価と絶対評価が一致しないケース					
名前	F	G	H	I	J
点数	70	75	80	85	90
相対評価	1	2	3	4	5
絶対評価	4	4	5	5	5

※点数は100点満点，評定は5段階。絶対評価は80～100は5，60～79は4，…，0～19は1で評定。

2001年度までは指導要録（通知表）[*10]の評価方法は相対評価であった。つまり，クラスや学年の中の相対的な順位を基に評価されていた[*11]。2002年度以降は絶対評価となり，個人の努力や進歩が反映されやすくなった。

(2) 個人内評価

個人内評価は，子ども個々人を基準とする評価である。相対評価のような他者の成績との比較や，絶対評価のようなあらかじめ定められた到達目

[*8] 平均値は集団に特有な基準であるため，相対評価の基準となる。平均値については12.5を参照。

[*9] 正規分布とは，平均値を取った人数が最も多く，平均値を中心に左右対称の得点者分布になるような分布である。12.5の図12.2は両方とも正規分布の曲線である。ただし，実際のテストの得点分布がいつも正規分布を仮定できるような分布であるとは限らない点には注意が必要である。

[*10] 指導要録とは，学籍や指導について記録した表簿である。こちらは学校教育法に作成が義務づけられている。通知表も同じような記録の表簿であるが，こちらの作成は実は任意である。

[*11] 例えば，上位7%が「5」，24%が「4」というように，評定に対応する集団内の比率が定められていた。

標との比較は行われず，個人の進歩の状況を評価する。

例えば，縦断的な個人内評価では，前の状態と比べた変化を評価する。また，横断的な個人内評価では，読む力，書く力，聞く力などのそれぞれの個人の能力間の比較を行って評価をする。子ども個々人がもつ強みや進歩を捉えていくためには，個人内評価も欠かせない。

表12.2 基準による評価分類のメリット・デメリット

	メリット	デメリット
相対評価	・順位が明確化するため，客観的な評価判断がしやすい	・所属する集団次第では，個人の努力や進歩が評価に反映されにくい
絶対評価	・個人の努力や進歩が評価に反映されやすい	・明確な到達目標の基準を設定することが難しい
個人内評価	・個別のニーズに即した評価がしやすい	・明確な基準がないため，主観的な評価になりやすい

2．評価者による分類

(1) 他者評価

他者評価は文字通り，他者による評価である。ほとんどの場合は教師が行うが，例えば宿題の音読チェックは保護者などが行うように，教師以外の評価も考えられる。他者評価は学習評価の主流であったが，近年では自己評価や相互評価の重要性も指摘されており，他の評価方法と組み合わせながら行われている。

(2) 自己評価

自己評価は，自分自身で自分について評価することである。自己評価の重要性が指摘された背景には，自分自身で学んでいく力の育成がある。自分自身で学習成果を振り返り，次にどのような学習が必要かを考えるような自己調整学習[*12]を行っていくうえで自己評価は欠かせない。

しかし，子どもはまだ十分に自分自身の学習を振り返るだけの認知的能力をもっていないこともある。その場合，過小評価あるいは過大評価となり，振り返りとして機能しないこともある。教師は，子どもたちが自己評価する指針となるような基準を紹介したり，自己評価シート[*13]など自己評価活動が行いやすい道具を用意したりするなどの工夫が必要である。

(3) 相互評価

相互評価は，学習者自身がお互いに評価し合う方法である。例えば，調べ学習の成果を発表する時に教師だけがコメントするのではなく，子どもたちにも「発表についてわかったことや質問」，「発表の仕方でよかったところ」などをコメントさせるのはまさに相互評価である。相互評価は他者評価の一部であり，また，自己評価をするための材料ともなる。

ただし，相互評価も子どもたちによっては十分な評価ができなかったり，「悪いところ探し」に陥ってしまったりすることもある。自己評価と同様に，教師自身が評価活動のための工夫を用意することが重要になる。

本節で扱った評価方法は，どれが最もよい方法ということではなく，目的に応じて選択する必要があり，また，組み合わせながら使用していく[*14]。

*12 自己調整学習については9.3を参照。また関連して，メタ認知については10.3を参照。

*13 例えば「今日の学習について振り返ってみましょう」と漠然と指示するのではなく，「今日の学習でよくわかったことを自分で説明してみましょう」とか，「今日の学習で，ここがまだわからないということをあげてみましょう」といった具体的な評価の観点を用意するとよいだろう。

*14 例えば，個人の努力を評価に反映したい場合は絶対評価や個人内評価を使用するだろうが，運動会のリレーのメンバーを決める時には相対評価でタイムの良い順でメンバーを決めるというように，使い分けや組み合わせが重要である。

12.3 評価活動

教師は子どもの学習活動を絶えず評価し続けている。ここでは、一授業や一単元の流れをイメージしながら、実際の評価活動をベンジャミン・ブルーム*の3分類に沿って紹介しよう（図12.1も参照）。

ベンジャミン・ブルーム
(Benjamin S. Bloom, 1913-1999)。アメリカの心理学者。彼は評価分類とともに、学習者のほぼ全員が学習内容を完全に習得するための学習理論である**完全習得学習**を提唱した。完全習得学習は、特に形成的評価が重要で、完全習得までに適切な形成的評価とその評価に応じた指導が求められる。

1. 診断的評価

　診断的評価は、授業や単元の前に行われる評価である。診断的評価の目的は、学習者がこの授業（あるいは単元）で学習するにあたって必要な知識や技能を習得できているかを確認することである。例えば、平行四辺形の面積の求め方を学習する時には、前提として三角形や四角形の面積の求め方を習得しているのが望ましく、また、そもそも足し算や掛け算などの四則計算や、面積とは何かといった概念的意味も理解していることが求められる。こうした学習内容の前提となる知識や技能が十分に習得できていなければ、その授業や単元で学習に上手く取り組めない可能性が生まれる。

　また、知識や技能だけでなく、学習内容に対する態度も含まれる。ここでの態度とは、例えば「算数が苦手」とか「もっと難しい問題に挑戦したい」といった、情意的側面の様子のことである。こうした情報も授業や単元に対する動機づけの側面をサポートするために重要となる。

　診断的評価を行うには、前の授業や単元の学習の様子・評価を参考にしたり、授業前・単元前（授業の開始直後）に小テストをしたり、簡単なアンケート調査を実施したりすることが挙げられる。これらの情報を元に、例えば授業目標を再設定したり、知識や技能が不十分な学習者に対しては予備的な指導をしたりすることができる。学習者の様子に適した授業や単元を始めていくために必要不可欠な評価である。

2. 形成的評価

　形成的評価は、授業中や単元中に行われる評価である。形成的評価の目的は、学習者の授業中や単元中の理解の状態を確認することである。授業は、教師が綿密な計画を立てたとしても、学習者がついてこれなければ意味がない。また、同じ授業でも学習者一人ひとりの理解状態は異なる。そのため形成的評価によって、学習者個々人の理解状態を常に確認し続け、その状況に合わせて授業や単元の進度や指導方法を変えていく必要がある。

　形成的評価はこの3つの評価の中でも最も難しいものである。なぜなら、授業の中で即興的に状況を理解する必要があるからである。例えば、

学習者が教師の予想から外れた発言をした時，そこで教師自身が固まってしまうと学習者も不安を感じて次からは発言しなくなってしまうかもしれない。また，限られた授業時間の中では，「この子は何がわからなくてつまずいているのだろう」とじっくり考える暇はない。こうした即興的判断には教師の熟練度が大きく反映される。エ

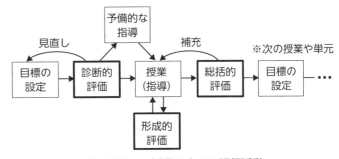

図12.1 一授業の中での評価活動
(出所) 子安ら，2003を基に一部改変

リオット・**アイスナー**（Eliot W. Eisner）は，こうした教育の場で起きる複雑な事柄について識別する力を「**教育的鑑識眼**」と呼んだ（Eisner, 1998）。ワインソムリエが，味だけでなく色や香りからブドウの品種や産地までの特性を判断するように，五感を使って教育的事象を判断していく力である。

また，即興的に状況を捉えるためには，その学習内容に対する知識も必要である。例えば，学習者がつまずきやすいポイントはどこかを知っていたり，つまずき方のバリエーションを知っていたりすると，例えば算数や数学の問題での子どもの書いた途中式から今どういう思考をしているかを捉えやすくなる。教科内容（教材）への深い理解が不可欠である。

形成的評価を行うには，子どもの理解を捉えるための発問（質問）や，机間指導によって把握する方法が中心的である。それ以外にも，子どもの話し方や聴き方，表情や視線，ノートのメモや資料の読み取り方といったさまざまな情報源にアクセスできる敏感さが求められる。

3．総括的評価

総括的評価は，授業後や単元後に行われる評価である（授業や単元のまとめ段階で行われることもある）。総括的評価の目的は，授業や単元の目標に照らしてどのくらいその目標に到達できたかを確認することである。例えば，授業の最後に行う確認問題や，単元末や学期末に行う期末テストは総括的評価の代表例である。総括的評価を行うことで，この授業や単元の指導がどれくらい適切であったかを判断したり，学習者がどのくらい学習内容の習得や理解ができたかを判断したりできる[15]。総括的評価によって，もし学習者の理解が不十分だと判断されたなら，もう一度内容を確認するなどの補足指導を行う必要があるだろう。

また，**図12.1**は総括的評価から，次なる目標の設定へとつながっている。これは，例えば前時の授業の総括的評価は，次の授業の目標設定の情報や診断的評価として活用できるためである。このように，3つの評価を絶えず続けていく営みが教師の評価者としての役割である。

[15] この点は12.1の指導の計画や向上のためと関連するだろう。

12.4 新しい評価方法

評価といえば，多くの人はペーパーテストや実技テストを思い浮かべるだろう。しかし，近年ではこうしたテストに代わる，新たな評価方法を巡る議論も盛んである。ここではこうした議論の一端を紹介しよう。

1．真正な評価

ペーパーテストのような，授業で学んだ内容の習得度・理解度を評価する方向から，現実世界で直面するような問題に向き合う力の評価である「**真正な評価**」を行う方向へシフトし始めている。これは，総括的評価を重視する「学習の評価」から，診断的評価や形成的評価といった「学習のための評価」，そして自己評価を重視した「学習としての評価」へと評価に対する考え方が拡がりつつあることが背景にある[*16]。つまり，学校で教師に教えられた知識・技能の習熟度を評価する考え方から，現実的なさまざまな問題に対してどのように解決に取り組むかといった，解決過程で発揮されるパフォーマンスを重視して評価していく考え方へと変わりつつある。

現実的な問題に向かうためには，学校で得た知識や理解を基に考えたり判断したりして，自分なりの解決法を表現していく力が重要である。そこには解決を導くだけの技能も必要であるし，そもそも自分の身の回りの問題点が何かを見出すような関心や態度，そして問題解決に向かう意欲も重要である。このような，知識や理解をどのように「活用」するかに真正な評価の考え方の基盤があるといえる[*17]。

*16 診断的評価，形成的評価，総括的評価については12.3参照。

*17 2019年に発表された指導要録改訂の通知では，ここで書いたような「知識・技能」，「思考・判断・表現」，「主体的に学習に取り組む態度」が評価観点として定められた。

2．パフォーマンス課題の設定

真正な評価として評価活動を行うためには，現実世界の問題点として通用するような課題が必要である。こうした課題に対して知識や理解，技能などを活用したパフォーマンスを発揮することが学習者には求められる。そして，パフォーマンスを直接的に評価するための課題を**パフォーマンス課題**（真正な課題）と呼んでいる。

ここでいう**パフォーマンス評価**とは，課題の解決ができたか否かが焦点ではない。例えば，課題解決に向けたディベートでどのように取り組むことができているか，情報収集をどのようなツールを用いてできているかといった取り組む過程を重視して評価される。また，課題解決の成果（途中成果）を，レポートやポスターといった制作物や実技・実演として発表することもあるし，こうした成果物に対する自己評価記録もパフォーマンス評価の対象になる。成果物やそれに対する自己評価記録は，**ポートフォリオ**と

呼ばれるファイル（フォルダ）にまとめられる。こうした取り組みの積み重ねの過程を評価できる仕組みも重要である。

現実世界の問題点といっても，実にさまざまである。パフォーマンス課題を設定する際には，身の回り（地域）の実情に合わせてどういう問題があるかということを教師自身がアンテナを張って関心をもっていなければならない。**表12.3**は，パフォーマンス課題のシナリオに織り込む6つの要素を紹介している（西岡，2016）。

表12.3　パフォーマンス課題のシナリオに織り込む6要素

な	― 何がパフォーマンスの<u>目的（Goal）</u>か？
やン	― （学習者が担う，またがシミュレーションする）<u>役割（Role）</u>は何か？
だナ	― 誰が<u>相手（Audience）</u>か？
アア そ	― 想定されている<u>状況（Situation）</u>は？
う	― 生み出すべき<u>作品（完成作品・実演：Product, Performance）</u>は何か？
か	― （評価の）<u>観点（成功の基準や規準：Standard and criteria for success）</u>は？

（出所）西岡，2016を基に作成

3．ルーブリック

パフォーマンス課題を用いた評価の難しさの1つは，評価をするための基準が不明瞭な点にある。**ルーブリック**とは，パフォーマンスの質を多様かつ柔軟に評価するための指標である。ルーブリックは，成功のレベルを示す段階と，そのレベルに対応する具体的なパフォーマンス例が記述される。ルーブリックはパフォーマンス課題に合わせて評価者が設定する。

表12.4　ルーブリックの例

レベル	記述語
5 素晴らしい	生き生きと話し合いに参加し，積極的に意見を述べている。互いの意見を関連づけて意見を述べたり，疑問に思ったことを投げ返したりしながら，話し合いを深めようとしている。など
3 合格	20分程度の話し合いを続け，言うべき時には意見を述べることができる。など
1 改善が必要	話し合いの場に座って友達の話を聞いているが，友達の発言に反応したり，自分から発言したりしていない。

（出所）西岡，2016を基に一部省略して作成

例えば，**表12.4**はグループでの話し合いに対するルーブリックである（西岡，2016）。ペーパーテストに対しても，ルーブリックの提示が動機づけや学習方略に正の効果があることも示されている（鈴木，2011b）[*18]。

[*18] この研究では，ルーブリック提示の効果は，この後紹介する「改善」のテスト観を媒介したものであることも明らかにしている。

4．インフォームド・アセスメント

インフォームド・アセスメントとは，評価の目的や基準などに関して，テスト実施者（評価者）と評価の受け手との間にしっかりとした知識の伝達や合意がなされているような評価のあり方である（村山，2006）。テストや評価は，学習者から見れば自分たちのランク付けや強制的に勉強させるためのものにも感じられ[*19]，教師がどういう意図や目的，願いをもって評価を行っているかが感じられにくい部分もある。テストをはじめとする評価の意図や目的について，教師と学習者の間に共通理解があることで，評価活動が教育実践と有意味に関連していくことが期待される。

例えば，上に挙げたルーブリックを学習者に示したり，学習者と教師がともに評価基準やテスト内容自体を作成したりするような活動が，インフォームド・アセスメントを体現化する方法として考えられる。評価の意図や目的が見えると，テストや評価に対する不安の軽減も期待できる。

[*19] 関連して，「テストの目的・役割に対する学習者の認識」であるテスト観の研究がある（鈴木，2011a）。テスト観には「改善」，「誘導」，「比較」，「強制」の4つがあり，「比較」や「強制」のテスト観が強い学習者は，テストを学習に活かしにくいことが示されている。

12.5 テストの作成と得点の解釈

教師は，自分でテストを作成することも求められる。テスト作成には，教科内容の知識や学習者のつまずきやすさに関する知識が必要だが，それと同時に得点の解釈には測定に関する知識も必要である。本節では，テスト作成やテストの得点解釈に関わる基礎知識を説明しよう。

1. 評価の"きじゅん"

テストにおいては，何を正答とするかについての"きじゅん"が必要である。"きじゅん"には「規準」と「基準」の2つの語がある。教育領域では，この2つは異なる意味のものとして扱われている。

評価規準は，通称"のりじゅん"と呼ばれている。こちらは，具体的な到達目標を示す"きじゅん"である。例えば，「逆上がりができる」のように言語的に表現される。子どもたちの具体的な，どういう「できる・わかる」姿を求めるかを明確化するのが規準である。一方の**評価基準**は，通称"もとじゅん"と呼ばれている。こちらは，規準を基にして，「できる・わかる」の程度を示す"きじゅん"である。程度を示すので，数値化（段階化）して表現される。逆上がりの例でいえば，「10回以上できたらA」，「1回以上10回未満ならB」，「補助板を使ってできればC」，「補助版を使ってもできないならD」のようになる。

この両方の"きじゅん"が明確に定まらないと評価活動は不可能である。テストを作る段階で，特に自由記述など評価の段階が生まれやすいものについては注意深く"きじゅん"を設定する必要がある。

2. 信頼性と妥当性

テストとは，「能力」という目に見えないものの定量化を行うものである。そのため，テストの得点が測りたい能力の程度をきちんと反映できているかが重要である。このテストの得点を解釈するための信用に関わる要素が信頼性と妥当性である。この両者の程度が高いことが必要である。

(1) 信頼性

信頼性とは，測定結果の一貫性や安定性の程度である。例えば，信頼性が高ければ，同じ能力を測るテストAとテストBがあった時，同じ日にこれら2つのテストを解くとほぼ同じ得点[20]が得られるだろう。このように，同じ能力を測るテストであれば，他の条件が揃えば一貫して同じような結果が得られることが信頼性である[21]。

---

[20] 例えば，テストAとBのどちらを先に解いたかによっても成績が変化する可能性があるし，体調など時間によって変化する（かつ，人の手によってコントロールしにくい）ものが成績に影響する可能性もある。こうした**誤差**が含まれるため，"ほぼ"同じ得点になる。

[21] もし信頼性が低ければ，例えばテストAは20点，テストBは90点のようなことが起きる。こうなると，真の能力の程度がどれくらいなのかはわからない。つまり，能力の程度を反映しているはずのテストの得点が信用できない状態になる。

(2) 妥当性

妥当性とは，測りたい能力がテストの得点に反映されている程度である。例えば，英語を読む力を測定したいのにリスニングテストを行ったのであれば，そのテストの得点は読む力を反映したものではなく，聞く力を反映した得点であり，読む力としての妥当性は低いといえる。妥当性を高めるためには，①測りたい能力を測定できる問題内容になっているか，②暗記だけで解くことができる問題になっていないか，③問題内容以外の要因によってテストの得点が変化しないようになっているか，④テストの結果が時間的に安定しているかといった観点をクリアすることが重要である（子安ら，2003：③や④は信頼性とも関連する内容である）[22]。

*22 信頼性と妥当性は関連しており信頼性が高くても妥当性が高いとは限らないが，妥当性が高ければ必ず信頼性も高い。

3．平均値と標準偏差

最後に，テストを行った後の得点の解釈として平均値と標準偏差について解説しよう。**平均値**[23]とは，その集団に属する個々人の得点の合計を集団の人数で割った数であり，その集団の中心的な得点を示す代表値[24]になる。例えば，子どもたちに得点を返す時も平均値とともに返却すれば，子ども自身も自分の得点の状況を読み取りやすいだろう。また，クラスごとの平均値を算出すればクラス間比較もしやすい。

*23 平均値にも実はさまざまな種類があり，幾何平均や調和平均と呼ばれるものもある。ここでは一般的な算術平均を考える。

*24 代表値は他にも，集団内で最も多く登場する得点である**最頻値**や，集団内の得点を順に並べた時の真ん中の得点である**中央値**などもある。

さらに，集団の様子を理解するためには**標準偏差**を知ることも重要である。標準偏差とは集団内の得点のばらつき具合を表す指標である。例えば**図12.2**のような，平均値は同じ50点だが標準偏差が5点と25点のように異なる2つのクラスの得点の分布図を見てほしい（この得点分布は正規分布を仮定している）。標準偏差が5点のクラスは平均値付近に人数が集中しているのに対して，標準偏差が25点のクラスは0点から100点にまで満遍なく分布している。多くの人が平均点くらいの得点を取る場合と，0点から100点まで満遍なく得点を取る場合では，同じ平均点でも意味が異なるだろう。

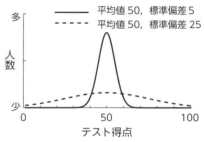

図12.2 異なる標準偏差をもつ集団の得点分布

平均値と標準偏差を用いて，個々人の集団内の相対的な位置を得点化したものが**偏差値**である。偏差値は以下の式を用いて求める[25]。

$$偏差値 = \frac{各個人の得点 - 所属する集団のテストの平均得点}{所属する集団のテスト得点の標準偏差} \times 10 + 50$$

*25 この式の分数部分の計算処理を**標準化**と呼ぶ。偏差値も，ウェクスラー式IQ（12.1）も標準化した得点（標準得点）を基にした数値である。ウェクスラー式IQは標準得点に15をかけ，100を足すことで平均値100，標準偏差15としている。

偏差値は平均値が50，標準偏差が10の得点分布になる。個人の得点が集団の平均点と同じだと偏差値は50になり，平均点以上であれば偏差値は50以上になる。偏差値は同一集団内の比較には使用できるが，例えば10年前と今年の入試偏差値を比べたり，受験者が異なる理科と社会の偏差値を比べたりするなど，異なる集団間[26]の比較には利用できない。

*26 この集団のことを正確には母集団という。

［児玉佳一］

【発展問題】
・知能検査は，背景にある知能の考え方が重要です。サーストン，キャテルという研究者名をキーワードにさまざまな知能理論について調べてみましょう。
・評価はさまざまな要因によって歪められ，信頼性を損なってしまいます。どのような時に評価が歪むのか，また，どのような対策があるか考えてみましょう。

【推薦文献】
・西岡加名恵・石井英真・田中耕治（編）『新しい教育評価入門―人を育てる評価のために』有斐閣コンパクト，2015年
　教育評価に関する主要理論を体系的に学ぶための入門書である。教授・学習と評価をつなぐだけでなく，学校経営や入試制度，そして教育評価史までまとめられており，この1冊で教育評価の基礎・基本を十分に網羅できる。

・南風原朝和（編）『検証　迷走する英語入試―スピーキング導入と民間委託』岩波書店，2018年
　コラムでも触れる大学入試改革の，特に英語入試に関する問題点をわかりやすく解説した1冊。英語科教員を目指す者や高校教員を目指す者だけでなく，教育関係者全員がこの入試改革の動向に注目してほしい。

コラム　大学入試改革で何が変わるのか

　2020年度（2021年冬実施）の大学入試では，現行のセンター試験から「大学入学共通テスト」に変更されることとなりました。この入試改革の大きな目玉は，①英語科における民間試験の導入，②国語科・数学科における記述式問題の導入でした。こうした改革によって，高校生の学習状況の改善を目指しています。

　しかし，この改革の準備状況は思わしくなく，特定の民間団体に利権が集中する構造や公正・公平な試験のための制度設計のずさんさ，採点者確保とその信頼性・妥当性の不十分さなどに，高校・大学関係者，そして受験者となる高校生からも批判が殺到しました。結果的に2つの目玉は両方とも延期となりました。

　そもそも，こうした入試改革は高校生の学習状況を改善するのでしょうか。ある実践研究では，穴埋め型テストを用い続けると学習者は暗記型の学習方略を使用するようになることが示されています（詳細は村山，2019を参照）。この結果をみるとテスト形式の変更による効果がありそうな気もしますが，今回の大学入試というマクロレベルの変更に，この実践研究のようなミクロレベルの知見が適用できるとは限りません。ある縦断調査の結果は，高校生の学習時間に対する大学入試の影響力は限定的であると指摘しており（山村ら，2019），また，この調査では学習方略のような学習の質への影響までは十分に検討されていません。これらを踏まえると，改革の主目的である高校生の学習状況（学習時間・学習の質）の改善が本当に起きるかは疑問が残ります。さらに12.1で指摘したように，入試は学習者選抜が目的なので，まずは信頼性や妥当性の担保，公正・公平な試験であることが前提となります。

　上記の縦断調査では，学習時間は人間関係と学習の場の構築が重要であるとも指摘しています。また，秋田喜代美（2014）はフェール・ラーバース（Ferre Laevers）を引用し，「居場所感」と「夢中・没頭」が保障される空間が教育の質において重要だと述べています。一教師として学習状況の改善を考えるなら，入試に右往左往するよりも，居場所や没頭できることが保障される人間関係や教室空間を作っていくことが大切となるでしょう。

[児玉佳一]

第13章 子どものニーズに応じた教育

▶キーワード
特別支援教育，インクルーシブ教育，社会－生態学モデル，ニーズ，多層支援システム，知的障害，知能検査，発達障害，注意欠如／多動症，自閉スペクトラム症，限局性学習症，二次障害

　多くの子どもが学習において何らかのニーズを有しており，教師はこれらの子どもへの平等な授業への参加と学習の実現を保障しなければならない。13.1 では，特別支援教育の全体像を概観する。13.2 では，子どものニーズに応じた支援という考え方を確認する。13.3 から 13.6 ではそれぞれ，知的障害，注意欠如／多動症，自閉スペクトラム症，限局性学習症の特徴と支援の考え方を説明する。具体的な教育場面を想像しながら「ニーズと支援」という見方で子どもを捉える視点について学んでほしい。

13.1 特別支援教育

1. 特別支援教育

日本の障害児に関わる教育の枠組みを**特別支援教育**[*1]という。以前の**特殊教育**では,障害の種類や程度に応じた教育が重視されていたが,特別支援教育では子どもの障害よりも多様なニーズに注目することが強調されるようになった。現在の日本の教育制度では,子どものニーズに応えることのできる**連続性のある多様な学びの場**(図13.1)が設けられている。

(1) 特別支援学校

特別支援学校には知的障害,肢体不自由,病弱,視覚障害,聴覚障害,の5種とそれらの併置校がある(図13.1)。知的障害特別支援学校が最も多く,他の障害種の特別支援学校は各都道府県に1校以上設置されている。特別支援学校には独自の学習指導要領がある。知的障害のみ各教科の目標と内容等が独自に設けられているが,他の障害種では各教科の目標や内容等は小・中・高等学校の学習指導要領に「準ずる」と定められている。また,特別支援学校の教育課程には**自立活動**の時間[*2]が置かれている。

(2) 特別支援学級

約8割の小・中学校に**特別支援学級**が設置されている(図13.1)。特別支援学級は基本的に通常学校の学習指導要領の対象となる。ただし,自立活動の時間を教育課程に組み入れることや,通常学校の教育目標を基本としつつ,実態に応じて柔軟に教育課程を編成し直すことが可能となっている。

(3) 通級による指導

通常学級に籍を置き,各教科等を通常学級で学習しながら,自立活動などの学習を特別な場で行うことを**通級による指導**という(図13.1)。1993年度から小・中学校で実施されてきたが,2018年度からは高等学校における通級による指導も制度化されている。

(4) 通常学級における障害のある子どもの指導

障害のない子どもと同じ教育の場に障害のある子どもが参加し,ともに学習することを可能にする仕組みを開発するという**インクルーシブ教育**が国際的に重要視されている。特別支援教育は特別な教育の場のみではなく,通常学級においてこそ実施されなければならない。日本では,通常学級に約6.5%の発達障害の疑い

*1 特別支援教育は2007年度から実施されている。盲学校,聾学校,養護学校は特別支援学校に,養護学級は特別支援学級に名称変更され,特別支援学校は地域における特別支援教育を推進する**センター的機能**を有するものとして位置づけられるようになった。

*2 自立活動の時間では,障害のある子どもが自身の障害と関わりながら日常生活を改善し,学習に取り組む方法について学ぶ。学習内容は①健康の保持,②心理的な安定,③人間関係の形成,④環境の把握,⑤身体の動き,⑥コミュニケーションの6区分に分けられる。

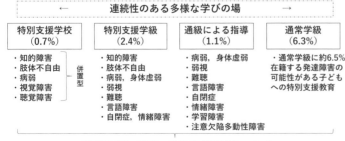

(注)パーセントの値は2017年度の義務教育段階の子ども内の該当者の割合
図13.1 連続性のある多様な学びの場

のある子どもが在籍している（図 13.1）。通常学校の教師は，すべての子どもが学級の一員となることができるように，学級と授業をインクルーシブなものへと作り替えていくことが必要である。

2. 障害の捉え方

人間の発達を個人としてではなく，社会・文化的環境に着目して捉える見方が重要であることが 1.1 で示されているが[*3]，特別支援教育においても環境との関係で障害を捉えるという**社会－生態学モデル**という見方が重視されている (Shogren et al., 2019)。

*3 生態学的システム理論を参照。

例えば，A さんは脳性まひによる下半身の運動障害があり，自分の足で歩くことが難しい。この時，移動の困難は A さん個人の問題であろうか。そうではない。A さんは電動車いすを使って移動することが可能であり，それが利用できないような環境に置かれた場合に困難が生じるのである。また，ある時，A さんは友達と遊園地に遊びに行った。そこで，ジェットコースターに乗ろうとしたが，「歩けない人は乗り降りが危険なので乗せられません」と断られた。ジェットコースターに乗れなかったのは A さんの障害のせいか。そうではない。A さんへの介助をすることができなかった社会的な障壁によって A さんの搭乗が叶わなかったのである。

今からおよそ 20 年前までは，障害を社会との関係において捉える見方は十分になされていなかった。世界保健機構（WHO）が 1980 年から 2000 年まで用いていた障害の分類法である，**機能障害・能力障害・社会的不利の国際分類 (ICIDH)** では，障害は①何らかの原因によるものであり，それが②身体や認知などにおける機能障害を引き起こし，③歩く，見るなどの能力の低下が生じ，④結果として社会的不利が発生する，という直線的な障害の発生過程が想定されていた（図 13.2）。しかし，このモデルには社会的不利の原因を社会の問題と捉える視点が欠けていた[*4]。

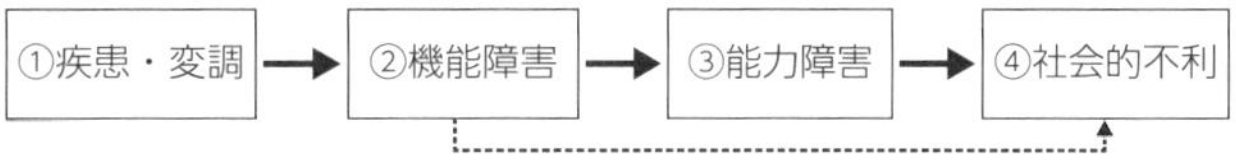

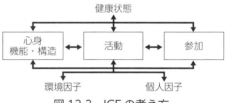

図 13.2　ICIDH の考え方
（出所）WHO, 1980 より一部改訂

図 13.3　ICF の考え方
（出所）WHO, 2001 より一部改訂

WHO は新しい障害の分類法である**国際生活機能分類 (ICF)** を 2001 年に発表したが，そこでは障害を個人と社会の相互関係として捉える社会－生態学モデルが採用されており，個人の機能面だけでなく，活動の制限や参加の制約を考慮した障害モデルが示された（図 13.3）。このモデルでは，上述した A さんの移動の困難を特定の環境における活動が制限された状態として，A さんがジェットコースターに乗れなかったことを参加が制約された状態として捉えることができ，健康状態を改善するための支援を個人と環境の両面から検討することが可能になっている[*5]。

*4 イギリス発祥の障害を社会の問題と捉える見方は，障害の**社会モデル**と呼ばれ，ICIDH の障害の捉え方を**個人モデル（医療モデル）**として批判した。

*5 障害の社会－生態学モデルは，アメリカの知的障害児・者心理学における意思決定理論に関する研究から発生した見方であり，障害者のエンパワーメント，生活の質（QOL）の向上，能力の発達などを環境との関係で支援することを目指す点で，教育との親和性がある。

13.2 子どものニーズと支援

1. 子どものニーズ

障害の社会−生態学モデル（13.1参照）を基に考えると、**ニーズ**は個人の特徴と環境の間のミスマッチによって発生するものであるといえる（Shogren et al., 2019）。例えば、文字を読むことが苦手な子どもがいるとする。この子どもは英語のスピーキングの授業で困難を示すだろうか。答えはNoである。「文字を読むことが苦手という特徴」は、リーディングの授業のような「読むことが参加や学習のために要請される環境」においてニーズとなるのである。教師は具体的な環境の中で生じている子どものニーズを発見し、ニーズに応じた支援を行うことで、すべての子どもの参加と学習の実現を目指す必要がある（図13.4）。

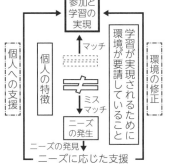

図13.4 ニーズと支援の関係

*6 障害のある人が、ない人と平等な基本的人権を享受するためになされる支援は**合理的配慮**と呼ばれる。日本では合理的配慮の不提供を差別とすることが「障害者差別解消法」などの法律で規定されており、公立学校は合理的配慮の提供義務を有している。

支援の1つの方法は個人への支援[*6]である。教師は子どものニーズがどのような理由から生じているのかを分析し、子どもの力を高める効果的な指導、困難な機能を補助するツールの利用、学習上の負担の軽減などを行う。もう1つの方法は環境の修正[*7]である。子どもが学習に集中できる環境づくり、授業や評価の改善、他の子どもの理解の促進などが求められる。

*7 合理的配慮の前提となる障害のある人を取り巻くさまざまな環境資源を改善することは、**基礎的環境整備**と呼ばれる。

2. 多層支援システム

通常学級における多様なニーズのある子どもの参加と学習を実現するために、子どものニーズに応じた支援を段階的に実施する**多層支援システム（MTSS）**が有効である（図13.5）。MTSSでは、第1層から第3層における子どものニーズと支援を考えることで、通常学級を基盤としてすべての子どもの参加と学習を実現することを目指す。第1層では、すべての子どもを対象とするユニバーサルな環境づくりを行う[*8]。第2層では、共通のニーズをもつ子どもに対して追加の指導や支援を行う。第3層では、個別的なニーズをもつ子どもを対象に密度の高い支援を提供する。これらの支援は、社会性・行動面の課題の解決だけではなく、学習面にも注目してなされる必要がある。

*8 関連して、学びのユニバーサルデザインについては10.4を参照。

図13.5 多層支援システム
（出所）齊藤, 2019を一部修正

3. 回り道の学習

　障害によって子どもの学習が直接制限されているとは考えるべきではない。「この子は知的障害があるから国語・算数は難しい」や，「障害があるから通常学級では学習できない」と考えることは避けなければならない。ソヴィエトの心理学者であるレフ・ヴィゴツキー*9 は，障害のある子どもの学習を健常児に比べて遅れたものとみなす考えに反対し，障害による差異こそが子どもの学習を可能にする資源であると主張している。次のヴィゴツキーの言葉の意味を考えてみよう。

*9　ヴィゴツキーについては，3.3 や 8.3 も参照。

　　盲児は文字が見られるということよりも，読めるようになるということの方が重要である。盲児が私たちが読むのとまったく同じように読み，健常児と同じように読むことを教わるということが重要である。盲児は書くことができるのが重要であって，ペンを紙の上でなぞることでは決してない。盲児が点字で書くことを学ぶときであっても，やはり私たちは同じ原則に立ち，実際に同じ現象を持つ。

（ヴィゴツキー，2006：89-90）

　ヴィゴツキーは，個人的な次元の行為と社会的な次元の行為を分け，子どもの学習は他者や物との相互行為を含む社会的な次元で行われると主張している。「目で見ること」は個人的次元の行為であり，盲児は視機能の制限から目で見ることの発達が制限されている。他方で，「読むこと」は社会的次元の行為である。なぜなら，人は点字で読むことができるし，他者に音読してもらって読むこともできる。近年ではパソコンに内蔵されている読み上げ機能を使って読むこともできる。学校教育で教師が子どもに育むべき力が「目で見る力」と「読む力」のどちらであるかは明白であろう。教師はさまざまな手段を用いて個々の子どもの読む力を育むのである。ヴィゴツキーは，目的を直接達成するのではなく，盲児の例のように物や他者との相互行為による**回り道**を通って目的を達成することの方が，より高次な人間の精神機能であると述べている（ヴィゴツキー，2006）。

　回り道は，子どもが異なる方法を用いて共通の目標を達成することを可能にする。例えば，障害によって音声発話が制限されている子どもには，**音声出力会話補助装置（VOCA）***10，**シンボル***11，**サイン***12 など使う力を育むことで，コミュニケーションを実現することができる。特別支援教育におけるニーズに応じた支援とは，子どもの回り道の学習を実現することであるといえる。知的障害児や発達障害児に対して低い教育目標を設定すればよいと考えることや，社会性の発達や行動の改善ばかりを目標にして教科等の学習を疎かにすることは誤りである。教師は個人の特徴と環境の理解から子どものニーズを把握し，どのような回り道を提供することによってすべての子どもの平等な参加と学習が実現されるかを考えなければならない。

*10　VOCA は特定のボタンを押すことで事前に録音した音声を発生させることができる機器である。音声発話が困難な子どもでも，好き嫌いや，やりたいこと，やりたくないことなどの意思をもっている。VOCA はそのような子どもが声とは異なる方法でコミュニケーションを行うことを可能にする装置である。

*11　シンボルとは，具体物，概念，動作を絵や図に置き換えたものである。「トイレ」や「食べる」などが絵やピクトグラムとして描かれたカードを使うことで，音声発話がみられない子どもが他者に自分の気持ちや考えを伝えることができる。

*12　サインは特定の意味を有する身振りであり，ろう者が用いるサインを用いた言語に**手話**がある。また，知的障害のある子どもが用いやすいように開発されたコミュニケーションに**マカトン・サイン**がある。

13.3 知的障害

1. 知的障害の診断と知能検査の活用

知的障害は知能検査によって測定される**知能指数(IQ)**と社会生活上の困難の程度によって総合的に診断される。知的障害の原因としては、染色体異常[*13]、出生前後の感染症、脳の外傷などがある。しかし、知的障害のうち約75%は原因が特定されないか、特定の原因をもたないものである。

知能検査の1つに**児童向けウェクスラー式知能検査(WISC)**[*14]がある。WISCでは同年齢の子どものIQは平均値100、標準偏差15として正規分布すると考える[*15]。平均値から下方に2標準偏差離れたIQ以下を知的障害とみなし、70〜55を軽度、55〜40を中等度、40〜25を重度、25以下を最重度の判定基準と考える(図13.6)。WISC-IVでは、検査者の指示に従いながら子どもは絵合わせ、数唱、記号探しなどの問題を解き、結果として全検査IQと、言語理解指標(VCI)、知覚推理指標(PRI)、ワーキングメモリ指標(WMI)、処理速度指標(PSI)という4つの下位指標が算出される。

知能検査や診断の目的は、子どもを健常児と障害児とに分けることではない。検査結果から子どもの認知特性を把握し、支援に結びつけることを目的とする(12.1も参照)。WISC-IVで算出される4つの下位指標は、子どもが学習においてどのようなつまずきをする可能性があるのかを予測するうえで活用できる。厳密さには欠けるが、VCIは言葉を理解する力、PRIは絵や図を理解する力、WMIは聞いた情報を保持して処理する力、PSIは見た情報を素早く識別する力と捉え、次の例について検討してみよう[*16]。

Bさん(13歳、中学校の特別支援学級在籍)は軽度知的障害が診断されており、WISC-IVの結果が全検査IQ=70、VCI=85、PRI=60、WMI=87、PSI=55である。あなたがBさんの先生であった場合、どのような点に注意して授業をすべきか。BさんはPRIに比べVCIが高いことから、絵や図よりも言葉での説明を理解しやすい。またWMIは他の指標に比べて高いがPSIが低いことから、板書の書き取りに困難を示す可能性がある。

[*13] 染色体異常は、遺伝子の突然変異などによって生じる障害で、21番染色体が通常より1本多く3本になる**ダウン症**(21トリソミー)などがある。

[*14] Wechsler Intelligence Scale for Childrenの頭文字の略である。日本版は現在WISC-IVが使用されているが、WISC-Vが実用化に向けて試験段階にある。関連して12.5も参照。

[*15] IQは、狭義には**ビネー式検査**で測定されるような、生活年齢に対する精神年齢の比率を指す(12.1)。WISCのように正規分布を想定し、同年齢集団の平均値からの偏差を求めることで得られるIQは厳密には偏差IQ(DIQ)と呼ばれる。正規分布や標準偏差については12.2や12.5も参照。

[*16] それぞれの尺度の意味を詳しく知りたい人は、引用・参考文献に挙げた上野ら(2015)を参照するとよい。

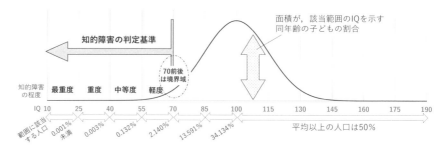

図13.6 知能の分布

Bさんにとっては図表を使った説明よりも易しい言葉で丁寧に説明することや，読み書きの負担を軽減するなどの支援が求められるといえる。各指標の検査結果が低い子どもについては，**表 13.1** のような支援が考えられる。

表 13.1　WISC-IV の下位指標と支援の例

VCI が低い子どもへの支援	PRI が低い子どもへの支援
・言語による指示を避ける ・易しい言葉を用いる ・視覚的な手がかりを利用する ・聞き取りやすい環境を設定する	・視覚による提示を避ける ・分かりやすい絵や図を使う ・読み書きの作業負担を軽減する ・読みやすい色や字体を使う
WMI が低い子どもへの支援	PSI が低い子どもへの支援
・一度にたくさんの指示をしない ・課題を構造化する ・事前に活動の見通しを示す ・課題に集中しやすい環境を作る	・読み書きの課題を少なくする ・板書を取る時間にゆとりをもたせる ・試験中の口頭での解答を認める ・ICT を利用する[*17]

2．積極的行動支援

「知的障害児はコミュニケーションが取れない」というような先入観を抱いている人がいる。しかし，知能の低さは社会性やコミュニケーションの発達を直接制限するものではない。実際，多くの知的障害児は教師や友達と問題なく相互行為をすることができる。ただし，知的障害児の中には，他者を叩いたり引っ張ったりする，突然大声を出すなどの特別な対応が必要な行動を示す子どももいる。障害の程度が重いと言葉の説明による指導では行動の改善が難しいことがあり，その場合に**積極的行動支援 (PBS)** という教育法が有効となる[*18]。上記の行動は，望ましくない行動パターンを学んでいるという**誤学習**や，望ましい行動を教えてもらっていないという**未学習**によって生じている場合が多い。そこで，PBS では望ましくない行動が生起しないような環境設定を行い，同時に子どもの強みや好みを活かして望ましい行動を増やし，生活の質を向上させることが目指される。

例えば，知的障害のある C さんは壁の張り紙を見つけると剥がして破るという行動をよくみせる。この行動の改善が求められる場合，行動を生じさせている先行条件，現在の行動，行動によって生じる結果条件，の**三項随伴性**[*19]を分析する（図 13.7）。C さんの行動は「壁に張り紙がある」という先行条件によって引き起こされており，「紙を破こうとすると周りの友達が大騒ぎするので嬉しい気持ちになる」というように，行動の結果によって強化されている可能性がある。PBS による介入では第 1 に，教室の壁紙をなくすことで行動を引き起こす刺激を少なくするという環境の修正を行う。第 2 に，周りの子どもに対して C さんの行動に反応しないように指導することで行動が強化されることを抑える。第 3 に，C さんが好きな食べ物や動物の絵が描かれた紙などを渡し，優しく持つことができたら褒めるというように，子どもの望ましい行動を強化する結果を返す。このような環境設定と指導の繰り返しによって，子どもの行動が改善されることが多くの研究で証明されている。

*17　文部科学省 (2018) から，発達障害児の支援のための ICT 利用のためのハンドブックが出されている (QR コードのリンク先にある)。

発達障害のある子どもたちのための ICT 活用ハンドブック
(2020.3.10 最終閲覧)

*18　PBS は，行動主義的心理学 (8.1) から発展し，刺激と反応の肯定的な連鎖に注目して行動の修正を行うことを目指す**応用行動分析 (ABA)** の理論に基づいている。ABA は，行動理論に含まれる否定的反応に対して罰を与えるという考え方を否定している。子どもの特異な行動に対して叱ったり体罰を与えたりすることは，子どもに望ましい行動を獲得させる上で逆効果であることが明らかにされている (日本行動分析学会, 2014)。第 8 章のコラムも参照。

*19　三項随伴性に注目する分析方法は，先行条件(Antecedent stimulus)，行動(Behavior)，結果条件(Consequence) の頭文字をとって **ABC 分析**とも呼ばれる。

※先行条件は，個人の性格や意図にではなく環境要因に注目する

図 13.7　三項随伴性の考え方

13.4 発達障害①：注意欠如／多動症

1. 発達障害の概観

図13.8 発達障害の概観

具体的な発達障害の種類に入る前に，発達障害一般について押さえよう。**発達障害**は，日本では社会的な認識が遅れた障害の1つであり，2000年代に入って制度的枠組みが整備された[20]。発達障害は，発達の凸凹が生じる障害である。ジャン・ピアジェの認知発達理論を前提にすると，子どもは刺激への反射から能動的行為へ，そして具体的操作から抽象概念の操作へと段階的に発達し，複数の領域の課題を同じように解決できるようになっていくように思える（3.2も参照）。しかし，発達障害はいくつかの特定の領域で定型発達児とは異なる発達を生じさせるのである[21]。

現在の日本の学校教育制度では，注意欠如／多動症，自閉スペクトラム症，限局性学習症の3種類が発達障害とされている[22]。図13.8に示したように，発達障害は複数の障害が重複することが多く，知的障害とも重複することがある[23]。しかし，それぞれの特徴は異なるものであり混同してはいけない。注意欠如／多動症では情動や行動の領域に，自閉スペクトラム症では言語・コミュニケーションや社会性の領域に，限局性学習症では特定の認知的領域において発達のつまずきが生じやすい。

2. 注意欠如／多動症の特徴

注意欠如／多動症（ADHD）は，アメリカ精神医学会の診断マニュアルである**DSM-5**において，不注意と多動性－衝動性によって特徴づけられている。不注意とは，活動に集中することが難しい，単純な間違いをする，気が散りやすい，などを指す。多動性－衝動性とは，手足を動かしたりトントン叩いたりする，離席が多い，適切でない状況で走り回ったり高いところに登ったりする，などを指す。これらの発現が年齢不相応であり，学業や仕事に悪影響を及ぼす程度である場合にADHDが疑われる。

3. ADHDのある子どもへの支援

ADHDの診断や疑いのある子どもの担任や教科担当の教師の中で，子どもの個別の学習目標として「椅子に座っていること」「教室を出ないようにすること」「授業に集中すること」などを設定する人がいるが，このような目標設定は誤りである。子どもの学習目標はその教科や時間の目標とすべきであり，「椅子に座る」「教室を出ない」「集中する」というのはニーズと支援の関係で検討すべき事項である（13.2参照）。ADHD児の場合，こ

---

[20] 発達障害は従来の障害者福祉政策において見過ごされていた「谷間」の障害といわれてきた。他の障害に関わる福祉法の成立から大きく遅れて，2004年に「発達障害者支援法」が制定され，2016年には発達障害のある人が就学前から学校教育卒業後まで切れ目ない支援と権利の保障がなされるように同法が改正された。

[21] さまざまな領域の認知課題が脳において同じ方法で処理されるという見方を**領域一般性**という。これに対して発達障害の存在は，異なる認知領域に特化した脳の処理メカニズムがあることを示唆しており，脳の情報処理の方法が認知領域ごとに異なっているという**領域固有性（心のモジュール性）**の1つの根拠となっている。8.5も参照。

[22] 発達障害の分類や和名には書籍や論文によって違いがあるが，本書ではDSM-5の分類と，日本精神神経学会（2014）による翻訳を採用した。学校教育における通称としては，注意欠如／多動症は注意欠陥多動性障害，自閉スペクトラム症は自閉症，限局性学習症は学習障害と呼ばれることが多い（図13.1）。

[23] DSM-5におけるSLDの診断基準には，IQが70以上であることが含まれるため，図13.8ではSLDと知的障害の重複がないように記した。

れらの症状は反抗的な態度や攻撃的な性格によって生じているわけではない。自分でも行動を制御したり集中したりする方法がわからず困っている子どもが多く，押さえつけたり叱ったりするのでなく，子どもが自分自身で行動を制御する方法を教師が一緒に考えていく必要がある[*24]。

　ADHDの診断のある子どもが情動や行動面に関わるニーズを生じている場合には，医療機関との連携が重要になる。学齢期のADHD児に対しては，医療機関において**認知行動療法（CBT）**を用いた**ソーシャルスキル・トレーニング**が行われることが多い。これは，生活で起こりうるトラブルについての具体的な事例を取り上げ，大人と一緒に解決策を考えたりロールプレイをしたりすることで，子どもの認識枠組みを変える方法である。特に，ADHD児へのCBTは，保護者を巻き込んだ**ペアレントトレーニング**として行われることが望ましい。ADHD児の親の中には子どもとの接し方がわからず子どもを叱るが，それによって子どもの情動と行動の不安定さがエスカレートし，親も子どももストレスを抱えて疲弊するという悪循環が生じるケースが多く見られる。子どもの生活の基盤である家庭での親子関係が安定してくると，学校でも子どもが落ち着けるようになる。

　CBTの効果が小さい場合や，障害の程度が重度である場合には，医師との綿密な連携を行ったうえで**薬物療法**が併用される。薬は障害を治療するために使われるものではなく，子どもの生活上の不安を和らげ，CBTの効果を高めたり学業へ専念しやすくしたりするために用いられる。

　学校でできる支援としては，子どもが自分から望ましい活動に取り組むことを促すために**トークン・エコノミー法**が効果的である。ADHD児の場合，遅れて与えられる報酬を期待して行為をすることが難しいことが明らかにされている[*25]。トークン・エコノミー法では，望ましい行動を続けられた際，すぐにシールやスタンプなどの目に見える報酬を与えることで，子どもは自分の意思や行為とその結果のつながりを理解することが可能になる。このような指導と並行して，環境の修正を行うことも重要である。立ち歩く活動を授業に取り入れる，クールダウンスペースを確保する，気が散るような装飾を壁から除くなどが効果的であると考えられる。

　ADHD児の中には，大人や友達から否定的な言葉かけや評価を受け，自己肯定感を低下させている子どもが多い。このような子どもは**二次障害**として自傷・他傷といった行動障害，うつや不安障害などの精神疾患等が生じるリスクが高まる。教師は，特異な行動が本人の態度や悪意によるものではないことを理解し，肯定的な声かけと評価を行う必要がある。例えば，15分したら離席する子どもに対しては，「15分も座っていられたね，少しお散歩をしたらまた頑張ろうね」，「今日はよく我慢できたね，明日は16分頑張ってみようね」という言葉かけをするなど，出来事を肯定的な視点で捉える**リフレーミング**が有効である[*26]。

[*24] 自分自身の情動や行動を制御する，計画を立てる，他の状況にスムーズに移行する，誤りから学ぶことなどを司る機能は心理学において**実行機能**と呼ばれ，ADHD児は実行機能に障害があると考えられている。

[*25] 遅れて与えられる報酬に対する動機づけがはたらきにくいことを，心理学では**遅延嫌悪**と呼ぶ。定型発達児の場合には，「今頑張ったら後で遊べる」というように現在の自身の行動と少し遅れて得られる報酬や罰が結びつけられるが，遅延嫌悪がある場合には，その関連づけが困難となる。

[*26] ネガティブな事柄を，ポジティブな見方に変えるリフレーミングを学ぶツールとして，引用・参考文献に挙げた安部（2018）の「見る目をかえる　自分をはげます　かえるカード」がある。

13.5 発達障害②：自閉スペクトラム症

1. 自閉スペクトラム症の特徴

自閉スペクトラム症 (ASD) は，自閉症，アスペルガー症候群などの障害の総称である。「スペクトラム」という語は，光をプリズムに通した時に見られる虹色の帯のように，ASD のタイプが幅広く，症状の程度が連続的に現れることを示している[*27]。「自閉」という言葉のニュアンスから，暗い性格と勘違いされることがあるが，自閉という語は ASD が統合失調症の一種と考えられていた時代に使われた訳語が残ったものであり，「閉じる」という特徴を示す障害ではないことに注意する必要がある (篠山, 2016)。

ASD の特徴は，①社会性や対人関係，②言葉の発達やコミュニケーション，③想像力，における定型発達者からの質的な差異として現れる。特に①と②の特徴の背景には，**心の理論**と呼ばれる他者の心を理解する力の獲得の難しさがあると考えられている。社会性の発達研究で用いられていた誤信念課題の1つであるサリー・アン課題 (5.2 参照) を用いた実験では，ASD 児の課題達成率が定型発達児やダウン症児に比べて著しく低いという結果が得られている[*28]。このことは，ASD 児が示す他者の心を読むことの困難さが，知的障害とは異なるメカニズムで生じているということを示している (Baron-Cohen et al., 1985)。近年では，ASD 児は同様のメカニズムから，自分の気持ちを省察することにも困難を示しやすいことが指摘されている。

(1) 社会性・対人関係

ASD 児の中には，目を合わせて話をしない，友達からの声かけにあまり反応しない，友達が傷つくことを繰り返して言う，などの特異な行動を示す子どもがいる。しかし，これらは暗い性格や悪意によるわけではない。このような行動の背景には，自分の気持ちを表現したり他者の視点や気持ちを読み取ったりすることの困難がある。これらの行動の改善のためには，気持ちを表現する言葉を学ぶ，絵カードを用いて表情と気持ちを結びつける力を身につける，他者の気持ちを考える場面を設定したソーシャルスキル・トレーニングを行う，などが有効である。

上記のような特異な行動が，対人関係のトラブルに発展することもある。しかし，その原因を ASD 児のみに求めるのは誤りである。近年では対人的な問題を**関係論的**に捉える見方が重視されている。ASD 児が関連する対人関係の問題の解決のためには，本人の行動を改善する指導だけではなく，他者や本人と他者の関係性それぞれに注目した指導や学級づくりが重要となる。

[*27] ASD は，「知的障害を伴う自閉症」，知的障害を伴わないが言葉の発達に遅れが見られる「高機能自閉症」，知的障害と言葉の遅れがみられない「アスペルガー症候群」に大きく分けられるが，その境界は曖昧である。

[*28] ダウン症児は ASD のない知的障害児であることから，心の理論の獲得の困難が知的障害一般の特徴によるものか，ASD に特有の特徴によるものかを明らかにするために対照群として選ばれた。

(2) 言語・コミュニケーション

ASD 児の中には言語発達の遅れから他者からの指示や書かれた文章の内容を理解することが苦手な子どもが多い。このような子どもに対して，多くの文章を読ませれば理解力が高まるだろうと考えるのは誤りである。文章理解はそれを構成する多くの力を組み合わせることによって可能になっている。しかし，ASD ではその力の活用や組み合わせに困難が生じているのである。文章理解力の形成を目的とする授業では，文章理解を構成する語彙知識，意味の理解，文法知識，推論の力[*29]，などの個々の要素の中で子どもが苦手としている力に焦点を絞った丁寧な指導が求められる。

言語の運用としての他者とのコミュニケーションにおいては，ASD 児は独り言や**エコラリア**[*30]と呼ばれる他者の言葉を復唱する発話をよく行うことが指摘されている。

(3) 想像力の障害とそれに基づく行動の障害

ASD 児に多く見られる特徴として，手をひらひらするなどの常同行動や電車や動物などの特定の対象に対する強い関心を示すことなどがある。この背景に，想像力の低さから新しい活動に関心を移しにくいことがあるとされている。また，急な環境の変化や，予定の変更がなされると不安になり，パニックに陥る子どもがいる。ASD 児の行動上の困難を改善する方法として PBS の効果が実証されている（13.3 参照）[*31]。

2．ASD のある子どもへの支援

ASD 児への支援として **TEACCH プログラム**の有効性が示されている。TEACCH プログラムの特徴は**構造化**である。ASD 児は視覚的情報への親和性が大きいことから，特に視覚的構造化が有効であるとされている（佐々木，2007）。ASD 児は同一空間を多目的で使用すると混乱する場合があるが，空間をカーペットの色やカーテンなどで仕切り，学習と休憩の時間で場所を変えるなど，活動と空間を結びつけることで学習に集中しやすくなる子どもが多い。このような空間の構造化は現在多くの特別支援学校や特別支援学級で取り入れられている。また，生活時間や授業過程の構造化も有効である。1 日の活動の流れ，これから行う活動と終わった活動，活動が何時に始まって何時に終わるかについての見通しを立てるため，本人が理解しやすい形でスケジュール表を作ると，安心して活動に取り組むことができる子どもが多い。

ASD 児の中には**感覚過敏**をもつ子どもがいる。例えば，始業と終業のチャイムが苦手で，授業の終わりが近づくと耳を塞いだり隠れようとしたりする子どもがいる。このような子どもには，音の刺激を和らげるためのイヤーマフの装着を認めるなどの対応を行いつつ，CBT などによって場面に応じて自分で気持ちや環境を調整できる力をつけさせることが望ましい。

[*29] 推論の力とは，既有知識を有効に活用しながら文中の情報を用いて文章に直接書かれていない情報を読み取る能力である。例えば，「風が吹いて，彼女の帽子が舞った」という文を読んだ時，多くの人は「風が帽子を飛ばした」という情報を難なく補うことで文の意味を理解できるであろう。しかし，推論の力が弱いと，風が吹いたことと帽子が舞ったことの関係を結び付けることが困難となる。授業中の教師の指示や教科書の文章の中には，推論ができる人にとっては気づかれにくいが，実は必要な情報が抜けていて，推論の苦手な子どもには理解することが困難な文が多く含まれている。

[*30] エコラリアには，話し相手の言葉をすぐにそのまま復唱する即時性エコラリアと，好きなコマーシャルなどのフレーズを定期的に発話する遅延性エコラリアがある。

[*31] このような特定の対象に対するこだわりの強さは，その子どもの困難に繋がる場合には改善する必要があるが，その特性を活かしてくれる他者との出会いや環境に置かれることで，子どもにとっての強みになることもある。

13.6 発達障害③：限局性学習症

1. 限局性学習症の特徴

限局性学習症（SLD）は学習障害とも呼ばれる。知能の遅れはないが，読む，書く，計算するという基礎学習に関わる特定の機能に困難が生じる[32]。SLD児は，怠けている，ふざけているという誤解を受けやすい。例えば，教師からの難しい質問にはすらすらと答えるが，教科書を音読する際に平仮名で詰まる，繰り返し説明を受けても簡単な計算で間違うといったことが生じ，友達にからかわれたり，先生から「真面目にしなさい」と叱られたりすることがある。時には文字を何度も書く宿題が出されたり，居残りでドリルを解かされたりすることがあるが，これらは全く効果がない。

SLDの特徴は大きく以下の5つにまとめることができる（Pesova et al., 2014）。第1は知能と成績の乖離である。SLD児の知能は基本的に平均かそれ以上であるが，読み書きや算数に関わる試験での得点が著しく低くなる。第2は非同質性である。SLDは大きく読字，書字表出，算数領域に困難が現れる3タイプに分けられるが，同じタイプ内でも原因や症状が人によって全く異なる。第3は排他性である。SLDの症状は，他の障害や未学習を原因として生じるものではないとされる。第4はSLDが脳機能における何らかの要因によって生じると考えられていることである。そして第5に，SLD児は他の生徒とは異なる特別な支援を要するということが挙げられる。SLD児は基本的に通常学級での学習を受けることになるため，同じ授業の中でどのような個別的な支援を提供すれば，SLD児の授業への参加と学習を保障することができるかを検討しなければならない。

2. SLDのある子どもへの支援

(1) 読字の障害を伴うSLD

SLDの中で最も多くの子どもに見られるのが読字の困難である。読字の困難は例えば**デコーディング**に現れる[33]。文章理解の力は，テキスト上の記号を音声に変換するデコーディング力と，音声化した内容を理解する力（聴解力）からなるとされる（Gough & Tunmer, 1986）。SLD児の場合，後者の力は高いが，前者の文字を音声に変える段階で困難が生じることが多い[34]。例えば，Appleという文字列を考えてみよう。デコーディングの力が発達した人は，この文字列を見てすぐに「アポー」と発音できる。しかし，デコーディングに困難があると，文字列は「エイ，ピー，ピー，……」とバラバラに見えたり，文字の形状をうまく知覚できなかったり，それぞれの文字の発音が何であるかをすぐに思い出せなかったりする。

[32] 以前は，読む領域の障害は**読字障害（ディスレクシア）**，書く領域の障害は**書字表出障害（ディスグラフィア）**，計算などの領域の障害は**算数障害（ディスカルキュリア）**として分類されていたが，多くの場合これらの症状が重複してみられることから，DSM-5ではそれらが限局性学習症にまとめられている。

[33] 文字を音声化する機能であるデコーディングという言葉は，日本ではあまり聞き慣れない。これは日本語において文字と音声が対応しているからである。しかし，同じ「a」でもそれが含まれる単語によって「ア」と読んだり「エイ」と読んだりする英語などが話される国では，国語においてデコーディングは重要な指導領域の1つである。デコーディングがあまり意識されない日本だからこそ，デコーディングの困難も見過ごされやすい。

[34] 反対に，国語が苦手な子どもや知的障害児では，デコーディングの力が高いが聴解力が低く，すらすらと文章を音読できるが内容を理解できていない，ということが生じやすい。このような子どもは**理解困難者（poor comprehender）**と呼ばれ，SLD児とは異なる支援を行うことが必要となる（Clarke et al., 2013）。

このような子どもへの支援としては、デコーディングに特化した効果的な指導をする、その子どもが最も認識しやすい字体を使ったり文字に下線を引いたりすることで文字認識の負荷を減らす[*35]、可能な限り文字での指示を少なくするといった方法が求められる。

(2) 書字表出の障害を伴う SLD

流暢に話すことができても文字を綴ったり考えながら書いたりするなどの書字表出に関する領域に困難が現れる子どもがいる。例えば、「パイナップル」という語を文字で書きたい場合に、何番目に「ッ」が入るかわからなかったり、鏡文字を書いたり、文字を飛ばして「パプル」と書いたりすることが起こる。この原因には、言語知識やスキルの不足、視知覚の困難、目と手を同時に動かす協応動作の困難などさまざまなものがある。

支援には、子どもの困難に合わせた書字指導を行い、また、書字の遅れを学習の遅れに直接つなげないように、ノートに書かなければならない文字の量を減らす、あらかじめ板書計画を配布して穴埋めにする、テストを別室において行い口頭で答えられるようにする、などが必要となる[*36]。

(3) 算数の障害を伴う SLD

算数の障害を伴う SLD では、数や計算に関する基礎的な学習にさまざまな困難が生じる。例えば、四則演算の意味理解や遂行、数の大きさの比較、数えることや数を集合として捉えること、などの領域に困難が現れる。しかし、人によって困難とする領域が異なり、何が根本的な問題であるのかはわかっていない。

算数の障害を伴う SLD 児に関しては、計算機の使い方を練習させる、グラフや表を使って考えられるようにする、などその子のニーズに合わせた算数の課題解決方略を獲得させることが重要となる[*37]。

3. 支援と診断を並行的に行う RTI モデル

SLD を、知能の高さと学業成績の乖離とみなす考えは、学習の遅れが発生してから初めて障害が発見されることから「失敗を待つモデル」として批判されるようになっている。SLD 児の学習の遅れは、適切な支援の不提供から生じたものであると考える必要があり、現代では SLD 児への支援と診断を並行して行う、**Response to Intervention (RTI)** が注目されている[*38]。RTI では、13.2 で示した MTSS の三層モデルを利用する。第 1 層では、学級全体へのユニバーサルな支援を行う。その支援への反応としての学習成果が十分に得られなかった子どもを、第 2 層の小グループ支援の対象とする。そこでも十分な学習成果が得られなかった子どもに対して、第 3 層における集中的な指導を行う。このように、ユニバーサル化された授業と診断を同時に行うことで、学習の遅れが生じる前に、適切な支援を行うことが可能となる。

[楠見友輔]

[*35] 多くの発達障害児にとっては、教科書体や明朝体よりもゴシック体やメイリオが読みやすい。障害のある人に読みやすいフォントとしてさまざまな**ユニバーサルデザイン (UD) フォント**も開発されている。
例)
・MS ゴシック
・メイリオ
・BIZ UD ゴシック

[*36] 特に、知能の高い SLD 児には、概念マップやフローチャートなどを用いて思考過程を構造的に外化しながら問題解決を進めるツールである**グラフィック・オーガナイザー**を使えるようにすることが有効である。

[*37] SLD 児のニーズ、支援の考え方や具体的な指導の方法やツールなどは、近年研究が発展してきている。自己流で対応するのではなく、引用・参考文献に挙げた小池 (2016) などの SLD 児への支援法がまとめられた書籍を読む、専門家や医療機関に相談をして連携するなど、効果的な指導を行う必要がある。

[*38] RTI は直訳すると「介入に対する反応」であるが定訳はなく、カタカナ読みの「アールティーアイ」として定着している。

【発展問題】
・WISC-IV の全検査 IQ とその下位指標を用いて架空の子どもを設定し，特定の学年の国語，数学，理科などの教科でどのような学習ニーズが生じるか，どのような個別の支援と環境の修正が考えられるかについて，シミュレーションをしてみましょう。
・本章で取り上げた知的障害や発達障害のある子どもの他に，どのような特別な支援が必要な子どもがいるか，どのような環境がその子どものニーズを生じさせているかについて考えてみましょう。

【推薦文献】
・柘植雅義・『インクルーシブ教育の未来研究会』（編）『小中学生のための障害用語集―みんなに優しい学校と社会を願って』金剛出版，2019 年
　　障害に関する最新の重要なトピックが，見開き 2 ページでわかりやすく解説されている。内容は網羅的であり，特別支援教育を学び始める学生や大人にとっても十分学べる内容の本である。

・ホール, T. E., マイヤー, A., & ローズ, D. H.（編），バーンズ亀山静子（訳）『UDL 学びのユニバーサルデザイン―クラス全員の学びを変える授業アプローチ』東洋館出版社，2018 年
　　障害のある子どもが国語や算数などを通常学級で学ぶことは難しいと考える人は多い。本書は学習ニーズのある子どもが，教科の授業に参加するために留意すべき授業づくりの要点が具体例とともに示されている。

コラム　共生社会の実現と障害理解

　内閣府は 5 年ごとに「障害者に関する世論調査」を実施し，障害理解や共生社会についての人々の意識調査を行っています。2017 年の調査の結果では，「障害のある人が身近で普通に生活しているのが当たり前だ」という質問に「そう思う」と答えた人は 88.3％であり，多くの人が共生社会の実現を願っていることが伺われます。調査には他に「障害を理由とする差別や偏見があると思うか」という質問があります。この値は，2012 年から 2017 年にかけて 89.2％から 83.9％に減少しています。皆さんはこの値の減少をどのように解釈しますか。一見すると望ましいこの結果は，教育心理学的観点からは，共生社会の実現に向けてよくない傾向を示しているように見えます。差別や偏見は簡単に消えるものではなく，偏見や差別がないと感じる心の中にこそ生じる危険性があるからです。
　筆者が以前観察した視覚障害のある子どもとない子どもが交流をする活動の中で，ある晴眼生徒が弱視生徒に対する共感を示そうとして，「僕も視力がすごく低いから一緒だね」と言っていました。この言葉を受けて弱視生徒は複雑な反応を示していました。弱視と晴眼者の近視とは全く異なる症状であり，この言葉に偏見が含まれていることは，弱視についての知識をもつ人であればすぐにわかると思います。しかし，この晴眼生徒を責めることはできません。障害理解は難しいものであり，これから障害について調べたり，障害者と交流を深めたりする中で徐々に理解を深めていけばよいのです。
　日本の学校教育の中で障害理解に焦点が当てられる活動には，「交流及び共同学習」と「障害理解教育」があります。前者は，障害児と健常児が同じ場で学び合うことを指します。後者は，障害者の講演を聞くことや擬似体験などを通して，障害についての知識の獲得や肯定的態度を形成することを目指す活動です。これらがすべての学校段階において継続的に行われ，活動に参加した子どもが発達に合わせて障害について考え，相互理解を深めていく先に，障害者と健常者が支え合って暮らせる共生社会があると思います。

［楠見友輔］

引用・参考文献

第1章
秋田喜代美 (1999)．教師が発達する道筋—文化に埋め込まれた発達の物語　藤岡完治・澤本和子 (編) 授業で成長する教師 (pp.27-39) ぎょうせい

Bronfenbrenner, U. (1979). *The ecology of human development : Experiments by nature and design.* Cambridge, MA : Harvard University Press.（ブロンフェンブレンナー，U.（著）磯貝芳郎・福富護（訳）(1996)．人間発達の生態学—発達心理学への挑戦　川島書店）

三浦麻子 (監修・著) (2017)．なるほど！心理学研究法　北大路書房

文部科学省 (2012)．通常の学級に在籍する発達障害の可能性のある特別な教育的支援を必要とする児童生徒に関する調査結果について (http://www.mext.go.jp/a_menu/shotou/tokubetu/material/__icsFiles/afieldfile/2012/12/10/1328729_01.pdf　最終アクセス日 2019/12/24)

中島定彦 (2014)．学習（総説）　下山晴彦（編集代表）　誠信心理学辞典（新版　pp.61-62）誠信書房

Sfard, A. (1998). On two metaphors for learning and the dangers of choosing just one. *Educational Researcher*, 27 (2), 4-13.

Smith, E. E., Nolen-Hoeksema, S., Fredrickson, B. L., & Loftus, G. R. (2003). *Atkinson & Hilgard's introduction to psychology* (*14th Edition*). Australia Belmont, CA : Wadsworth/Thomson Learning.（スミス，E. E.，ノレン-ホークセマ，S.，フレドリクソン，B. L.，& ロフタス，G. R.（著）内田一成（監訳）(2005)．ヒルガードの心理学（第14版）　おうふう）

第2章
Hayes, J. R., & Flower, L. S. (1980). Identifying the organization of writing processes. In L. W. Gregg, & E. R. Steinberg (Eds.), *Cognitive processes in writing* (pp.3-30). Hillsdale, NJ : Erlbaum.

厚生労働省 (2012)．平成22年度乳幼児身体発育調査 (https://www.e-stat.go.jp/stat-search/files?page=1&layout=datalist&toukei=00450272&tstat=000001024533&cycle=8&tclass1=000001048106　最終アクセス日 2019/11/11)

文部科学省 (2012)．幼児期運動指針 (http://www.mext.go.jp/a_menu/sports/undousisin/1319771.htm　最終アクセス日 2019/11/11)

文部科学省 (2018)．平成30年度学校保健統計調査 (http://www.mext.go.jp/b_menu/toukei/chousa05/hoken/kekka/k_detail/1411711.htm　最終アクセス日 2019/11/11)

岡本夏木 (1985)．ことばと発達　岩波書店

Scammon, R. E. (1930). The measurement of the body in childhood. In J. A. Harris, C.M. Jackson, D.G. Paterson, & R.E. Scammon (Eds.), *The measurement of man* (pp.173-215).Minneapolis, MN : University of Minnesota Press.

島村直己・三神廣子 (1994)．幼児のひらがなの習得—国立国語研究所の1967年の調査との比較を通して　教育心理学研究，*42*，70-76.

スポーツ庁 (2018)．平成30年度全国体力・運動能力，運動習慣等調査 (http://www.mext.go.jp/sports/b_menu/toukei/kodomo/zencyo/1411922.htm　最終アクセス日 2019/11/11)

第3章
Barry, J. Z., & Dale, H. S. (2002). *Educational Psychology : A Century of Contributions.* London : Routledge.（バリー，J, ジマーマン＆デイル，H, シャンク（編）塚野州一（訳）(2018)．教育心理学者たちの世紀—ジェームズ，ヴィゴツキー，ブルーナー，バンデューラら16人の偉大な業

績とその影響　福村出版）
Clement, J. (1982). Students' preconceptions in introductory mechanics. *American Journal of Physics*, *50*, 66-71.
Inagaki, K., & Sugiyama, K. (1988). Attributing human characteristics : Developmental changes in over-and underattribution. *Cognitive Development*, *3*, 55-70.
子安増生・楠見孝・齊藤智・野村理朗（編）(2016).　教育認知心理学の展望　ナカニシヤ出版
本吉圓子（1979）.　私の生活保育論　フレーベル館
三宮真智子（2008）.　メタ認知研究の背景と意義　三宮真智子（編）　メタ認知―学習力を支える高次認知機能 (pp.1-16)　北大路書房
Vosniadou, S., & Brewer, W. F. (1992). Mental models of the earth : A study of conceptual change in childhood. *Cognitive Psychology*, *24*, 535-585.

第4章

Erikson, E. H. (1959). *Identity and the life cycle*. Psychological issues Vol. 1, No.1. New York : International Universities Press.（エリクソン, E. H.（著）西平直・中島由恵（訳）(2011).　アイデンティティとライフサイクル　誠信書房）
Hollingworth, L. S. (1928). *The psychology of the adolescent*. New York : Appleton
伊藤裕子（2000）.　思春期・青年期のジェンダー　伊藤裕子（編）　ジェンダーの発達心理学 (pp.30-51)　ミネルヴァ書房
Marcia, J. E. (1966). Development and validation of ego identity status. *Journal of Personality and Social Psychology*, *3*, 551-558.
茂垣まどか（2013）.　アイデンティティの模索と確立　岡本祐子・深瀬裕子（編）　エピソードでつかむ生涯発達心理学 (pp.114-117)　ミネルヴァ書房
落合良行・佐藤有耕（1996）.　親子関係の変化からみた心理的離乳への過程の分析.　教育心理学研究, *44*, 11-22.
大野久（2010）.　青年期のアイデンティティの発達　大野久（編）　エピソードでつかむ青年心理学 (pp.37-76)　ミネルヴァ書房
岡本裕子（2013）.　自我の成長・発達と心理社会的課題―エリクソンの生涯発達論　岡本祐子・深瀬裕子（編）　エピソードでつかむ生涯発達心理学 (pp.6-9)　ミネルヴァ書房

第5章

Baron-Cohen, S., Leslie, A. M., & Frith, U. (1985). Does the autistic child have a "theory of mind"? *Cognition*, *21*, 37-46.
Cohn, D. A. (1990). Child-mother attachment of six-year-olds and social competence at school. *Child Development*, *61*, 152-162.
Cooper, G., Hoffman, K. T., Marvin, B., & Powell, B. (2000). *Circle of Security – Japanese. Circle of Security International*.（北川恵・安藤智子・岩本沙耶佳（訳）(2013).　安心感の輪　https://www.circleofsecurityinternational.com/wp-content/uploads/Circle-of-Security-Japanese.pdf　最終アクセス日 2019/09/03）
遠藤利彦・田中亜希子（2005）.　アタッチメントの個人差とそれを規定する諸要因　数井みゆき・遠藤利彦（編）　アタッチメント―生涯にわたる絆 (pp.49-79)　ミネルヴァ書房
Meltzoff, A. N. (1995). Understanding the intentions of others : Re-enactment of intended acts by 18-months-old children. *Developmental Psychology*, *31*, 838-850.
三輪聡子（2017）.　児童による登場人物の動機の把握が道徳の時間における物語解釈に与える影響―口頭での物語伝達と話し合い活動に着目して　読書科学, *59*, 149-160.
野田航・伊藤大幸・浜田恵・上宮愛・片桐正敏・髙柳伸哉・中島俊思・村山恭朗（ほか2名）(2016).　小・中学生の攻撃性はどの程度安定しているか―潜在特性－状態モデルを用いたコホートデータの多母集団同時分析　発達心理学研究, *27*, 158-166.
大渕憲一（2011）.　人を傷つける心―攻撃性の社会心理学（新版）　サイエンス社

Parten, M. B. (1932). Social participation among pre-school children. *The Journal of Abnormal and Social Psychology*, *27*, 243-269.

Wellman, H. M., Cross, D., & Watson, J. (2001). Meta-analysis of theory of mind development : The truth about false belief. *Child Development*, *72*, 655-684.

山岸明子 (1985). 日本における道徳判断の発達 永野重史 (編) 道徳性の発達と教育―コールバーグ理論の展開 (pp.243-267) 新曜社

Kohlberg, L. (1984).*The psychology of moral development : The nature and validity of moral stages*. San Francisco : Harper & Row.

第6章

Deci, E. L. (1971). Effects of externally mediated rewards on intrinsic motivation. *Journal of Personality and Social Psychology*, *18*, 105-115.

Deci, E. L., & Ryan, R. M. (2002). Self-determination research : Reflections and future directions. In E. L. Deci & R. M. Ryan (Eds.), *Handbook of self-determination research* (pp. 431-441). Rochester, NY, US : University of Rochester Press.

Eccles, J., & Wigfield, A. (1985). Teacher expectancies and student motivation. In J. B. Dusek (Ed.), *Teacher expectancies* (pp. 185-226). Hillsdale, NJ : Lawrence Erlbaum Associates.

伊田勝憲 (2001). 課題価値評定尺度作成の試み 名古屋大学大学院教育発達科学研究科紀要 (心理発達科学), *48*, 83-95.

鹿毛雅治 (2013). 学習意欲の理論―動機づけの教育心理学 金子書房

Lepper, M. R., Greene, D., & Nisbett, R. E. (1973). Undermining children's intrinsic interest with extrinsic reward : A test of the "overjustification" hypothesis. *Journal of Personality and Social Psychology*, *28*, 129-137.

三和秀平・外山美樹 (2015). 教師の教科指導学習動機尺度の作成およびその特徴の検討 教育心理学研究, *63*, 426-437.

三和秀平・外山美樹 (2016). 新任教師の教科指導学習動機と教職における自己有能感および健康状態との関連 教育心理学研究, *64*, 307-316.

三和秀平・外山美樹 (2018). 新任教師の教科指導学習動機と授業力の自己認知および学習時間との関連の短期縦断的検討 パーソナリティ研究, *26*, 217-228.

西村多久磨・櫻井茂男 (2013). 小中学生における学習動機づけの構造的変化 心理学研究, *83*, 546-555.

Reeve, J., Deci, E. L., & Ryan, R. M. (2004). Self-determination theory : A dialectical framework for understanding socio-cultural influences on student motivation. In D. M. McInerney & S. Van Etten (Eds.), *Big Theories Revisited* (pp. 31-60). Greenwich, CT : Information Age Press.

Roth, G., Assor, A., Kanat-Maymon, Y., & Kaplan, H. (2007). Autonomous motivation for teaching : How self-determined teaching may lead to self-determined learning. *Journal of Educational Psychology*, *99*, 761-774.

櫻井茂男 (2009). 自ら学ぶ意欲の心理学―キャリア発達の視点を加えて 有斐閣

Weiner, B., Frieze, I. H., Kukla, A., Reed, L., Rest, S., & Rosenbaum, R. M. (1971). *Perceiving the causes of success and failure*. Morristown, NJ : General Learning Press.

第7章

Atkinson, R. C., & Shiffrin, R. M. (1971). The control of short-term memory. *Scientific American*, *225* (2), 82-90.

Baddeley, A. (2000). The episodic buffer : A new component of working memory? *Trends in Cognitive Sciences*, *4*, 417-423.

Bartlett, F. C. (1932). *Remembering : A study in experimental and social psychology*. Cambridge : Cambridge University Press. (バートレット, F.C. (著) 宇津木保・辻正三 (訳) (1983). 想

起の心理学—実験的社会心理学における一研究　誠信書房）

Collins, A. M., & Loftus, E. F. (1975). A spreading-activation theory of semantic processing. *Psychological Review*, *82*, 407-428.

Collins, A. M., & Quillian, M. R. (1969). Retrieval time from semantic memory. *Journal of Verbal Learning and Verbal Behavior*, *8*, 240-247.

Craik, F. I. M., & Tulving, E. (1975). Depth of processing and the retention of words in episodic memory. *Journal of Experimental Psychology : General*, *104*, 268-294.

Ebbinghaus, H. (1885). *Über das Gadächtnis : Untersuchungen zur experimentellen Psychologie*. Leipzig : Duncker & Humblot.

深谷達史（2011）．科学的概念の学習における自己説明訓練の効果—SBF 理論に基づく介入　教育心理学研究，*59*，342-354.

Glanzer, M., & Cunitz, A. R. (1966). Two storage mechanisms in free recall. *Journal of Verbal Learning and Verbal Behavior*, *5*, 351-360.

堀田千絵（2013）．記憶の方略　日本認知心理学会（編）　認知心理学ハンドブック（pp.152-153）　有斐閣

Inoue, S., & Matsuzawa, T. (2007). Working memory of numerals in chimpanzees. *Current Biology*, *17*, R1004-R1005.

Loftus, E. F., & Palmer, J. C. (1974). Reconstruction of automobile destruction : An example of the interaction between language and memory. *Journal of Verbal Learning and Verbal Behavior*. *13*, 585-589.

Miller, G. A. (1956). The magical number seven, plus or minus two : Some limits of our capacity for processing information. *Psychological Review*, *63*, 81-87.

Peterson, L. R., & Peterson, M. J. (1959). Short-term retention of individual verbal items. *Journal of Experimental Psychology*, *58*, 193-198.

Roediger, H. L., III., & Karpicke, J. D. (2006). Test-enhanced learning : Taking memory tests improves long-term retention. *Psychological Science*, *17*, 249-255.

齊藤智（2013）．ワーキングメモリと短期記憶　日本認知心理学会（編）　認知心理学ハンドブック（pp.124-127）　有斐閣

坪見博之・齊藤智・苧阪満里子・苧阪直行（2019）．ワーキングメモリトレーニングと流動性知能—展開と制約　心理学研究，*90*，308-326.

Tulving, E. (1966). Subjective organization and effects of repetition in multi-trial free-recall learning. *Journal of Verbal Learning and Verbal Behavior*, *5*, 193-197.

Wilhite, S. C., & Payne, D. E. (1992). *Learning and memory : The basis of behavior*. Boston : Allyn and Bacon.

第8章

Chi, M. T. H. (1978). Knowledge structures and memory development. In R. S. Siegler (Ed.), *Children's thinking : What develops?* (pp.73-96). Hillsdale, NJ : Lawence Erlbaum Associates.

Duncker, K. (Translated by L. S. Lees) (1945). On problem solving. *Psychological Monographs*, *58*, Whole No. 270.

Engeström, Y. (1987). *Learning by expanding : An activity-theoretical approach to developmental research*. Helsinki : Orienta-Konsultit.（エンゲストローム，Y.（著），山住勝広・松下佳代・百合草禎二・保坂裕子・庄井良信・手取義宏・高橋登（訳），（1999）．拡張による学習—活動理論からのアプローチ　新曜社）

Gick, M. L., & Holyoak, K. J. (1980). Analogical problem solving. *Cognitive Psychology*, *12*, 306-355.

Kapur, M. (2008). Productive failure. *Cognition and Instruction*, *26*, 379-424.

Lave, J., & Wenger, E. (1991). *Situated learning : Legitimate peripheral participation*. Cambridge : Cambridge University Press.（レイヴ，J., ウェンガー，E.（著）佐伯胖（訳）福島真人（解

説）(1993). 状況に埋め込まれた学習―正統的周辺参加　産業図書）

Luchins, A. S. (1942). Mechanization in problem solving : The effect of Einstellung. *Psychological Monographs*, *54*, Whole No. 248.

日本行動分析学会 (2014).「体罰」に反対する声明 (http://www.j-aba.jp/data/seimei.pdf　最終アクセス日 2019/10/22)

大浦弘樹 (2019). 未来の学習のための準備 (PFL)　大島純・千代西尾祐司 (編)　主体的・対話的で深い学びに導く学習科学ガイドブック (pp.83-86).　北大路書房

寺尾敦 (2017). 記憶と転移　藤澤伸介 (編)　探究！教育心理学の世界 (pp.56-59)　新曜社

Tolman, E. C. (1932). *Purposive behavior in animals and men*. New York : Appleton-Century-Crofts.（トールマン, E. C. (著) 富田達彦 (訳) (1977).　新行動主義心理学―動物と人間における目的的行動　清水弘文堂）

植阪友理 (2010). 学習方略は教科間でいかに転移するか―「教訓帰納」の自発的な利用を促す事例研究から　教育心理学研究, *58*, 50-94.

第9章

Barnes, D. (1992). *From communication to curriculum* (2nd Ed.). Portsmouth, NH : Boynton/Cook Publishers.

Edwards, D., & Mercer, N. (1987). *Common knowledge : The development of understanding in the classroom*. London New York : Methuen.

福嶋祐貴 (2017). 学習形態とは何か　高見茂・田中耕治・矢野智司・稲垣恭子 (監修) 田中耕治 (編) 教職教養講座第5巻　教育方法と授業の計画 (pp.97-98).　協同出版

Hadwin, A. F., Järvelä, S., & Miller, M. (2011). Self-regulated, co-regulated, and socially shared regulation of learning. In B. J. Zimmerman & D. H. Schunk (Eds.), *Handbook of self-regulation of learning and performance* (pp.65-84). New York : Routledge.（ハドウィン, A. F., ヤルヴェラ, S., & ミラー, M. (著) 佐藤礼子 (訳)　自己調整学習, 共調整学習, 社会的に共有された調整学習　塚野州一・伊藤崇達 (監訳) (2014). 自己調整学習ハンドブック (pp.50-64)　北大路書房）

一柳智紀 (2012). 授業における児童の聴くという行為に関する研究―バフチンの対話論に基づく検討　風間書房

松尾剛・丸野俊一 (2007). 子どもが主体的に考え, 学び合う授業を熟練教師はいかに実現しているか―話し合いを支えるグラウンド・ルールの共有過程の分析を通じて　教育心理学研究, *55*, 93-105.

Mehan, H. (1979). *Learning lessons : Social organization in the classroom*. Cambridge, Mass : Harvard University Press.

溝上慎一 (2014). アクティブラーニングと教授学習パラダイムの転換　東信堂

文部科学省 (2012). 新たな未来を築くための大学教育の質的転換に向けて一生涯学び続け, 主体的に考える力を育成する大学へ (https://www.mext.go.jp/b_menu/shingi/chukyo/chukyo0/toushin/1325047.htm　最終アクセス日 2020/01/01)

O'Connor, M. C., & Michaels, S. (1996). Shifting participant frameworks : Orchestrating thinking practices in group discussion. In D. Hicks (Ed.), *Discourse, learning, and schooling* (pp.63-103). Cambridge, New York : Cambridge University Press.

O'Donnell, A., Reeve, J., & Smith, J. (2011). *Educational psychology : Reflection for action*. (3rd Ed.). New Jersey : Wiley & Sons.

大村彰道 (1979). プログラム学習の原理　東洋・坂元昂・志方守一・永野重史・西之園晴夫 (編集代表) 新・教育の辞典 (pp.719-721).　平凡社

Sharan, Y., & Sharan, S. (1992). *Expanding cooperative learning through group investigation*. New York : Teacher College Press.（シャラン, Y., & シャラン, S. (著) 石田裕久・杉江修治・伊藤篤・伊藤康児 (訳) (2001).「協同」による総合学習の設計―グループ・プロジェクト入門　北大路書房）

Wertsch, J. V., & Toma, C. (1995). Discourse and learning in the classroom : A sociocultural approach. In L. P. Steffe & J. Gale (Eds.), *Constructivism in education* (pp.159-174).

Hillsdale, NJ : Lawrence Erlbaum Associates.

Zimmerman, B. J., & Campillo, M. (2003). Motivating self-regulated problem solvers. In J. E. Davidson & R. J. Sternberg (Eds.), *The psychology of problem solving* (pp.233-262). Cambridge, UK, New York : Cambridge University Press.

第10章

CAST (2018). *Universal design for learning guidelines version 2.2 [graphic organizer]*. Wakefield, MA : Author. (http://udlguidelines.cast.org/binaries/content/assets/udlguidelines/udlg-v2-2/udlg_graphicorganizer_v2-2_numbers-yes.pdf　最終アクセス日 2019/12/29)

Davis, B., & Harré, R. (1990). Positioning : The discursive production of selves. *Journal for the Theory of Social Behaviour, 20*, 43-63.

藤村宣之 (2012). 数学的・科学的リテラシーの心理学―子どもの学力はどう高まるか　有斐閣

市川伸一 (編) (1993). 学習を支える認知カウンセリング―心理学と教育の新たな接点　ブレーン出版

市川伸一 (2004). 学ぶ意欲とスキルを育てる―いま求められる学力向上策　小学館

市川伸一・南風原朝和・杉澤武俊・瀬尾美紀子・清河幸子・犬塚美輪・村山航・植阪友理・小林寛子・篠ヶ谷圭太 (2009). 数学の学力・学習力診断テストCOMPASSの開発　認知科学, *16*, 333-347.

河本愛子 (2014). 中学・高校における学校行事体験の発達的意義―大学生の回顧的意味づけに着目して　発達心理学研究, *25*, 453-465.

Korthagen, F. J. A., & Wubbels, T. (2001). Learning from practice. In F. A. Korthagen (Ed.), *Linking practice and theory : The pedagogy of realistic teacher education* (pp.32-50). Mahwah, N.J : L. Erlbaum Associates. (コルトハーヘン, F. J. A., & ワベルズ, T. (2010). 実践からの学び　コルトハーヘン, F. J. A. (編), 武田信子 (監訳), 今泉友里・鈴木悠太・山辺恵理子 (訳), (2010). 教師教育学―理論と実践をつなぐリアリスティック・アプローチ (pp.35-61)　学文社)

三輪聡子 (2012). 道徳授業における児童の勤労観形成にアナロジー推論が与える影響　教育心理学研究, *60*, 310-323.

文部科学省 (2012). 教職生活の全体を通じた教員の資質能力の総合的な向上方策について (答申) (http://www.mext.go.jp/component/b_menu/shingi/toushin/__icsFiles/afieldfile/2012/08/30/1325094_1.pdf　最終アクセス日 2019/11/11)

文部科学省 (2019). OECD生徒の学習到達度調査―2018年調査 (PISA2018) のポイント (http://www.nier.go.jp/kokusai/pisa/pdf/2018/01_point.pdf　最終アクセス日 2019/12/29)

文部科学省 (2016). 国際数学・理科教育動向調査 (TIMSS2015) のポイント (http://www.mext.go.jp/component/a_menu/education/micro_detail/__icsFiles/afieldfile/2016/12/27/1379931_1_1.pdf　最終アクセス日 2019/11/11)

Nelson, T.O., & Narens, L. (1990). Metamemory : A theoretical framework and new findings. In G. H. Bower (Ed.), *The psychology of learning and motivation : Advances in research and theory Vol.26* (pp.125-173). New York : Academic Press.

司城紀代美・三輪聡子・小野田亮介・松村英治 (2012). 道徳授業における話し合い活動の在り方―教室談話に着目して　東京大学大学院教育学研究科附属学校教育高度化センター「学校における新たなカリキュラムの形成」研究プロジェクト平成23年度報告書, 159-178.

篠ヶ谷圭太 (2008). 予習が授業理解に与える影響とそのプロセスの検討―学習観の個人差に注目して　教育心理学研究, *56*, 256-267.

鈴木豪 (2013). 小・中学生の学習観とその学年間の差異―学校移行期の変化および学習方略との関連　教育心理学研究, *61*, 17-31.

樽木靖夫・石隈利紀 (2006). 文化祭での学級劇における中学生の小集団の体験の効果―小集団の発展, 分業的協力, 担任教師の援助介入に焦点をあてて　教育心理学研究, *54*, 101-111.

植阪友理・瀬尾美紀子・市川伸一 (2006). 認知主義的・非認知主義的学習観尺度の作成　日本心理学会第70回大会発表論文集, 890.

吉田寿夫・村山航 (2013). なぜ学習者は専門家が学習に有効だと考えている方略を必ずしも使用しないのか―各学習者内での方略間変動に着目した検討　教育心理学研究, *61*, 32-43.

渡辺雅之 (2018). 「道徳教育」のベクトルを変える―その理論と指導法　高文研

第 11 章

蘭千壽・古城和敬（編）(1996). 教師と教育集団の心理　誠信書房
朝倉充彦 (2010). 現代の学級集団論の動向と課題　仙台白百合女子大学紀要, *14*, 1-11.
ビー・プロダクション (2012). アニメーション「Happyになる5つの方法」(https://www.bepro-japan.com/happyhome　最終アクセス日 2020/01/14)
菊地栄治・藤田英典 (1991). 教授・学習活動における集団的文脈　滝沢武久・東洋（編），応用心理学講座 9　教授・学習の行動科学 (pp.97-114)　福村出版
三隅二不二・矢守克也 (1989). 中学校における学級担任教師のリーダーシップ行動測定尺度の作成とその妥当性に関する研究　教育心理学研究, *37*, 46-54.
水野君平・太田正義 (2017). 中学生のスクールカーストと学校適応の関連　教育心理学研究, *65*, 501-511.
武藤世良 (2018). 尊敬関連感情の心理学　ナカニシヤ出版
文部科学省 (2019). 学校基本調査 (https://www.e-stat.go.jp/stat-search/files?page=1&toukei=00400001&tstat=000001011528　最終アクセス日 2020/02/10)
鈴木翔 (2012). 教室内（スクール）カースト　光文社
全生研常任委員会（編）(1990). 新版 学級集団づくり入門（小学校編）　明治図書

第 12 章

秋田喜代美 (2014). 教育の質と授業過程―居場所感と没頭という視点　秋田喜代美（編）　対話が生まれる教室―居場所感と夢中を保障する授業 (pp.8-13)　教育開発研究所
Eisner, E.W. (1998). *The enlightened eye : Qualitative inquiry and the enhancement of educational practice.* Upper Saddle River, N.J : Merrill.
子安増生・田中俊也・南風原朝和・伊東裕司 (2003). 教育心理学（新版）　有斐閣
村山航 (2006). テストへの適応―教育実践上の問題点と解決のための視点　教育心理学研究, *54*, 265-279.
村山航 (2019). テスト形式は学習方略にどう影響するか　市川伸一（編）　教育心理学の実践ベース・アプローチ―実践しつつ研究を創出する (pp.143-156)　東京大学出版会
西岡加名恵 (2015). 教育評価とは何か　西岡加名恵・石井英真・田中耕治（編）　新しい教育評価入門―人を育てる評価のために (pp.1-22)　有斐閣コンパクト
西岡加名恵 (2016). アクティブ・ラーニングの充実をどう図るか―今こそ，パフォーマンス評価を！　西岡加名恵（編）　アクティブ・ラーニングをどう充実させるか―資質・能力を育てるパフォーマンス評価 (pp.11-32)　明治図書
鈴木雅之 (2011a). テスト観とテスト接近 - 回避傾向が学習方略に及ぼす影響―有能感を調整変数として　日本テスト学会誌, *7*, 52-65.
鈴木雅之 (2011b). ルーブリックの提示による評価基準・評価目的の教示が学習者に及ぼす影響―テスト観・動機づけ・学習方略に着目して　教育心理学研究, *59*, 131-143.
山村滋・濱中淳子・立脇洋介 (2019). 大学入試改革は高校生の学習行動を変えるか―首都圏 10 校パネル調査による実証分析　ミネルヴァ書房

第 13 章

安部博志 (2018). 見る目をかえる 自分をはげます かえるカード　tobiraco. (https://tobiraco.co.jp/item/kaeru-card/　最終アクセス日 2019/10/22)
Baron-Cohen, S., Leslie, A. M., & Frith, U. (1985). Does the autistic child have a "theory of mind"? *Cognition, 21*, 37-46.
Clarke, P. J., Truelove, E., Hulme, C., & Snowling, M. J. (Eds.), (2013). *Developing reading comprehension.* West Sussex, UK : Wiley-Blackwell.
Gough, P. B., & Tunmer, W. E. (1986). Decoding, reading, and reading disability. *Remedial*

and Special Education, *7*, 6-10.

小池敏英 (監修) (2016). LD の子の読み書き支援がわかる本　講談社

文部科学省 (2018) 発達障害のある子供たちのための ICT 活用ハンドブック (http://www.mext.go.jp/a_menu/shotou/zyouhou/detail/1408030.htm　最終アクセス日 2019/10/22)

日本行動分析学会 (2014).「体罰」に反対する声明 (http://www.j-aba.jp/data/seimei.pdf　最終アクセス日 2019/10/22)

日本精神神経学会 (2014). DSM-5 病名・用語翻訳ガイドライン (初版) 精神神経学雑誌, *116*, 429-457.

Pesova, B., Sivevska, D., & Runceva, J. (2014). Early intervention and prevention of students with specific learning disabilities. *Procedia-Social and Behavioral Sciences*, *149*, 701-708.

齊藤由美子 (2019). 一人ひとりの学びを大切にすることで共生社会の担い手を育てる交流及び共同学習　月刊実践障害児教育, *552* (6), 10-13.

佐々木正美 (2007). 自閉症療育―TEACCH モデルの世界的潮流　脳と発達, *39*, 99-103.

篠山大明 (2016). 自閉スペクトラム症と児童精神科医療　信州医療雑誌, *64*, 329-339.

Shogren, K. A., Wehmeyer, M. L., Martinis, J., & Blanck, P. (2019). *Supported decision-making : Theory, research, and practice to enhance self-determination and quality of life*. Cambridge, United Kingdom New York, NY, USA : Cambridge University Press.

上野一彦・松田修・小林 玄・木下智子 (2015). 日本版 WISC-IV による発達障害のアセスメント―代表的な指標パターンの解釈と事例紹介　日本文化科学社

ヴィゴツキー, L. S. (著), 柴田義松・宮坂琇子 (訳) (2006). ヴィゴツキー障害児発達・教育論集　新読書社

World Health Organization (1980). *International classification of impairments, disabilities, and handicaps : A manual of classification relating to the consequences of disease*. Geneva : World Health Organization.

World Health Organization (2001). *International classification of functioning, disability and health*. Geneva : World Health Organization.

索　引

あ行

IRE 構造　98
アイスナー, E.　129
愛着　33, 36, 42
アイデンティティ　33, **38-39**, 82, 115
　——拡散　39
　——達成　39
アカウンタビリティ　124
アクティブ・ラーニング　100
足場かけ　83
アスペルガー症候群　144
遊び　13, 14, 16, 23, 25, 36, 46, **48-49**
アタッチメント　33, **42**, 43
アトキンソン, J.　60
アトキンソン, R.　66
アプロプリエーション　99
アルゴリズム　84
安全基地　42
安全の欲求　55
アンダーアチーバー　125
アンダーマイニング効果　**58-59**
安定的時期　27
e ラーニング　94
いじめ　49, 50, 115, 117, 119, 120
異速性　4
板倉聖宣　96
一語文　14, 15
一次的ことば　16, 17
一次的欲求　55
一般型　12
意味（Significate）　80
意味記憶　68, 74
意味ネットワークモデル　74
因果関係　6, 7, 24
インクルーシブ教育　136
インフォームド・アセスメント　131
インフォーマル・グループ　114
ウィグフィールド, A.　60
ヴィゴツキー, L.　16, **26-27**, 82, 83, 139
ウェクスラー, D.　125
ウェクスラー式知能検査（WISC）　125, 140
ウェンガー, E.　82
嘘　45

ABC 分析　141
エインズワース, M.　43
エクレス, J.　60
エコラリア　145
エピソード記憶　45, 68
エピソードバッファ　69
エビングハウス, H.　72
M 機能　115, 116
MTSS の三層モデル　138, 147
エリクソン, E.H.　**32-33**, 34, 38
LGBT　35
エンゲストローム, Y.　83
援助要請　93, 95, 99, 107
応用行動分析（ABA）　141
オースベル, D.　91
オーバーアチーバー　125
オペラント条件づけ　59, 79, 80, 94
音韻ループ　69
音声出力会話補助装置（VOCA）　139

か行

外言　16
外集団　114, 119
階層的ネットワークモデル　74
外的調整　56
外的リソース方略　107
概念　74, 75, 87, 91, 96, 103
外発的動機づけ　56, 57
科学的概念　26, 27, 29
学習科学　83, 87, 109
学習観　86, 90, **104-105**, 106-108
学習指導要領　26, 100, 110, 136
学習集団　116, 118-120, 124
学習障害　136, 142, 146
学習性無力感　63
学習方略　63, 104, 106
拡張的学習　83
拡張的知能観　63
獲得価値　61
学力　102-103
仮説実験授業　96
加速度曲線　73
課題価値　60, 61
価値　**60-61**
学級集団　111, 114, 116-121

学級適応感　119
学校行事　111
学校保健統計調査　13
活性化拡散モデル　74, 75
カテゴリー　70, 74
構え　87
考え，議論する道徳　110
感覚　22
感覚運動期　24, 48
感覚過敏　145
感覚記憶　66
関係性攻撃　47
観察学習　46, 60, 81
観察法　7
干渉説　73
記憶の二重貯蔵モデル　66, 67
記憶方略　**70-71**, 104, 106
危機的年齢の時期　27
記号（Sign）　80
期待　**60-61**
機能障害・能力障害・社会的不利の国際分類（ICIDH）　137
記銘　66, 70, 72
逆向抑制　73
ギャング・グループ　49
9 か月革命　15
吸啜反射　10
教育測定運動　124, 125
教育的鑑識眼　129
鏡映描写課題　86
強化　54, 79, 80, 81, 88, 141
強化子　79-81
共感性　46
教室談話　**98-99**, 110
協働学習　75, 81, 83, 90, **92-93**, 96
共同体　3, 82, 83, 99
共同注意　15, 44
協同的探究学習　103
興味価値　61
虚偽記憶　73
ギリガン, C.　50, 51
クーイング　14
具体的操作期　25, 48
グラウンド・ルール　98, 99
クレメント, J.　28
グロース, K.　48
クロンバック, L.　108
ケアの倫理　51

形式的操作期　25
形式陶冶　86
形成的評価　97, 128-130
系列位置効果　68
系列再生法　68
ゲシュタルト心理学　80, 81
結果期待　60
欠乏欲求　55
ケーラー, W.　81
原因帰属　**62-63**
限局性学習症（SLD）　142, 146-147
言語的攻撃　47
検索　66, 71, 73
検索方略　71
原始反射　10
減衰説　73
語彙爆発　15
効果の法則　79, 124
高機能自閉症　144
攻撃性　46, 47
公式集団　114, 117, 119
向社会的行動　**46-47**, 50
口唇探索反射　10
構成主義　24
構造化面接　7
行動主義的心理学　79, 80, 141
効力期待　60
誤概念　29, 85
誤学習　141
国際生活機能分類（ICF）　137
国民健康・栄養調査　34
心の理論　23, 28, **44-45**, 46, 49, 144
個人差　4, 8, 11, 12, 34, 51, 52, 108-120
個人内評価　126, 127
誤信念課題　44, 45, 144
コスト　61
コスト感　91, 107
個性化　120
ごっこ遊び　23, 25, 48
固定的知能観　63
古典的条件づけ　78
個別学習　90, **94-95**
コールバーグ, L.　50, 51
コントロール方略　106

さ行

最頻値　133
サイン　139
作業記憶　67, 69
作文　19
サリー・アン課題　44, 144

三項関係　15
三項随伴性　141
算数障害（ディスカルキュリア）　146
漸成図式　33, 38
参与観察　7
CAI　94
シェーピング　94, 95
ジェンダー　34, 35, 120, 121
　　──・アイデンティティ　35
　　──フリー　35
自我　32, 33, 36
視覚障害　136, 148
自我同一性　38
視空間スケッチパッド　69
刺激（Stimulus）　78-80
試行錯誤学習　79, 124
自己決定理論　**56-57**
自己効力　60
自己実現の欲求　55
自己中心語　16
自己中心性　16, 25
自己調整学習　95, 127
自己評価　93, 95, 127, 130
思春期スパート　34
自然観察　7
視線追従　15, 44
自尊の欲求　55
肢体不自由　136
しつけ　25, 46
実験観察　7
実験法　6, 7
実質陶冶　86
質問紙　6
児童期　**18-19**, 33, 34, 42, 44, 46-49
指導と評価の一体化　124
指導要録（通知表）　126, 130
シフリン, R.　66
自閉症　136, 142
自閉スペクトラム症（ASD）　44, 45, 142, **144-145**
社会性　15, 42, 44, 118, 138, 139, 141, 142, 144
社会─生態学モデル　137, 138
社会的構成主義　26
社会的参照　44
社会的排斥　115
社会文化的アプローチ　82, 83
弱化　79
弱子化　79
シェマ　24
自由記述法　7
自由再生法　68

従属変数　6
集団維持機能　115
集団間葛藤　119, 121
集団凝集性　115
集中学習　71
熟達目標　63
受容学習　90, 91, 96
手話　98, 139
準拠集団　114, 118, 119
順向抑制　73
順序性　4, 24
生涯発達　2, 32
消去　79
状況論的アプローチ　82
条件刺激　78, 79
条件反射（反応）　78
少数者集団　115
冗談　45
象徴機能　25, 48
初語　14
書字表出障害（ディスグラフィア）　146
所属と愛情の欲求　55
初頭効果　68
自立　36, 37, 39, 47, 49, 117, 118
自立活動　136
自律的道徳　50
親近性効果　68
神経系型　12
新行動主義的心理学　79, 80
新生児　10
新生児反射　10
真正な課題　83, 97, 130
真正な評価　130
身体的攻撃　47
診断的評価　128-130
シンボル　139
信頼性　124, 132
心理社会的危機　32, 33, 38
心理的離乳　37
遂行目標　63
垂直転移　86
水平転移　86
スキナー, B.　79, 94
スキーマ　73, 74
スキャモン, R.　12
　　──の発育曲線　12
スクールカースト　119
スクリプト　74
ステレオタイプ　35, 119
ストレンジ・シチュエーション法　43
斉一性　38

斉一性圧力（斉一化） 115, 119
成員性集団 114, 118
生活的概念 26, 27
正規分布 126, 133, 140
成熟前傾現象 34
生殖系型 12
生態学的システム理論 2, 3
生態学的妥当性 7
精緻化方略 70, 71, 104, 106, 107
成長加速現象 34
成長欲求 55
正統的周辺参加 82
青年期 27, 32-38, 47, 49, 118
性役割同一性 35
生理的早産 13
生理的欲求 55
積極的行動支援（PBS） 141, 145
絶対評価 126, 127
節約率 72
セリグマン, M. 63
セルフエフィカシー 60
宣言的記憶 68
先行オーガナイザー 91
全国体力・運動能力，運動週間等調査 13
潜在学習 80
前操作期 25, 48
総括的評価 129, 130
想起 66, 72
相対評価 126, 127
ソーシャルスキル・トレーニング 143, 144
SOGI 35
粗大運動 12
素朴概念 29, 85
素朴心理学 28
素朴生物学 28
素朴物理学 28
素朴理論 28-29
ソーンダイク, E. 79, 124

た行
第一反抗期 36, 37, 47
対象の永続性 25
体制化方略 70, 71, 106, 107
第二次性徴 4, 34, 49
第二反抗期 36, 37, 47
タイラー, R. 125
代理強化 60, 81
体力・運動能力調査 34
ダウン症 44, 140, 144
他者評価 127

多数者集団 115
多層支援システム（MTSS） 138, 147
達成動機 60
妥当性 124, 132, 133
多動性—衝動性 142
他律的道徳 50
短期記憶 66, 67, 68-69, 70, 73
探求的会話 99
探索活動 42, 43
遅延嫌悪 143
知覚 22
知識創造 83, 92
知的障害 136, 137, 139, 140-141, 142, 144, 146
知能観 63
知能検査 26, 125, 140
知能指数（IQ） 125, 140
チャム・グループ 49
注意欠如／多動症（ADHD） 142-143
中1ギャップ 57
中央実行系 69
中央値 133
聴覚障害 136
長期記憶 18, 19, 45, 66, 67, 68-69, 70, 71
調査法 6, 7
調節 24
貯蔵 66
通級による指導 136
TIMSS 103
TEACCHプログラム 145
DSM-5 142, 146
TOT現象 73
ティーチングマシン 94
適性処遇交互作用 108
できる力 103
デコーディング 146
デシ, E. 56, 58
テスト 57, 105, 128-133, 147
手続き的記憶 68
デューイ, J. 96
転移 29, 86-87
同一化的調整 56, 57
動因低減説 42, 54
ドゥエック, C. 63
同化 24
動機づけ 54-62, 81, 90, 92, 94, 96, 97, 103, 108, 115, 124, 128, 131, 143
道具的条件づけ 79
統合的調整 57

洞察学習 81
到達度評価 126
同調 49, 115, 119
同調圧力 115, 119, 120
道徳性 50-51, 110
トークン・エコノミー法 143
読字障害（ディスレクシア） 146
特殊教育 136
特別活動 111
特別支援学級 136, 140, 145
特別支援学校 136, 145
特別支援教育 136-137
独立変数 6
徒弟制 82
トマセロ, M. 15
取り入れ的調整 56, 57
トールマン, E. 80

な行
内言 16
内集団 114, 115, 119
内的作業モデル 43
内的調整 57
内発的動機づけ 56, 57, 59
仲間関係 35, 47, 48-49
7±2チャンク 67
喃語 14
ニーズ 120, 121, 127, 136, 138-137
二項関係 15
二語文 14, 15
二次障害 143
二次的ことば 16, 17
二次的欲求 55
二次の心の理論 45
乳児期 12, 14-15, 33, 42, 45, 48
乳幼児期 16, 46, 47, 49
認知 22
認知カウンセリング 105
認知行動療法（CBT） 143, 145
認知説 80-81
認知地図 80
認知的評価理論 58
認知的方略 106, 107

は行
把握反射 10
媒介された行為 83
ハインツのジレンマ 50
発見学習 90, 96
発生的認識論 24
発達加速現象 13, 34

発達課題　　33, 38
発達障害　　4, 136, 139, 142
発達障害者支援法　　142
発達段階　　16, 24, 27, 33, 48, 50
発達の最近接領域　　26, 83
パーテン, M.　　48
発表的会話　　99
場の理論　　81
バビンスキー反射　　10
パフォーマンス評価　　97, 130
パブロフ, I.　　78
ハル, C.　　54
ハーロウ, H.　　42
般化　　79
半構造化面接　　7
バーンズ, D.　　99
バンデューラ, A.　　60, 81
反転学習　　95
反応（Response）　　78-80
ピア・グループ　　49
ピアジェ, J.　　16, 24-25, 48, 50, 142
PISA　　103
PM理論　　115, 116
P機能　　115, 116
非公式集団　　114, 117, 119
非構造化面接　　7
微細運動　　12
独り言　　16, 145
ビネー, A.　　125, 140
ビネー式知能検査　　125
ヒューリスティックス　　84, 85
評価規準　　132
評価基準　　132
病弱　　136
標準化　　133
標準偏差　　125, 133, 140
表象　　24, 25
評定　　124, 126
評定法　　6
敏感期　　4
フォーマル・グループ　　114
符号化　　66
不注意　　142
不登校　　57, 119, 120
不良定義問題　　84
ブルーナー, J.　　96
ブルーム, B.　　128
フロイト, S.　　32, 73
プログラム学習　　94, 95
プロジェクトベース学習　　96, 97
ブロンフェンブレンナー, U.　　2, 3

分散学習　　71
ペアレントトレーニング　　143
平均値　　126, 133, 140
偏差IQ　　141
偏差値　　133
忘却　　**72-73**
忘却曲線　　72
方向性　　4
ボウルビィ, J.　　42, 43
ポートフォリオ　　130
保持　　66-73, 80
ポジショニング　　110
ボスニアドゥウ, S.　　29
保存の概念　　25
ホメオスタシス　　55
ホリングワース, L.　　37
ポルトマン, A.　　13

ま行

マカトン・サイン　　139
マジカルナンバー7±2　　67
マーシャ, J.　　38, 39
マズロー, A.　　55
学びのユニバーサルデザイン　　83, 109, 138
学ぶ力　　102
学んだ力　　102
回り道　　82, 83, 139
未学習　　141, 146
ミラー, G.　　67
ミラー, N.　　54
無意味綴り　　72
無条件刺激　　78
無条件反射　　78
命名の洞察　　15
メタ認知　　18, 22, 23, 93, 95, 103, 106, 127
メタ認知的活動　　23, 106
メタ認知的コントロール　　23
メタ認知的知識　　23, 106
メタ認知的方略　　106
メタ認知的モニタリング　　18, 23
メハン, H.　　98
面接法　　6, 7
目標達成機能　　115
目標に準拠した評価　　126
モデリング　　46, 47, 81
モニタリング方略　　104, 106
モラトリアム　　39
モロー反射　　10
問題解決　　16, 22, 81, **84-85**, 90, 96, 106
問題解決学習　　96

問題箱　　79

や行

薬物療法　　143
有意味受容学習　　91
有機的統合理論　　56
有効性認知　　91, 107
ユニバーサルデザイン（UD）フォント　　147
幼児期　　12, 13, **16-17**, 18, 23, 48
幼児期運動指針　　13
抑圧説　　73
欲求　　32, 36, 54, 55, 57, 58
欲求階層説　　55

ら行

ライアン, R.　　56
ライフサイクル　　32, 33
リヴォイシング　　99
リーダーシップ　　115, 116
リテラシー　　18, 103
リハーサル　　19, 67, 68
リハーサル方略　　70, 71, **105-107**
リフレーミング　　143
領域一般性　　142
領域固有性　　86, 142
利用価値　　61
良定義問題　　84
臨界期　　4
リンパ系型　　12
類推（アナロジー）　　28, 85, 110, 111
ルーティン　　117
ルーブリック　　131
レイヴ, J.　　82
レヴィン, K.　　81
Response to Intervention（RTI）　　147
レスポンデント条件づけ　　78, 79
レッパー, M.　　59
連合説　　78-79, 80, 81
連続性　　4, 38, 136
ロフタス, E.　　73
ロール・モデル　　118

わ行

ワイナー, B.　　62
ワーチ, J.　　82
わかる学力　　103
ワトソン, J.　　78

［編著者紹介］

児玉　佳一（こだま・けいいち）

1990年　山口生まれ
2018年　東京大学大学院教育学研究科学校教育高度化専攻博士課程単位取得満期退学　博士（教育学，東京大学）
現　在　大東文化大学教職課程センター　准教授
専　攻　教育心理学・教師学（協働学習論，教師の専門性）
主　著　「グループ学習中における教師のモニタリングとサポート—小学5年生社会科の調べ学習における事例的検討」『日本教育工学会論文誌』第42巻（2018），「協働学習に関するイメージの教職経験による相違—小学校教員および教職課程学生を対象とした比喩生成課題から」『教師学研究』第20巻（2017）

やさしく学ぶ教職課程　教育心理学

2020年4月10日　第1版第1刷発行
2024年1月30日　第1版第3刷発行

編著者　児玉　佳一

発行者　田中　千津子

発行所　株式会社　学文社

〒153-0064　東京都目黒区下目黒3-6-1
電話　03(3715)1501代
FAX 03(3715)2012
https://www.gakubunsha.com

©Keiichi KODAMA 2020
乱丁・落丁の場合は本社にてお取替えします。
定価はカバーに表示。

印刷　新灯印刷
Printed in Japan

ISBN978-4-7620-2972-1